契約書に活かす
税務のポイント

比べて分かる　基本とスキーム選択・条文表現

弁護士・公認内部監査人　　　公認会計士・税理士　　　税理士

著者——永井徳人　鳥越貞成　内海隆行

弁護士・元国税不服審判所審判官

監修者——伊藤信彦

中央経済社

この本の使い方

この本は,
- ◆ 行政機関で税法の解釈等に携わり,契約実務にも精通した**弁護士**と
- ◆ 会社経営,税務・会計の豊富な実務経験を持つ**公認会計士・税理士**が

初心者から専門家まで役立つ<u>実務直結の税務</u>と<u>法務</u>にまたがる<u>ポイント</u>を事例と契約条項のサンプルを使って分かりやすく解説するものです。

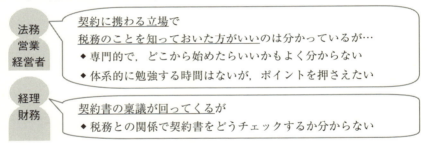

この本を読んでほしい人は,

<u>契約に携わる立場で</u>
<u>税務のことを知っておいた方がいいのは分かっているが…</u>
- ◆ 専門的で,どこから始めたらいいかもよく分からない
- ◆ 体系的に勉強する時間はないが,ポイントを押さえたい

（法務/営業/経営者）

<u>契約書の稟議が回ってくるが</u>
- ◆ 税務との関係で契約書をどうチェックするか分からない

（経理/財務）

どこから読む？

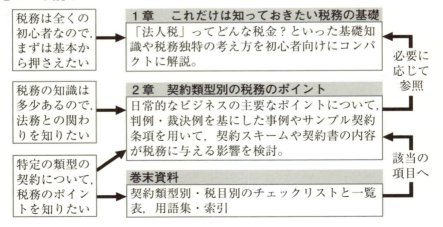

注意事項とお願い

- 基本的に，企業等の法人におけるビジネスシーンを念頭に置いています。個人事業主等の場合は，取扱いが異なることもあります。

- 細部まで厳密な正確性にこだわるよりも，「分かりやすさ」を優先した表現となっているところもありますので，ご了承下さい。

- この本で取り上げた事例の多くは，判例・裁決例や通達を基にしていますが，具体的な事情が異なれば，結論が異なることもあり得ます。判断が難しい点については，専門家に相談することをお勧めします。

- この本の内容は，特に記載がない限り，執筆時点の法令を基にしています。税率，特例措置，その他の税制は変更になる可能性がありますので，ご注意下さい。

- Webサイトの URL は，執筆時点のものですので，変更になる可能性があります。

- 第6刷の発行にあたり，税率を改訂しています（2019年10月時点）。

目　　次

第1章　これだけは知っておきたい税務の基礎知識

1 税務と契約書 ——————————————————————— 2
2 ビジネスに関わる税金の概要 ——————————————— 4
　2.1　税金の種類 ·· 4
　2.2　法人税の概要 ·· 6
　2.3　所得税の概要 ·· 10
　2.4　消費税の概要 ·· 14
　2.5　印紙税の概要 ·· 17
　2.6　固定資産税の概要 ·· 21
3 税法の理解に必要な概念 ————————————————— 23
　3.1　資本等取引と損益取引［法人税］ ····························· 23
　3.2　収益・費用の計上時期［法人税］ ····························· 24
　3.3　減価償却と繰延資産［法人税］ ······························· 27
　3.4　寄附金と受贈益［法人税］ ····································· 30
　3.5　免税・非課税・不課税［消費税・印紙税等］ ················ 34
4 税務に関する手続 ——————————————————— 37
　4.1　税務当局 ·· 37
　4.2　税務申告 ·· 38
　4.3　税務調査等 ··· 39
　4.4　不服申立・税務訴訟 ·· 43
5 税務に関するリサーチ方法 ——————————————— 46
　5.1　法令等の関係 ·· 46
　5.2　参考資料 ·· 49

目　次

第2章　契約類型別の税務のポイント

1　売買契約（その他不動産・動産の譲渡） ——— 54

1.1　土地・建物の一括売買の対価の表示 ［消費税等］ ……………… 54

1.2　売買と請負の混合契約 ［印紙税］ …………………………………… 57

1.3　時価より高額での譲渡 ［法人税・消費税］ ……………………… 61

1.4　時価より低額での譲渡 ［法人税・消費税］ ……………………… 68

1.5　委託販売の収益計上時期 ［法人税］ ……………………………… 75

1.6　継続的取引におけるリベートの計上時期 ［法人税］ ………… 79

1.7　転売と契約上の地位の移転 ［消費税］ ………………………… 83

1.8　契約書の記載内容の偽装 ［法人税］ ……………………………… 87

1.9　実体のない取引の仮装 ［法人税］ ………………………………… 90

1.10　交換契約における圧縮記帳 ［法人税・印紙税］ ……………… 93

1.11　負担付贈与 ［印紙税・法人税・消費税］ ……………………… 98

2　請負・委任契約（業務委託・代理店・サービス提供等） ——— 102

2.1　契約期間の表示方法 ［印紙税］ …………………………………… 102

2.2　注文書の記載方法 ［印紙税］ ……………………………………… 105

2.3　請負と委任の区別 ［印紙税］ ……………………………………… 108

2.4　請負・準委任と雇用の区別 ［消費税・所得税］ ……………… 110

2.5　業務委託・派遣・出向の区別 ［消費税・所得税］ …………… 115

2.6　時価より高額・低額でのサービス提供 ［法人税等］ ………… 120

2.7　検収方法と収益計上時期 ［法人税］ ……………………………… 125

2.8　未確定の請負代金の収益計上 ［法人税］ ……………………… 128

2.9　代理店に対する広告宣伝用物品の提供 ［法人税］ …………… 131

2.10　サービスの初期料金と中途解約 ［法人税・消費税］ ………… 137

2.11　ソフトウェア改修の修繕費と資本的支出 ［法人税］ ………… 143

2.12　外国法人に対する国内外での役務提供等 ［消費税］ ………… 147

3 事業譲渡・株式譲渡契約 ——————————————— 152

3.1 事業譲渡と株式譲渡の違い［法人税・消費税］……………… 152

3.2 事業用資産の承継［法人税・消費税・印紙税］……………… 157

3.3 事業譲渡等に伴う借地権の譲渡［法人税］…………………… 167

3.4 一般的な株式譲渡と自己株式の取得［法人税等］…………… 171

3.5 条件不成立に伴う代金変更［法人税］………………………… 176

3.6 事業譲渡直後の従業員賞与の支給［法人税］………………… 180

4 賃貸借契約 ——————————————————————— 183

4.1 転貸における用途［消費税］…………………………………… 183

4.2 駐車場の賃貸借［消費税］……………………………………… 187

4.3 権利金・保証金・賃料［法人税・消費税・印紙税］………… 191

4.4 減価償却期間と除却損上時期［法人税］……………………… 202

4.5 賃借物件引継に伴う前賃借人等への支払［法人税］………… 207

4.6 リース取引［法人税・消費税］………………………………… 212

5 消費貸借契約 ————————————————————— 217

5.1 債務承認弁済契約［印紙税］…………………………………… 217

5.2 準消費貸借契約と債務承認弁済契約［印紙税］……………… 220

5.3 利子収入の計上時期［法人税］………………………………… 222

5.4 低利率・無利子での資金供与と寄附金［法人税］…………… 225

5.5 劣後特約等の同族会社間取引［法人税］……………………… 229

6 ライセンス契約 ———————————————————— 233

6.1 ノウハウ提供の対価の償却［法人税］………………………… 233

6.2 外国企業とのライセンス契約［所得税・消費税］…………… 239

6.3 海外の関連会社との取引価格（移転価格）［法人税］……… 245

7 和解契約 ——————————————————————— 250

7.1 和解金の損金計上時期［法人税］……………………………… 250

7.2 瑕疵による代金減額・損害賠償と債務免除［法人税］……… 254

7.3 代物弁済［法人税・消費税・印紙税］………………………… 259

7.4 損害賠償金の実質［消費税］…………………………………… 267

7.5 損害賠償と圧縮記帳［法人税・消費税］……………………… 270

目　次

7.6	著作権侵害に対する損害賠償金［源泉所得税］	278
8	**各契約類型に共通する事項**	**281**
8.1	契約金額の変更［印紙税］	281
8.2	消費税の表示［消費税・印紙税］	284
8.3	課税事項と不課税事項を含む契約書［印紙税］	288
8.4	複数の課税事項を含む契約書［印紙税］	291
8.5	他の文書を引用する契約書の契約金額［印紙税］	294
8.6	契約書の原本とコピー［印紙税］	297

巻末資料

1	**税目別のテーマと契約類型の対応表**	**302**
2	**契約類型別のチェックリスト**	**304**
3	**用語集・索引**	**309**

法令略称

法法	……………	法人税法
法令	……………	法人税法施行令
法基通	……………	法人税基本通達
所法	……………	所得税法
所令	……………	所得税法施行令
所基通	……………	所得税基本通達
消法	……………	消費税法
消令	……………	消費税法施行令
消規	……………	消費税法施行規則
消基通	……………	消費税法基本通達
印法	……………	印紙税法
印法通則	……………	印紙税法別表第一課税物件表の適用に関する通則
印令	……………	印紙税法施行令
印基通	……………	印紙税法基本通達
地法	……………	地方税法
登法	……………	登録免許税法
相法	……………	相続税法
相基通	……………	相続税法基本通達
措法	……………	租税特別措置法
措令	……………	租税特別措置法施行令
措通	……………	租税特別措置法関係通達
耐令	……………	減価償却資産の耐用年数等に関する省令
通法	……………	国税通則法
徴収法	……………	国税徴収法
徴基通	……………	国税徴収法基本通達
行訟法	……………	行政事件訴訟法
民訴法	……………	民事訴訟法

算用数字は「条」，ローマ数字は「項」，○囲み数字は「号」を表します。
（例：租税特別措置法第66条の4第2項第1号 →措法66の4Ⅱ①）

第1章
これだけは知っておきたい
税務の基礎知識

この章では，ビジネスに関連する税務を理解するために，最低限必要な基礎知識や税法独特の考え方について，税務の初心者向けにコンパクトに解説します。また，参考情報として，税務に関する手続の概要やリサーチ方法を紹介します。

2　第1章　これだけは知っておきたい税務の基礎知識

1　税務と契約書

（1）　契約書は税務でも重要な手掛かり

　税務処理は，取引等の事実に基づいて行われます。税務調査，税務訴訟等[1]において，どのような事実があったか問題となる場合，契約書は，重要な手掛かりとなります。

（2）　契約書に書いてしまえばこっちのもの？

　契約書は，本来，当事者が合意した事実に即して作成されるものです。しかし，契約書に書いた内容が「真実」になるわけではありません。契約書の内容が，事実と乖離している場合，税務当局や裁判所は，契約書の内容にかかわらず，実態に即して，どのような税務処理を行うべきかを判断します。課税を免れたり，税額を減らしたりするために，事実を曲解して，合理的でない異常な法形式をとる行為は，「租税回避」と呼ばれます。租税回避は，形式的には合法ですが，違法行為である「脱税」と紙一重の行為です。

（3）　税務を意識した契約スキームの選択

　一方で，1つの事実について，実態と乖離することなく，複数の法形式（契約類型）を選択できる場合もあります。例えば，甲所有のA土地を乙に取得させ，乙所有のB土地を甲に取得させる場合，次の2種類の契約スキームがあり得ます。

①　1つの交換契約（甲乙間のA土地とB土地の交換契約）

②　2つの売買契約（甲を売主・乙を買主とするA土地の売買契約と
　　　　　　　　　　甲を買主・乙を売主とするB土地の売買契約）

　①の交換契約の方が，経済的な実態にはなじみやすい印象がありますが，このように，①・②とも事実に基づいている場合には，契約当事者が法形式を自由に選択できると判断した判例があります[2]。この選択が，税負担の軽減を意

1　　➡ 1章4.3 税務調査等，4.4 不服申立・税務訴訟。
2　　東京高判平成11年6月21日高等裁判所民事判例集52巻26頁。

図したものであっても，法が許容する「節税」の範囲内であれば，税務当局がその選択を否定することはできません。

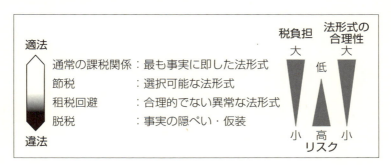

（4） 契約書の内容・表現で税額が変わることも

このように，契約スキームの選択，それを踏まえた契約書の記載内容は，税務処理においても，大きな意味を持ってきます。また，印紙税のように，同じ合意内容を記載した契約書であっても，その表現方法の違いによって，税額が変わることもあります。契約スキームの選択，契約書の作成にあたっては，税務の視点が欠かせません。

4 第1章　これだけは知っておきたい税務の基礎知識

2 ビジネスに関わる税金の概要

2.1 税金の種類

（1）ビジネスに関わる主要な税金

　ビジネスに関わってくる主な税金には，法人税，所得税，消費税，印紙税，固定資産税等があります。

　この中でも，ビジネスを行う会社にとって，特に影響が大きいのは，法人税です。厳密には，「法人税」とは，法人税法により法人の所得に対して課される税金で，次のページの表の「法人税」を指します。ただし，一般的には，法人住民税（都道府県民税，市町村民税），事業税，地方法人特別税，地方法人税を含めて「法人税等」と総称することがあります。この場合，厳密な意味での「法人税」のことを「法人所得税」と呼ぶこともあります。

（2）様々な分類

　税金は，次のような様々な観点から分類され，次のページの表のような関係にあります。

- ・　納税先（国税と地方税[1]）
- ・　使途の特定の有無（普通税と目的税）
- ・　納税義務者と税負担者が同一か（直接税と間接税）
- ・　どのような事実（収入・所得，財産の所有・移転，消費等）に対して課税するか
- ・　納税方式（申告納税方式と賦課課税方式）　➡ 1章4.2（1）

　これらの税金は，法律・条例[2]を根拠に課されます（租税法律主義）。

1　国税として国が徴収した上で，地方公共団体に，交付・譲与される地方交付税・地方譲与税もあります。

2　地方税法に定める税目（法定税）以外に，条例により新設される税目を「法定外税」と呼び，使途の特定の有無により，法定外普通税と法定外目的税に分類されます。

2.1 税金の種類 **5**

			普通税 使途の特定なし				目的税 特定の使途
			直接税 納税義務者 ＝税負担者		間接税 納税義務者 ≠税負担者	その他[3]	
			収得税 収入・所得 に対する税	財産税 財産の所有 に対する税	消費税 特定の消費 に対する税	流通税 財産の移転 に対する税	
内国税	国税		所得税 法人税 地方法人税	相続税 贈与税 地価税 自動車重量税	消費税 酒税 たばこ税 たばこ特別税 揮発油税 石油ガス税 航空機燃料税 石油石炭税	登録免許税 印紙税	電源開発促進税 復興特別所得税
	地方税	都道府県税	都道府県民税 事業税	固定資産税 （大規模） 自動車税 鉱区税	地方消費税 都道府県たば こ税 ゴルフ場利用 税	不動産取得税 自動車取得税	水利地益税 狩猟税
		市町村税	市町村民税 鉱産税	固定資産税 軽自動車税 特別土地保有税	市町村たばこ 税		事業所税 都市計画税 宅地開発税 水利地益税 共同施設税 国民健康保険税 入湯税
関税等	国税				関税	とん税 特別とん税	

3　流通税を間接税とする考え方もありますが，一概に明確に定義できない面もあるため，ここでは，直接税にも間接税にも分類していません。

2.2 法人税の概要

(1) 法人税の課税対象

法人税は，法人[1]の「所得」に対して課される税金です[2]（法法5,21）。「所得」とは，益金と損金の差額です（法法22）。

$$所得 = 益金 - 損金$$

会計上は，「収益」・「費用」という用語を使いますが，「益金」は「収益」，「損金」は「費用」に，概ね対応する言葉です。ただし，下図のとおり，若干一致しない部分があります。

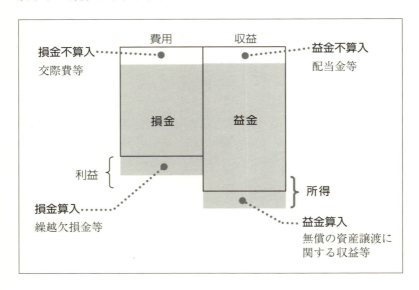

(2) 税務と会計の関係

税務上の処理においては，「一般に公正妥当と認められる会計処理の基準」に従って計算するのが原則です（法法22Ⅳ）。この会計処理の基準とは，「企業会計原則[3]」を中心とする会計慣行[4]のことを言います。

1　内国法人（日本国内に本店・主たる事務所がある法人）の所得，外国法人の国内源泉所得等（➡ 2章6.2 外国企業とのライセンス契約）が課税対象となります。
2　税法上，課税対象のことを「課税標準」と呼びます。

2.2 法人税の概要　**7**

　法人税法における「所得」は，会計上の当期純利益（または純損失）に対し，法人税法特有の調整により加算・減算を行った結果です（法法22）。この調整は，図の「収益」と「益金」，「費用」と「損金」にズレがある部分で，「別段の定め」と呼ばれます。別段の定めは，政策的理由，租税制度の構造的な理由，計算上の技術的理由等により設けられており，次のようなものがあります[5]。

---

① **主な加算項目**

・減価償却限度額を超える額の損金不算入[6]（法法31）

・資産の評価損の損金不算入（法法33Ⅰ）

・法定の要件を満たさない役員報酬の損金不算入[7]（法法34）

・寄附金，交際費等の損金不算入[8]（法法37，措法61の4）[9]

・法人税，地方法人税，道府県民税，市町村民税の損金不算入（法法38）

・貸倒引当金の繰入限度額を超える額の損金不算入[10]（法法52）

② **主な減算項目**

・納税充当金から支出した事業税，地方法人特別税の損金算入（法基通9-5-1）

・直前年度の事業税，地方法人特別税の損金算入（法基通9-5-2）

・受取配当等の益金不算入[11]（法法23）

・青色欠損金の繰越控除（法法57）[12]

3　1949年に大蔵省企業会計審議会が発表。

4　企業会計基準委員会が定める会計基準を含みます。

5　別段の定めとして適用される項目は，法人税の確定申告書の別表四に記載され，決算書の当期純利益（または純損失）と所得との差異の要因となるため，別表四は，法人税の計算における損益計算書といわれることがあります。

6　耐用年数・減価償却の方法は，会計上は個々の実態に合わせて採用できますが，税務上は，画一的に定められています。（減価償却については，➡ 1章3.3(2)減価償却）

7　税務上，役員報酬は一定期間定額で支払われること，役員報酬や退職慰労金は不相当に高額でないことが求められます。

8　交際費等のうち，相手方や使途が不明なもの（費途不明金）は，その全額を損金に算入できません（法基通9-7-20）。また，相当の理由なく支出の相手方を明らかにしないもの（使途秘匿金）は，その全額を損金に算入できず，さらに支出額の40％の法人税が課されます（措法62Ⅰ）。寄附金については，➡ 1章3.4 寄附金と受贈益

9　➡ 2章2.9 代理店に対する広告宣伝用物品の提供，5.4 低利率・無利子での資金供与と寄附金

8 第1章 これだけは知っておきたい税務の基礎知識

（3） 法人税額の計算方法

　法人税額は，所得に法人税率を乗じ，税額控除を適用して算出します[13]。

　　法人税額 ＝ 所得 × 税率 － 税額控除

　法人税には，二重課税の回避や政策的理由等により，税額控除があります。
主な税額控除は，次のとおりです。

> ・源泉所得税額の控除（法法68）➡ 1章2.3（4）源泉所得税
> ・中小企業者等[14]が機械等を取得した場合の特別控除（措法42の6）[15]

（4） 法人税率

法人の種類	年間所得	税率
中小法人[16]，一般社団法人等，公益法人等とみなされるもの，法人格のない社団等	年800万円以下の部分	19%[17]
	年800万円超の部分	23.2%
中小法人以外の普通法人	－	23.2%
公益法人等[18]，特定医療法人，協同組合等	－	19%[19]

10　会計上の貸倒引当金は，金融商品会計基準に基づき個々の実態に合わせて計上できますが，税務上は，統一的な基準により算出される限度額があります。

11　配当等の原資が既に課税されていることから，二重課税を避けるため，他の法人から受けた配当等のうち一定額は，減算されます。

12　欠損金額（マイナスの所得）が生じた年度について青色申告をした場合，欠損金額は最長で9年間（2018年4月1日以降に開始する事業年度については10年間），所得から控除できます。中小法人等（後掲脚注16）以外の法人が，各年度で控除できる欠損金額は，繰越控除前の所得金額の50％までです。

13　中間納付した法人税額がある場合には，その額を控除します。

14　資本金が3,000万円以下の法人（大規模法人の子会社等を除く）等。

15　青色申告書を提出する中小企業者等が，新品の機械やソフトウェア等で一定金額以上のものを指定事業（製造業，建設業，農業，林業，卸売業，小売業，料理店業，サービス業等）に使用したときは，最大でその資産の取得価額の7％相当額が法人税額から控除されます。

16　事業年度終了時の資本金額等が1億円以下または資本金等を有しない普通法人（資本金等が5億円以上の法人等との間に完全支配関係等がある場合，直近3事業年度の平均所得金額が15億円を超える場合を除く）。

（5） 法人税の申告・納付

　法人税は，納税者が申告し，これに基づいて，納付します。法人は，原則として，事業年度開始から6ヶ月が経過した日から2ヶ月以内に，中間申告書を提出し[20]（法法71），事業年度終了の翌日から2ヶ月以内に，確定申告書を提出する必要があります[21]（法法74）。

　中間申告，確定申告ともに，申告書の提出期限までに，申告書に基づき法人税を納付します（法法76，77）。

　なお，法人の事業年度がいつからいつまでかは，各法人が定款で定めています。

17　2021年3月31日までに開始する事業年度については，過去3年間の平均所得金額が15億円以下の場合，15％に軽減されています。

18　法法別表二

19　特定の協同組合等の年10億円超の部分については22％。協同組合等・特定の医療法人である連結親法人については20％。なお，2021年3月31日までに開始する事業年度の年間所得800万円以下の部分については，過去3年間の平均所得金額が15億円以下の場合，15％（上記の連結親法人は16％）に軽減されています。

20　直前の事業年度の法人税額が20万円以下（事業年度が1年の法人の場合）である場合には，中間申告・納付は必要ありません。

21　法人が会計監査人の監査を受けなければならないこと等の理由がある場合には，税務署長に申請することにより，申告期限を延長することができます（法法75の2）。

2.3　所得税の概要

（1）　所得税の課税対象

　所得税は，原則として，個人[1]の「所得」[2]に対して課される税金です（所法7,22）。そのため，原則として，法人には課されませんが，下記（4）の源泉所得税は，例外的に，法人も対象になります。また，ビジネスにおいても，取引相手が個人の場合や従業員を雇用する場合等に関係します。

　例えば，個人が行う事業の「所得」は，収入と必要経費の差額です（所法27Ⅱ）。

> 　所得　＝　収入　－　必要経費

　この「収入」・「必要経費」は，法人税法上の「益金」・「損金」に，概ね対応する言葉です[3]。ただし，法人税では，全ての損益を1つの所得として通算するのに対し，所得税では，10種類の所得に区分されています（所法23〜35）。次の①〜⑧の所得は合算され，その他の所得は，それぞれ単独で税額を計算します。

所得の分類		所得の概要	所得の計算方法
総合課税	①利子所得	預貯金の利子	収入
	②配当所得	株式の配当金，証券投資信託の分配金	収入－負債利子
	③不動産所得	建物・土地等の貸付から生じる所得	収入[4]－必要経費

1　居住者（住所または1年以上継続して居所を有する個人），非永住者（居住者のうち，日本国籍を有せず，かつ，過去10年以内で国内の住所・居所が5年以下の個人），非居住者（その他の個人）ごとに課税範囲や課税方式が異なります（所法3，5，7）。

2　金銭に限らず，物，権利，債務免除等の経済的利益も課税対象となります（所法36）。また，継続・反復する事業に限らず，一時的・偶発的な所得や不法・違法なものから生じた所得等も課税対象となります。

3　厳密には，法人と個人の性質の違い等から，「収入」と「益金」，「必要経費」と「損金」の範囲等には，多少の違いがあります。

4　不動産所得，事業所得，譲渡所得，一時所得，山林所得，雑所得については，厳密には「総収入」と呼びますが，「収入」とほぼ同義です。

	④事業所得	事業で生じる所得	収入 − 必要経費
	⑤給与所得	雇用から生じる給料・賞与	収入 − 給与所得控除[5]
	⑥譲渡所得	資産の譲渡から生じる所得	収入 −（取得費＋譲渡費用）− 特別控除50万円[6]
	⑦一時所得	法人からの贈与，保険の満期返戻金等	（収入 − 支出 − 特別控除50万円）× 1 / 2
	⑧雑所得	どの所得区分にも該当しない所得	収入 − 必要経費[7]
申告分離課税	⑨山林所得	立木の売却による所得	収入 − 必要経費 − 特別控除50万円
	⑩退職所得	退職によって受ける所得	（収入金額 − 退職所得控除額）× 1 / 2[8]
	【租税特別措置法で申告分離課税とされているもの】		
	譲渡所得 不動産	不動産の譲渡から生じる所得	収入 −（取得費＋譲渡費用）
	株式	株式の譲渡から生じる所得	
	先物取引	先物取引から生じる所得	

（2） 所得税の計算方法

　所得税額は，各区分の所得を上表にしたがって計算した後，損益通算[9]し，損失繰越控除[10]，後記の所得控除を適用した上で[11]，所得税率を乗じ，後記の税額控除を適用して算出します。

5　必要経費として特定支出控除を加算することも可能です。
6　所有期間が５年超の場合の長期譲渡所得は，|収入 −（取得費＋譲渡費用）− 特別控除| × 1 / 2
7　公的年金の場合は，収入 − 公的年金等控除額
8　特定役員等（法人の役員，議員，公務員）については，勤続年数が５年以下（１年未満は切り上げ）の場合，1 / 2を乗じません（所法30Ⅱ・Ⅳ）。
9　不動産所得・事業所得・山林所得・譲渡所得（不動産・株式を除く）の赤字を他の所得の黒字と相殺することをいいます。
10　最終的に赤字となった場合には，翌年以降３年間にわたって繰り越すことができます。
11　損失繰越控除を適用した段階の金額を「課税標準」，所得控除を適用した段階の金額を「課税所得」といいます。

12 第1章 これだけは知っておきたい税務の基礎知識

$$所得税額 = (所得→損益通算 - 損失繰越控除 - 所得控除)$$
$$× 税率 - 税額控除$$

　所得税には，本人や親族構成に対する配慮や社会政策上の理由等により所得控除（所法72〜86）があります。主な所得控除には，基礎控除（1人当たり38万円の定額控除），社会保険料控除，生命（地震）保険料控除，雑損控除（震災・盗難・横領による損失が生じた場合）等[12]があります。

　また，税額控除には，二重課税の調整をするための配当控除（所法92）や外国税額控除（所法95），政策的理由等による住宅ローン控除（措法41）等があります。

（3）　所得税の税率

　所得税は，所得金額が多くなるごとに段階的に税率が増加する超過累進税率を採用しています（所法89）[13]。

課税所得金額	税率
195万円以下の部分	5%
195万円超330万円以下の部分	10%
330万円超695万円以下の部分	20%
695万円超900万円以下の部分	23%
900万円超1,800万円以下の部分	33%
1,800万円超4,000万円以下の部分	40%
4,000万円超の部分	45%

（4）　源泉所得税

　所得税は，1月1日から12月31日までの所得について，翌年3月15日までに，納税者が申告し，申告期限までに，納付するのが原則です（所法120）。

12　他に，医療費控除，小規模企業共済等掛金控除，寄附金控除，障害者控除，寡婦（寡夫）控除，勤労学生控除，配偶者（特別）控除，扶養控除があります。
13　東日本大震災の復興財源に充てるため，2013年から2037年までの25年間にわたって，確定した所得税額（基準所得税額）の2.1%が復興特別所得税として課税されます。

ただし，この例外として，源泉所得税は，企業等[14]が，給与等を支払う段階で一定の所得税を源泉徴収した上で，原則として翌月10日までに，納税義務者に代わって，国に納付します（所法6，181～223）。

この源泉徴収義務は，居住者，非居住者，内国法人・外国法人ごとに，源泉徴収の対象・税率が定められています。日本国内に支店等を持たない外国法人の国内源泉所得も，源泉徴収の対象となります[15]（→ 2章6.2 外国企業とのライセンス契約）。源泉徴収が必要なものを例示すると，次のとおりです。

種類	税率 国[16]	税率 地方	税率 合計	居住者	非居住者	内国法人	外国法人
利子	15%	5%	20%	対象	対象	対象[17]	対象
配当金	20%	0%	20%	対象	対象	対象	対象
給料・賞与	税額表	0%	15～45%	対象	対象	―	―
退職手当	税額表	10%	15～50%	対象	対象	―	―
公的年金	税額表	0%	15～45%	対象	対象	―	―
報酬・料金	10～20%	0%	10～20%	対象	対象	対象[18]	対象[19]
権利等の使用料	20%	0%	20%	―	対象	―	対象

源泉徴収義務を負う企業等を通じて，源泉所得税を負担した法人は，法人税から源泉所得税を控除します（所得税額控除）。法人税法上の所得に課される法人税より，控除すべき源泉所得税の額が大きい場合は，その差額は還付されます（法法78①）。

---

[14] この企業等のことを源泉徴収義務者といいますが，源泉徴収義務を怠った場合は，納税者ではなく，源泉徴収義務者に対して滞納処分が行われます。
[15] 租税条約が締結されている場合は，所得税法より租税条約が優先されます。
[16] 源泉所得税についても，2013年から2037年まで復興特別所得税2.1%が所得税に上乗せされます。
[17] 法人が受領する利子に対する地方税（5%）の源泉徴収は，2016年1月から廃止されました。
[18] 競走馬の賞金（所法212Ⅲ）。
[19] 国内源泉所得である人的役務の提供事業の対価（所法212Ⅰ）。

2.4 消費税の概要

(1) 消費税の課税対象
消費税は，その名のとおり，商品や役務の「消費」に対して課される税金です。次の取引が，消費税の課税対象となります（消法4）。

> 1　①国内において，②事業者が事業として，③対価を得て行う
> 　　④資産の譲渡・貸付，サービス提供
> 2　保全地域[1]から外国貨物を引き取る輸入取引

上記に該当する場合でも，政策上の理由等により，非課税とされている取引[2]もあります（消法6，別表一・二）。

(2) 消費税額の計算方法
例えば，最終的に200円で販売される商品が下記のように流通した場合，最終的な消費者が20円[3]の消費税を負担しますが，その申告・納税は，流通過程の4事業者がそれぞれ行います。つまり，形式的には，各取引が課税対象となりますが，実質的には，1つの商品について流通のたびに消費税が累積しないように調整されています。

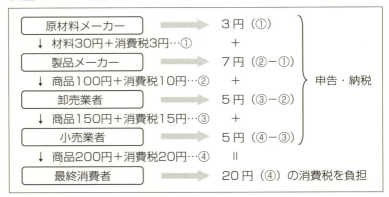

各事業者は，仕入の際に仮に消費税を支払い，販売・提供の際に仮に消費税を受け取った上で，申告の際に，これらを精算します。ただし，取引ごとの精算ではなく，次のとおり，各事業者の事業年度中における課税対象の売上（課

2.4 消費税の概要 **15**

税売上）と仕入（課税仕入）の総額を基に計算するのが原則です。

$$消費税額 = 課税対象の売上高 \times 税率 - 課税対象の仕入高 \times 税率$$

この部分を「仕入控除税額」[4]といいます。

・ 仕入控除税額は，①課税売上高5億円以下かつ課税売上割合[5]95％以上の場合は，課税仕入等にかかる消費税額の全額，②その他の場合は，課税売上に対応する課税仕入等の消費税額となります（消法30Ⅱ）。

・ 課税売上高5,000万円以下の中小事業者は，簡易課税制度の適用を選択し，課税売上高[6]に対する消費税額に，業種ごとに決められたみなし仕入率[7]を乗じた金額を仕入控除税額とすることができます（消法37）。

・ 基準期間（原則，前々年度）・特定期間（原則，前年度開始から6ヶ月間）の課税売上高[8]が1,000万円以下の小規模事業者は，当年度の納税を免除されます（消法9，9の2）。

（3） 消費税率

　一般に「消費税」と言われる税金には，厳密には，国税である消費税と地方税である地方消費税がありますが，申告も納税も一緒に行われるため，普段は，特に両者の区別を意識する必要はありません。なお，本書では，特に明確に区別して記載していない場合は，両者をあわせて「消費税」と記載しています。

　消費税の税率は，取引額にかかわらず一定です。（消法29，地法72の83）。

1　輸出入手続を行う場所や外国貨物を蔵置，加工，製造，展示等できる場所。
2　土地の譲渡・貸付，有価証券等の譲渡，預金・貸付金等の利子，授業料等。
3　税率10％の場合。
4　仕入控除税額にあたる額を控除することを「仕入税額控除」と呼びます。
5　→ 1章3.5(1)税金が発生しない場合の類型
6　値引き等があれば控除した後の金額。
7　卸売業90％，小売業80％，農林水産業・鉱業・建設業・製造業等70％，飲食業60％，金融業等・運輸通信業・サービス業50％，不動産業40％（消令57）。
8　特定期間については，課税売上高のかわりに給与支給額を用いて判定することも可能です（消法9の2Ⅲ）。

消費税（国税）	地方消費税（地方税）	合計[9]
7.8%	2.2%	10%

（4） 消費税の申告・納付

　消費税は，取引を行った事業者が申告し，これに基づいて，納付します[10]。法人は，原則として，事業年度終了の翌日から2ヶ月以内に，確定申告書を提出する必要があります（消法45）。

9　飲食料品（酒類，外食を除く）や定期購読の週2回以上発行の新聞には，8％（国税6.24％＋地方税1.76％）の軽減税率が適用されます。

10　国内の事業者が海外の事業者から，電気通信利用役務（インターネット経由での電子書籍・音楽・ソフトウェア・広告等の配信，クラウドサービス，ショッピングサイト・予約サイト，電話・電子メール等によるコンサルティング等）や特定役務（芸能・スポーツ等）の役務提供を受ける場合は，例外的な措置として，役務提供を受ける国内の事業者が，海外の提供者に消費税相当額を支払う替わりに，その分を申告・納税します（リバースチャージ方式）。なお，この対象は，当分の間，簡易課税制度の適用がなく，課税売上割合95％未満の事業者（（2）参照）に限られています。

2.5 印紙税の概要

（1） 印紙税の課税対象

　印紙税は，契約書や領収書の文書作成の背後に所得（いわゆる儲け）を推定し，課税されます。印紙税は，流通税[1]の一種で，取引や権利自体に対して課税するのではなく，これらの事項を証明するために作成された「文書」に対して課税します。そのため，取引が口頭での約束や電子契約によって行われ，契約書等の文書が作成されなければ，印紙税は課税されません。また，同じ内容の文書でも，複数の原本が作成されれば，その数だけ課税されます。

　印紙税の課税対象となる文書は，次のとおりです（印法別表一「課税物件表」）。なお，海外で締結された契約書については，内容が国内の取引に関するものであったり，その契約書が国内で保存される場合であっても，印紙税の課税対象とはなりません（印基通49）。

号	文書の種類
1	① 不動産，鉱業権，知的財産権，船舶，航空機，事業の譲渡契約書 ② 地上権・土地の賃借権の設定・譲渡契約書 ③ 消費貸借契約書 ④ 運送契約書
2	請負契約書
3	約束手形，為替手形
4	株券，出資証券・社債券，投資信託・貸付信託・特定目的信託・受益証券発行信託の受益証券
5	合併契約書，吸収分割・新設分割契約書
6	定款
7	継続的取引の基本契約書
8	預金証書，貯金証書
9	貨物引換証，倉庫証券，船荷証券

1　財産の移転に対して課税される税金。➡ 1章2.1 税金の種類

10	保険証券
11	信用状
12	信託行為に関する契約書
13	債務の保証契約書
14	金銭・有価証券の寄託契約書
15	債権譲渡契約書・債務引受契約書
16	配当金領収書，配当金振込通知書
17	金銭・有価証券の受取証
18	預金通帳，貯金通帳，信託通帳，掛金通帳，保険料通帳
19	消費貸借通帳，請負通帳，有価証券の預り通帳，金銭の受取通帳等の通帳
20	判取帳

（2） 印紙税額の計算方法

　印紙税の税額は，上記の表のどの文書に該当するか判定した上で，その文書に記載された金額により決定します。

　課税文書に該当するかどうかは，文書に表されている事項に基づいて判断され，その他の事項は，原則として，判断の要素となりません。また，文書に表れた事項については，文書の名称や形式的な文言にかかわらず，その記載文言の実質的な意義により判断します[2]。

　ビジネスに関係する主な文書にかかる印紙税額は，次のページの表のとおりです[3]。

2　国税不服審判所裁決平成22年9月8日裁決事例集80巻参照。

3　2014年4月1日～2020年3月31日までに締結された不動産譲渡契約書，建設工事（建設業法2Ⅰ）の請負契約書については，次のページの表のとおり，税額が軽減されます（措法91）。

2.5 印紙税の概要 **19**

	契約金額	税額（原則）	税額（軽減）
①不動産，鉱業権，知的財産権，船舶・航空機，事業の譲渡契約書 ②地上権・土地賃貸借の設定・譲渡契約書 ③消費貸借契約書 ④運送契約書	契約金額の記載なし	200円	200円
	1万円未満	非課税	非課税
	1万円以上　　10万円以下	200円	200円
	10万円超　　50万円以下	400円	
	50万円超　　100万円以下	1,000円	500円
	100万円超　　500万円以下	2,000円	1,000円
	500万円超　1,000万円以下	1万円	5,000円
	1,000万円超　5,000万円以下	2万円	1万円
	5,000万円超　　1億円以下	6万円	3万円
	1億円超　　5億円以下	10万円	6万円
	5億円超　　10億円以下	20万円	16万円
	10億円超　　50億円以下	40万円	32万円
	50億円超	60万円	48万円
請負契約書	契約金額の記載なし	200円	200円
	1万円未満	非課税	非課税
	1万円以上　　100万円以下	200円	200円
	100万円超　　200万円以下	400円	
	200万円超　　300万円以下	1,000円	500円
	300万円超　　500万円以下	2,000円	1,000円
	500万円超　1,000万円以下	1万円	5,000円
	1,000万円超　5,000万円以下	2万円	1万円
	5,000万円超　　1億円以下	6万円	3万円
	1億円超　　5億円以下	10万円	6万円
	5億円超　　10億円以下	20万円	16万円
	10億円超　　50億円以下	40万円	32万円
	50億円超	60万円	48万円
継続的取引の基本契約書		4,000円	4,000円

20 第1章 これだけは知っておきたい税務の基礎知識

（3） 印紙税の納付

印紙税の納税義務者は，文書の作成者です（印法3Ⅰ）。契約書のように，複数の者が共同で作成した文書については，作成者が連帯して納税義務を負います（印法3Ⅱ）[4]。ただし，契約当事者間において特段の合意がない限り，各当事者が半額ずつ負担するのが一般的です（民法558，559）。

印紙税の納付は，印紙を貼付するのが原則ですが（印法8），大量の文書を扱う場合等には，他に次のような方法を採用することもできます（印法9～12）。③～⑤の方法については，事前に税務署長の承認が必要です。

①印紙の貼付	文書に，印紙税額に応じた収入印紙を貼付し，文書と印紙にまたがって割印を押捺します。
②税印の押捺	事前に金銭で納付した上で，税務署長に，文書に「税印」を押捺してもらいます。
③納付印の押捺	自ら設置した印紙税納付計器を使用して，事前に金銭で納付した上で，納付印を押捺します。
④書式表示	毎月作成される文書等について，文書に「印紙税申告納付につき税務署承認済」という表示をし，毎月分を翌月末までに申告して納付します。
⑤預貯金通帳等の一括納付	預貯金通帳等の口座数を基に1年ごとに申告し納付します。

---

[4] 印紙を貼付しなかったり，印紙額が不足したりした場合には，不足額の3倍（自ら申し出た場合は1.1倍）の過怠税（一種のペナルティー）が課されます。また，割印をしていない場合は，印紙税額と同額の過怠税が課されます。申告納税方式を選択して，申告・納付を怠った場合は，法人税と同様に，附帯税（加算税・延滞税➡1章4.3(3)）が課されます。過怠税・附帯税は税務上，損金に算入できません（法法55Ⅲ①）。なお，印紙の貼付や割印がない場合でも，契約の法的効力に影響はありません。

2.6 固定資産税の概要

（1） 固定資産税の課税対象

　固定資産税は，不動産（土地・建物），有形の償却資産[1]の資産価値に対して課される税金です。資産の所在する市町村等[2]が，資産の所有者に対して，課税します（地法342，343）。償却資産に対する固定資産税を「償却資産税」と呼ぶこともあります。納税義務者となる「所有者」は，次の表のとおりです（地法343）。

種別			納税義務者
不動産	登記あり	登記名義人が生存・存続	登記上の名義人
		登記名義人が死亡・消滅	現実の所有者
	未登記		現実の所有者
償却資産			現実の所有者

（2） 固定資産税額の計算方法

① 計算方法

　固定資産税額は，資産の評価額に減額特例[3]を適用した課税標準に対して，税率を乗じ，税額の減免特例[4]を適用して算出します。

$$固定資産税額 = \underbrace{評価額 \times 減額特例}_{\text{「課税標準」}} \times 税率 - 減免特例$$

1　構築物，船舶，航空機，機械装置，器具備品等が該当します。自動車は，対象外ですが，自動車税・軽自動車税が課税されない車両運搬具（フォークリフト等）は，償却資産税の対象となります（地法341Ⅳ）。
2　東京23区では，東京都です。
3　住宅用地特例（地法349の3の2）・一定の事業用地特例（地法349の3）等，土地の評価水準引上げに伴う負担調整措置があります。
4　住宅を新築後3年間（または5年間）税額の2分の1を減額する特例（地法附則15の6）等，天災・貧困等による減免制度（地法367）があります。

22　第1章　これだけは知っておきたい税務の基礎知識

②　資産の評価額

①の計算に用いる資産の評価額は，次のとおりです。

不動産の評価額	国が定める固定資産評価基準[5]（地法380）にしたがって，市町村等が決定します[6]。
償却資産の評価額	申告内容を基に，減価償却に類似した計算により，市町村等が決定します。

（3）　固定資産税率

固定資産税の標準税率は，1.4％ですが（地法350Ⅰ），市町村等が条例により税率を設定することができ[7]，市町村等によって税率は異なります[8]。

なお，土地・建物・償却資産ごとの課税標準の合計額が，土地30万円，建物20万円，償却資産150万円（免税点）未満の場合は，課税されません（地法351）[9]。

（4）　固定資産税の申告・納付

償却資産の所有者は，毎年1月1日現在の償却資産の取得価額等の必要事項をその年の1月31日までに，市町村等に申告する必要があります（地法383,394）。ただし，法人税，所得税，消費税のように申告額をそのまま納税するのではなく，市町村等が賦課する税額を記載した納税通知書を納税義務者に通知し，これに基づき納付します（地法1Ⅰ⑦，364Ⅰ）。

なお，納税義務者・評価額等を確定させる「賦課期日」は毎年1月1日です（地法359）。

5　昭和38年12月25日自治省告示158号
6　市町村等が決定した価格は，固定資産課税台帳に登録され，市町村等に備え置かれます（地法388）。
7　標準税率を上回って課税されることを超過課税といいます。
8　市町村によっては，都市計画法の市街化区域（都計法7Ⅰ）に所在する土地・建物については，別途，都市計画税が課税されることがあります。評価額は固定資産税と同じですが，減額・減免特例や税率（0.3％以下に制限）等は異なります。税額の賦課・徴収手続は固定資産税に併せて行われます。
9　市町村等の財政上の必要がある場合等には，条例により，免税点に満たないときにも，課税することができます（地法351）。

3 税法の理解に必要な概念

3.1 資本等取引と損益取引 [法人税]

（1） 資本等取引

　法人税は，株主からの出資等を元手に法人が得た「所得」に対して課税され，元手自体の変動等については，課税対象としません。

　次のような取引は，資本等取引と呼ばれ（法法22Ⅴ），新株の発行，転換社債の株式への転換，自己株式の取得，減資等が，これに当たります。

　①　資本金等の額[1]を増加・減少させる取引

　②　利益・剰余金の分配

　③　残余財産の分配・引渡し

　資本等取引は，法人と株主等との間のいわば内部的な取引と言えます。そのため，資本等取引による変動は，益金・損金とは扱われず，法人税の課税対象である所得の計算に影響を与えません。

（2） 損益取引

　資本等取引以外の取引（損益取引）により変動する経済的価値については，法人の各事業年度において，益金・損金として扱われ，所得の計算の基礎となります。

　益金とは，別段の定め[2]があるものを除き，資本等取引以外の取引により，法人の純資産を増加させる収益です。具体的には，資産の販売，有償・無償の資産の譲渡・役務の提供，無償による資産の譲受け，その他の資本等取引以外の取引に関する収益です（法法22Ⅱ）。

　損金とは，別段の定めがあるものを除き，資本等取引以外の取引により，法人の純資産を減少させる費用・損失です。具体的には，①売上原価等，②販売費，一般管理費その他の費用，③損失の額です（法法22Ⅲ）。

1　株主等から出資を受けた金額として政令で定める金額（法法2⑯）
2　➡1章2.2（2）税務と会計の関係

24　第1章　これだけは知っておきたい税務の基礎知識

3.2　収益・費用の計上時期［法人税］

（1）　計上年度が異なる影響

　収益や費用の計上年度（≒益金や損金の算入年度[1]）がずれると，法人税の課税対象となる各年度の所得の額に影響します。所得の額が上がれば，税額も上がります。

　税金を納付すると，キャッシュアウトが発生することになりますので，一般的に，事業者には，キャッシュフローの観点から，なるべく税金の発生タイミングを遅らせたいというインセンティブが働きます。つまり，収益計上（≒益金算入）は遅く，費用計上（≒損金算入）は早くしたいと考えます。税務当局は，税収を確保するために，これとは，逆の考え方をします。

　ただし，その会社の状況により，計上時期に対する考え方は，様々であると考えられます。例えば，金融機関や投資家へのアピールのために，その年度の売上を大きく見せたい経営者は，早く収益を計上したいと考えるかもしれません。また，会社が赤字の状況であったり，欠損金の繰越（過去の赤字）[2]があったりする場合には，将来的に黒字に転じた年度で収益が計上されるよりも，マイナスと相殺して所得がプラスとならない段階で，早く収益を計上したいと考えることもあり得ます。特に繰越欠損金と所得を相殺できる期間には制限がありますので，その期限までになるべく早く収益を計上したいというニーズもあり得ます。

　いずれにしても，事業者が恣意的に計上時期を操作できるわけではありませんが，税制上，計上時期に選択の余地がある場合，特に金額の大きい取引については，その影響を考えることも重要です。

（2）　計上時期

　税務処理は，基本的に，会計原則に基づいて行われます（➡1章2.2（2）税務と会計の関係）。会計上，収益・費用は，基本的に，実際に金銭を受領したり支出したりしたときに計上する方法（現金主義）ではなく，取引等が発生した

1　収益と益金，費用と損金の関係については，➡2.2（1）法人税の課税対象
2　➡2.2（2）税務と会計の関係

時点で計上する方法（発生主義）で処理されます。税務上の益金・損金も，基本的には，これと同様の考え方で計上されますが，税法特有の考え方もあります[3]。

① **益金の算入時期**

税務上の益金算入時期は，基本的に，会計上の収益計上時期と同じです。

例えば，一定の業務の実施に対して料金が発生する場合，料金の支払が次の事業年度であっても，業務が完了したときに料金が発生することが確定しますので，その時点で，収益が計上されます（権利確定主義）。➡ 2章2.7 検収方法と収益計上時期

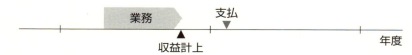

連続的な業務であっても，月ごと等，一定期間ごとに業務が終了するようなもの（例えば，保守業務）については，その期間ごとに業務が完了した時点で，収益が計上されます。

また，年度をまたいで，工事等の1つの業務が行われる場合でも，その業務が完了したときに，収益を計上するのが原則です（工事完成基準）。ただし，長期にわたる大規模な工事等については，年度ごとに，業務の進捗に応じて収益を計上することもあります（工事進行基準）。➡ 2章2.8 未確定の請負代金の収益計上

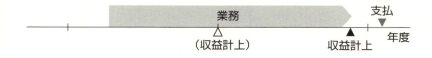

3　青色申告書を提出する小規模な個人事業者については，事前に届出をすることにより，現金主義で，所得税の所得計算をすることも認められます（所令197）。

26 第1章　これだけは知っておきたい税務の基礎知識

②　損金の算入時期

　法人税法上，損金とは，（a）売上原価等，（b）販売費，一般管理費その他の費用，（c）損失の額とされています。（法法22Ⅲ）。

　会計上，（b）の費用は，全て発生したときに計上しますが，税務上は，基本的に，その事業年度末までに，債務が確定しているもののみを損金に算入します（債務確定主義）。債務が確定しているものとは，原則として，事業年度末までに，次の全ての要件が成立しているものです（法基通2-2-12）。

　（ア）その費用に関する債務が成立している

　（イ）その債務に基づいて具体的な給付をすべき原因となる事実が発生している

　（ウ）その金額を合理的に算定することができる

　ただし，上記（a）の売上原価等については，債務確定主義によらず，会計上の処理と同様に，売上と対応させて計上されます（費用収益対応の原則）（法法22Ⅱ・Ⅳ）。売上が認識されて益金が算入された場合，その売上に対応する売上原価は，債務が未確定でも，費用として認識され損金に算入されることになります。

　減価償却費，繰延資産についても，債務確定主義の例外で，複数年度にわたって費用化されます（➡**1章3.3 減価償却と繰延資産**）。

　なお，上記（c）の損失の額とは，収益の獲得に結びつかなかった財貨の消費額で，災害による損失，資産の譲渡損失等をいいます。

　益金・損金算入の原則的な時期は，次のとおりです。

		税務	会計
益金		権利の確定時	発生時
損金	売上原価等	売上と対応	売上と対応
	販売費，一般管理費等の費用	債務の確定時	発生時
	損失	発生時	発生時

3.3 減価償却と繰延資産 ［法人税］

(1) 複数年度にわたる費用化

税務・会計では，費用と収益を対応させて計上するという考え方があります（費用収益対応の原則）。一定期間の利益を計算する際には，この考え方にしたがって，期間中の収益と費用を対応させるため，その期間中に発生した費用について，「その期間の収益に対応する分」と「次の期間以降の収益に対応する分」とに区分します。

例えば，工場の土地・建物や機械等の固定資産を購入する場合，購入時に代金を支払いますが，その工場では，長期間にわたって製品が生産され，収益を生み出します。そこで，この費用と収益を対応させるため，資産の取得時に購入代金等の全額を費用として認識せずに，複数年度にわたって費用として認識し，損金に算入していきます。この処理を減価償却と呼びます。

資産を取得する場合以外でも，支出の効果が複数年に及ぶ場合には，繰延資産として計上し，複数年度にわたって費用化（償却）する処理がされます。

(2) 減価償却

事業のために用いられる建物，建物附属設備，機械装置，器具備品，車両運搬具等の資産は，時の経過によってその価値が減っていきます。このような資産を減価償却資産といいます（法法2㉓，法令13）[1]。減価償却資産を取得すると，取得に要した全額を費用に計上するのではなく，取得価額[2]を帳簿価額

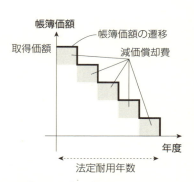

として，固定資産に計上します。そして，使用可能な一定の期間にわたり，年々，減価償却により費用化された分だけ帳簿価額が下がっていきます[3]。こ

---

[1] 土地は，時の経過に伴って価値が減少しないため，減価償却されません。
[2] 購入代金等の取得費用と事業に使用するために支出した費用の合計額（法令54Ⅰ）。
[3] 中小企業の投資促進や環境保護のための投資促進といった政策のために，特例により，一定の要件の下で，早期の償却が認められている場合があります。

28　第1章　これだけは知っておきたい税務の基礎知識

の使用可能な期間が，法定耐用年数で，「減価償却資産の耐用年数等に関する省令」の別表（耐用年数表）で定められています[4]。毎年度の減価償却費は，定率法[5]，定額法[6]といった方法で計算され，残存簿価1円まで償却されます[7]。また，法定耐用年数の途中であっても，資産を廃棄等する場合には，その時点の残存簿価（未償却の価額）の全額を費用として計上します。

　ただし，使用可能期間が1年未満のもの，または，取得価額が10万円（中小企業者等は特例で30万円[8]）未満のもの[9]は，資産に計上せずに，取得に要した全額を費用として計上することができます（法令133）[10]。

取得価額等	中小企業者等以外	中小企業者等
10万円未満または使用期間1年未満	資産計上せず全額費用計上	資産計上せず全額費用計上
30万円未満	資産計上して減価償却	特例により資産計上せず全額費用計上可
30万円以上		資産計上して減価償却

（3）　繰延資産

　支出の効果が1年以上に及ぶ次の表のような費用は，その全額を支出した年度の費用として計上することはできず，複数年度にわたって費用化（償却）します。このような費用を繰延資産[11]といいます（法法2㉔，法令14Ⅰ）。

4　法定耐用年数と実際の耐用年数との間に乖離がある場合，国税局長の承認を受けると，耐用年数を短縮できます（法令57）。
5　毎年度，原則として，残存簿価に一定の割合を乗じた額を償却する方法。
6　毎年度，原則として，一定の金額を償却する方法。
7　2007年の税制改正以前は，一定の残存価額までしか，減価償却による費用化が認められていませんでした。
8　一定の要件を満たす中小企業者等については「30万円未満」とする特例があります（措法67の5）。
9　少額減価償却資産と呼ばれます。
10　取得価額が20万円未満の資産については，各事業年度で取得した対象資産の全額を一括して，法定耐用年数ではなく，3年間で償却することもできます（一括償却）（法令133の2Ⅰ）。

3.3 減価償却と繰延資産 **29**

① 創立費 ② 開業費 ③ 開発費[12]
④ 株式交付費 ⑤ 社債等発行費
⑥ 次の費用で支出の効果が1年以上に及ぶもの
（a）自己が便益を受ける公共的施設・共同的施設の設置・改良費用
（b）資産を賃借，使用するための権利金，立退料等
（c）役務提供を受けるための権利金等
（d）製品等の広告宣伝用の資産の贈与費用
（e）その他，自己が便益を受けるために支出する費用

　①～⑤は，会計上も繰延資産とされるもので，税務上，任意に選択した年度で，任意の金額を費用に計上できます（任意償却）。⑥は，税法独自の繰延資産で，償却期間は，費用の種類ごとに決まっています（法法32，法令64Ⅰ，法基通8-2-1～8-2-5）。なお，繰延資産に該当する費用であっても，20万円未満の場合は，支出した年度で全額を費用として計上できます（法令134）。

---

11 「繰延資産」と似た用語に「繰延税金資産」がありますが，これは，会計と税務の処理の差により，前払いした税金が将来戻ることを前提に，資産として計上する会計上の処理で，繰延資産とは全く異なる概念です。
12 開発費とは，「新たな技術・経営資源の採用，資源開発・市場開拓のために特別に支出する費用」で（法令14Ⅰ③），任意償却できます。類似する概念に「試験研究費」があります（若干異なる概念ですが会計上は「研究開発費」と呼ばれます）。これは，「製品の製造，技術の改良・考案・発明のための試験研究に必要な費用（原材料，人件費，外注費等）」です（措法42の4Ⅵ①，措令27の4Ⅱ）。試験研究費は，製造原価（収益に対応して費用計上）または固定資産（減価償却により費用計上）に該当する場合を除き，全額が債務が確定した年度の損金に算入されます（法法22Ⅱ・Ⅲ，法令12）。さらに，特例により，試験研究費の一定割合の額を法人税額から控除（税額控除）できます（措法42の4Ⅰ～Ⅳ）。

30 第1章 これだけは知っておきたい税務の基礎知識

3.4 寄附金と受贈益 [法人税]

（1） 法人税の取扱い

法人税法では，無償による資産の譲渡・譲受（贈与），無償によるサービス提供等（経済的利益の供与）[1]に関する収益も，益金に算入されます（法法22Ⅱ）。この考え方は，税法独特のもので，会計上の処理とは大きく異なります。

（2） 無償のサービス提供
① 利益供与者（サービス提供者）の処理

例えば，100万円相当[2]のサービスを他の法人に無償で提供するとします。

会計上は，サービス原価を支出していれば，費用として計上しますが，対価を得ていませんので，収益は計上されません。

一方，税務上は，このサービスを提供すれば，本来，100万円相当の売上が得られたはずだと考え，100万円を収益に計上します。同時に，これと同額の費用として，寄附金100万円が計上されます。これは，一旦，100万円の代金を受け取った上で，現金100万円を贈与した場合と同様の処理になります。そうすると，一見，±0になったようですが，寄附金は，次のとおり，損金算入が制限されます（法法37Ⅰ）。

100%親子会社間でない場合	資本金・所得額等を基準に算定した一定額を超える寄附金は損金不算入
100%親子会社間の場合	寄附金の全額が損金不算入

その結果，損金算入できなかった部分だけ，法人税の課税対象となる所得額が増加することになります。

なお，寄附金の額は，寄附金，拠出金，見舞金等のどのような名義かを問わ

1　このように，厳密には，法人税法は，「贈与」と「経済的利益の無償の供与」を区別していますが，一般には，「贈与」による経済的効果を含めて「経済的利益の供与」と言うこともしばしばあります。例えば，法法34Ⅳの「経済的な利益」には，「資産を贈与」したことによるものを含みます（法基通9-2-9）。本書では，説明の分かりやすさを重視し，両者を含めて「経済的利益の供与」と呼ぶことがあります。

2　サービスの時価について，➡2章2.6 時価より高額・低額でのサービス提供。

ず，法人が金銭，その他の資産，経済的利益[3]を贈与・無償供与した場合の資産・経済的利益の価額とされています（法法37Ⅶ）。

② 利益享受者（サービス利用者）の処理

100万円相当のサービスを無償で提供された場合，100万円相当の経済的利益の供与を受けたものとして，受贈益100万円を収益に計上します。同時に，これとバランスをとるために，実際には支出していないサービス料金100万円を費用として計上します。これは，現金100万円の贈与を受けた上で，サービス料金100万円を払ったのと同じ処理になります。その結果，±0となりますので，法人税の課税対象となる所得額に影響はありません。実務上は，課税に影響がありませんので，何も処理をしないことも少なくありません[4]。

（3） 資産の贈与
① 贈与者の処理

資産の贈与の場合，資産計上等の処理が関係するため，無償のサービス提供の場合とは，処理が異なります。

例えば，時価[5]3,000万円，帳簿価額2,000万円の土地を他の法人に贈与するとします。

会計上は，土地が資産から削除されるのと同時に，2,000万円の寄附金として費用が計上されます。実際には，帳簿上2,000万円の価値として認識していた土地を贈与したのですが，2,000万円の現金を贈与したのと同じような処理になります。この際，贈与者は，所有していた土地がなくなるだけで，対価を得ていませんので，収益は計上されません。

一方，税法上は，この帳簿価額2,000万円の土地を売却すれば，本来，時価3,000万円相当の代金が得られたはずだと考え，3,000万円を譲渡の収益として

---

3 広告宣伝・見本品の費用等，交際費，接待費，福利厚生費は除きます（法法37Ⅶ）。
4 ただし，100％親子会社関係にあるグループ内の子会社間で寄附金が発生した場合は，親会社等の株主において，利益積立金額・子会社株式を増減させる，いわゆる「寄附修正」が必要となります（法令9Ⅰ⑦，119の3⑥）。
5 資産の時価について，➡2章1.3 時価より高額での譲渡。

32 第1章 これだけは知っておきたい税務の基礎知識

計上します。同時に，譲渡代金3,000万円が贈与されたものとして処理され，寄附金3,000万円が費用として計上されます。つまり，土地を3,000万円で売却して，その代金を贈与したのと同じ処理になります。

また，不動産のような固定資産については，譲渡の際に，帳簿価額[6]と譲渡価格の差額について譲渡損益（プラスであれば譲渡益，マイナスであれば譲渡損）が計上されますので，このケースでは，差額1,000万円の譲渡益が発生します。

譲渡収益3,000万円 − 帳簿価額2,000万円 ＝ 譲渡益1,000万円

	会計上の処理	税務上の処理
譲渡収益	−	3,000万円
譲渡原価	−	−2,000万円
小計（譲渡益）	−	1,000万円
寄附金	−2,000万円	−3,000万円

上の表のように，会計上も税務上も，最終的には，−2,000万円となるように見えますが，実際には，税務上は寄附金の損金算入が制限されます（➡（2）①）。仮に寄附金の全額3,000万円を損金算入できなければ，1,000万円の所得が発生します。このように，寄附金3,000万円のうち損金算入できる範囲が，1,000万円未満であれば，所得が発生し，法人税の課税対象となります。

② **受贈者の処理**

土地の贈与を受けた法人は，無償でサービス提供を受けた場合と同様に，現金等の授受がなくても，土地の時価である3,000万円相当の価値を得たものとして，収益と認識します。具体的には，受贈益3,000万円が計上されます。

ただし，資産の譲受の場合，サービス提供の場合のように3,000万円の費用を計上するのではなく，土地について，時価3,000万円を帳簿価額として，資

6　その時点での帳簿上の資産の価値。基本的に，土地のように減価償却されない資産であれば取得価額，建物のように減価償却される資産であれば取得価額から減価償却費の累計額を控除した価額。

産に計上します。将来，受贈者がこの土地を譲渡すれば，譲渡減価として3,000万円の費用が認識されますが，サービス提供と資産の譲渡を比べると，費用として認識される時期がずれることになります。

その結果，土地の贈与を受けた段階では，受贈益3,000万円が，法人税の課税対象となる所得となります。

このように，資産の譲渡の場合には，贈与した側にも，贈与を受けた側にも，法人税の課税対象となる所得が発生することとなります。

	経済的利益の供与者	経済的利益の享受者
無償のサービス提供	寄附金の損金算入制限に伴う課税が発生	課税に影響なし
資産の贈与	寄附金の損金算入制限に伴う課税が発生	受贈益に対する課税が発生

（4） 時価と乖離した価格での取引

無償での資産の譲渡，サービス提供等に限らず，有償の取引であっても，時価と乖離した価格である場合には，取引価格と時価との差額について，上記（2）・（3）と同様に，寄附金・受贈益として扱われます。➡ 2章1.3 時価より高額での譲渡，1.4 時価より低額での譲渡，2.6 時価より高額・低額でのサービス提供

34 第1章 これだけは知っておきたい税務の基礎知識

3.5 免税・非課税・不課税 [消費税・印紙税等]

（1） 税金が発生しない場合の類型

ある取引等について，税金が発生しない場合，その理由としては，次の3つが考えられます。

不課税	そもそも，課税の対象となる類型に該当しないもの。
非課税	本来，課税の対象となる類型に該当するが，政策的な配慮等により，課税しないこととされたもの。
免税	本来，課税の対象となるが，外国法人との取引等について，納税が免除されるもの。（0％の税率が適用されるイメージ）

不課税・非課税・免税のいずれに当たるとしても，その取引等自体に，税金が発生しないことに変わりはありません。ただし，年度を通じた納税額の計算に影響を与えることもあります。例えば，消費税では，申告する税額の計算の際，売上のうち課税される取引の割合（課税売上割合）を用いますが，これは，次の計算で求めます。

$$課税売上割合 = \frac{課税売上高（課税取引・免税取引）}{総売上高（課税取引・非課税取引・免税取引）}$$

分子の「課税売上」には，課税の対象外とされた非課税取引は含まれませんが，税率0％で課税対象となる免税取引は含まれます。また，そもそも消費税の適用対象でない不課税取引は，分母にも分子にも含まれません。

（2） 具体例

① 消費税

消費税は，一定の資産の譲渡等の取引に対して，課税されます。

資産の譲渡等に該当する	課税対象	**課税** （例：商品販売，サービス提供）
		免税 （例：輸出）
	課税対象外	**非課税** （例：土地の譲渡・貸付）
資産の譲渡等に該当しない		**不課税** （例：給与，配当金）

3.5 免税・非課税・不課税　**35**

②　印紙税

印紙税は，契約書等の一定の文書に対して，課税されます。

課税文書に該当する	**課税**　（例：1万円以上の請負契約書）
	非課税（例：1万円未満の請負契約書）
課税文書に該当しない	**不課税**（例：自動車の売買契約書）

③　固定資産税

固定資産税は，不動産，償却資産に対して，課税されます。

課税対象の資産に該当する	課税対象	**課税**　（土地，建物，償却資産）
		免税　（土地30万円・建物20万円・償却資産150万円未満）
	課税対象外	**非課税**（例：墓地・公共用道路・保安林）
課税対象の資産に該当しない		**不課税**（例：車両運搬具・無形固定資産・有価証券）

④　所得税

所得税は，基本的に，個人の所得に課税されますが，様々な理由により，所得税法（所法9）や特例法によって非課税とされているものがあります。

非課税の理由	非課税とされる所得の例
二重課税の回避	相続・遺贈または個人からの贈与
担税力（税金を負担する能力）の考慮	生活用動産の譲渡による取得 損害賠償金・損害保険金・慰謝料
必要経費的性質	給与所得者の旅費・通勤費
社会政策的な配慮	健康保険の医療給付，遺族年金・遺族恩給
公益的な理由	ノーベル賞・オリンピック等の賞金
その他	宝くじ・スポーツ振興くじ（toto）の当選金

⑤　法人税

　公共法人の全ての所得，公益法人等・法人格のない社団等の非収益事業に関する所得は，非課税です（法法4Ⅰ・Ⅱ）。

4 税務に関する手続

4.1 税務当局

　税金の賦課・徴収を担当する行政機関を総称して「税務当局」と呼びます。国税については，財務省の外局である国税庁，地方税については，地方公共団体の下に，各部門が設置されています。

　国税については，確定申告書の提出（➡ 1章4.2 税務申告）等，手続の多くが，所轄の税務署との間で行われます。国税局は，全国に11局（沖縄国税事務所を除く），税務署は，全国に524署あります[1]。

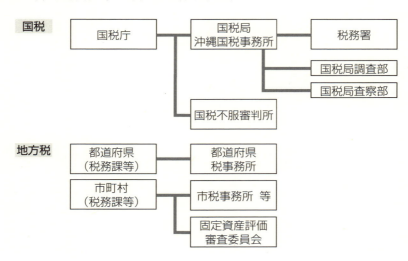

1　本書執筆時点での数です。

38　第1章　これだけは知っておきたい税務の基礎知識

4.2　税務申告

（1）　申告納税方式と賦課課税方式

　税法が定める課税要件に該当した場合，納税義務が発生しますが，その義務
は，申告納税方式や賦課課税方式（通法16Ⅰ）の手続によって確定します。

申告納税方式	納税者が税額を計算して申告する必要があり，原則として，申告に基づき税額が確定し，これを納付します。法人税，所得税，消費税等が申告納税方式をとっています。
賦課課税方式	国・地方公共団体が税額を決定して納税者に通知し，これに基づき納付します。固定資産税等が賦課課税方式をとっています[1]。

　法人税，所得税，消費税等の多くの国税が申告納税方式をとっており，事業
税等の地方税も，国税である法人税の申告内容に基づいて税額が決まります。
申告納税方式の場合，納税の手続は，申告から始まることになります。

（2）　修正申告等

　提出した申告書に誤りがあり，過少な税額を申告したことが判明した場合
等[2]には，修正申告を行うことができます（通法19）。税務調査等を経ていな
くても，自主的に誤りを発見し，修正申告を行うこともありますし，調査の結
果，誤りを指摘されて，修正申告を行うこともあります。

　また，過大な税額を申告した場合等[3]は，所轄の税務署長に対し，本来の税
額に是正するよう更正の請求を行うことができ（通法23），請求が認められる
と，差額が還付されます。税務当局から更正すべき理由がない旨の通知（通法
23Ⅳ）があった場合は，不服申立の対象となります（➡1章4.4（1））。なお，
更正の請求があった場合には，原則，税務調査が行われます（通法23Ⅳ）。

1　償却資産にかかる固定資産税については，申告が必要ですが，市町村等が申告内容を参考
に賦課する賦課課税方式です。➡1章2.6（4）固定資産税の申告・納付
2　純損失額が過大であった場合，還付金額が過大であった場合等にも，修正申告を行うこと
ができます。
3　純損失額が過少であった場合，還付金額が過少であった場合等にも，更正の請求を行うこ
とができます。

4.3 税務調査等

（1） 税務調査の概要

　申告書は，納税者が自らの判断で作成した内容が記載されますので，過失により，または，意図的に，誤りが生じる可能性があります。税務当局[1]は，このような不公正を是正するため，税務調査を実施します。

　税務調査では，原則として，事前に通知された上で[2]，納税者の事業所での実地調査等が行われます（通法74の2〜74の13）。調査官には，担当者に対して事実関係等に関する質問をしたり，帳簿その他の書類を検査したりする質問検査権が与えられています。その具体的な方法については，社会的に相当な範囲内であれば，調査官の裁量に委ねられています[3]。また，調査官は，納税者の取引先等に対しても調査をすることができ，このような調査を反面調査と呼びます。

　税務調査は，犯罪捜査とは異なり，任意の調査ですが，調査官に虚偽の事実を述べたり，調査を妨害したりすると，刑事罰の対象となります（通法127②）。

（2） 更正処分

　税務調査の結果，申告した内容に誤りがなければ，納税者に是認通知がされます（通法74の11Ⅰ）。

　一方，調査官が誤りを発見した場合には，税務当局が更正処分により，納税額を変更することができます（通法24）。更正処分に先立って，税務当局から，自主的に修正申告を行うよう勧奨を受けることもあります（通法74の11Ⅲ）。この場合，勧奨に応じる義務はありませんが，修正申告をしなければ，更正処分が行われることになります。更正処分が行われる場合には，税務当局からの処分の通知書に，理由が記載されます（通法28）。

1　税務調査は，一般的に，大規模な法人については国税局が，その他の法人については税務署が実施します。
2　証拠の隠滅等により，調査に支障をきたすおそれがある場合は，事前に通知されない場合もあります（通法74の10）。
3　最判昭和47年7月10日刑集27巻7号1205頁

40　第1章　これだけは知っておきたい税務の基礎知識

　地方税には，国税の申告内容に基づいて税額を決定しているものもありますので，国税の税務調査の結果は，関連する地方公共団体にも通知されます。その結果，地方税の税額も，更正処分等により修正されることになります（地法17の5，17の6）。なお，固定資産税等の地方税のために，地方公共団体の関係部署等が，独自に税務調査を行うこともあります。

（3）　附帯税（延滞税・加算税）

　申告内容に誤りがあった場合，ペナルティーとして，次のとおり，附帯税（延滞税，加算税）が課されます。

	加算税[4]		延滞税
法定申告期限等の翌日から税務調査通知前までに行う自主的な修正申告	【過少申告加算税】免除（0%）	最大1年	原則，最初2ヶ月は年7.3%，それ以降は年14.6%（通法60Ⅱ）現在は，上記「原則」と「特例基準割合[5]＋1%」の低い方（措法94Ⅰ）
税務調査通知後の更正処分を予知したものでない自主的な修正申告	【過少申告加算税】増加税額の5%＋増加税額のうち，当初申告税額と50万円の多い方を超える部分の5%（通法65）	最大1年	
更正処分を予知してする修正申告・通常の更正処分	【過少申告加算税】増加税額の10%＋増加税額のうち，当初申告税額と50万円の多い方を超える部分の5%（通法65）	最大1年	
更正処分のうち，隠ぺい・仮装の場合[6]（通法68）	【重加算税】増加税額の35%	制限なし	

（4） 犯則調査

　犯則調査は，脱税等[7]の犯罪に関する調査です。犯則調査では，税務調査で行うような任意の調査に加え，裁判所の許可を得て現場に立ち入ったり，帳簿等の証拠の捜索・差押をしたりすることが，国税犯則取締法で認められています。

4　期限までに申告しなかった場合は無申告加算税，期限までに納付しなかった場合は不納付加算税が課されます。

5　前々年10月から前年9月までの銀行の新規の短期貸出約定平均金利を基に財務大臣が告示する割合に，年1％の割合を加算した割合（措法93）。なお，2019年は1.6％。

6　隠ぺいまたは仮装の具体例は，「法人税の重加算税の取扱いについて（事務運営指針）平成12年7月3日付課法2-8他」を参照。

7　例えば，虚偽の申告等により，法人税・消費税等の負担を免れたり，不正に還付を受けたりした場合，10年以下の懲役・1,000万円以下（脱税額が1,000万円を超えるときは情状により脱税額以下）の罰金のいずれかまたは両方の刑罰の対象となります（法法159，消法64）。

42 第1章 これだけは知っておきたい税務の基礎知識

【国税に関する手続】

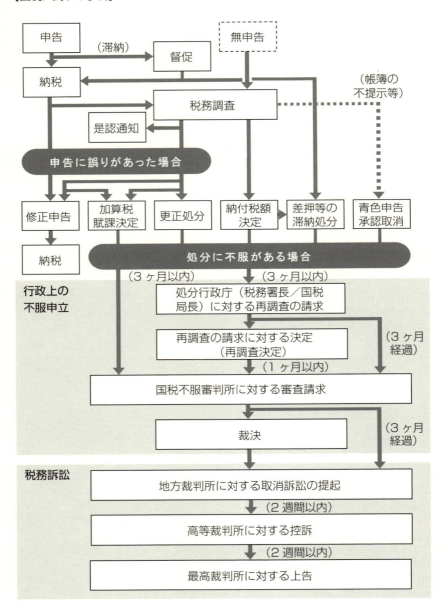

4.4 不服申立・税務訴訟

（1） 国税に関する不服申立

　税務署長や国税局長から，次のような不利益な処分を受けた場合で，その内容に不服があるときは，原則として3ヶ月以内に，処分をした税務署長または国税局長に対し再調査の請求をするか，再調査を経ずに審査請求をするか，選択して不服申立をすることができます（通法77Ⅰ）[1]。

・更正処分，加算税の賦課決定処分
・更正の請求に対する更正すべき理由がない旨の通知処分
・無申告の際の納税額の決定処分
・差押え等の滞納処分
・青色申告の承認の取消処分
・その他の不利益処分[2]

① 再調査の請求

　正当な理由なく再調査の請求をできる期間を過ぎている等の形式的な不備があると，申立は「却下」されます。形式的な問題がない場合には，税務調査を担当した調査官とは別の調査官が，審理を行い，納税者の意見を聞く機会が設けられます。その結果，原則として，申立受理から3ヶ月以内に，納税者の主張を認める場合には処分の「全部取消」，「一部取消」，「変更」，認めない場合には「棄却」の決定がなされます。

② 審査請求

　再調査の請求を選択しない場合，または，再調査の請求をしたときでも，それに対する決定（再調査決定）に不服があるときや請求から3ヶ月以内に決定

1　2016年3月31日までは，「再調査の請求」は，「異議申立」と呼ばれており，①青色申告・連結納税に関する更正等に対する不服申立の場合，②異議申立ができる旨の教示がない場合，③正当な理由がある場合，④国税局長の処分に対する不服申立の場合，⑤国税庁・国税局・税務署・税関以外の行政機関が行う処分に対する不服申立の場合を除き，異議申立を経た上で，審査請求をする必要がありました。
2　源泉所得税の納税告知処分（通法36Ⅰ②）等があります。

がないときは，国税不服審判所長に対して，審査請求をすることができます。再調査決定に不服があって審査請求をするときは，再調査決定の通知受領の翌日から１ヶ月以内に行う必要があります（通法77Ⅱ）。

　再調査の請求では，処分をしたのと同じ行政機関（担当の調査官は異なります。）が再度判断をします。これに対し，審査請求では，処分をした行政機関とは別の行政機関である国税不服審判所において，原則として３名の審判官が，より中立的な立場で判断します。

　当事者の主張・立証は，基本的に書面により行われ，審理も書面を中心に行いますが，口頭での意見陳述の機会が設けられることもあります。審判官は，必ずしも当事者の主張に拘束されず，争点について，関係者に資料の提出を求める等して，職権で調査を行い，審理を進めます（職権探知主義）。

　調査・審理の結果，審査請求自体が不適法な場合は「却下」，納税者の主張を認める場合には処分の「全部取消」，「一部取消」，「変更」，認めない場合には「棄却」の裁決がなされます。国税不服審判所は，通達に示された法例解釈等には拘束されずに，裁決を出すことができます。ただし，このような場合には，事前に国税庁長官に通知することとされています（通法99）。

（２）　地方税に関する不服申立

　地方税に関する不服申立の手続は，一般的な行政処分と同様に，行政不服審査法に基づいて行われます。都道府県税については都道府県知事への審査請求[3]，市町村税については市町村長への異議申立[4]が基本となり，国税における再調査の請求と審査請求のように，２段階にはなっていません。また，固定資産課税台帳に登録された評価額に不服がある場合は，市町村が設置する固定資産審査評価委員会に，審査を申し出ることができます。

（３）　税務訴訟
①　不服申立前置主義

　裁判所に対して税務訴訟を提起するには，原則として，審査請求等の不服申

3　都道府県知事が行った処分に関する不服申立の場合は異議申立。
4　市税事務所長が行った処分に関する不服申立の場合は審査請求。

立を経る必要があります（通法115Ⅰ）[5]。これを不服申立前置主義と呼びます。

国税不服審判所の裁決に不服がある場合，地方裁判所に対し，訴訟を提起することができます。また，審査請求を行ってから3ヶ月が経過すれば，裁決が出る前でも訴訟を提起できます。

② 税務訴訟の手続

再調査の請求や審査請求が，行政機関の行う不服申立手続であるのに対し，税務訴訟は，行政機関からは完全に独立した裁判所の行う司法手続です。

税務訴訟は，行政訴訟の一種で，処分の取消を求める「取消訴訟」，処分の無効等を確認する「無効等確認訴訟」，過大に納付した税金の還付を求める「過誤納金還付請求訴訟」，損害賠償を求める「国家賠償請求訴訟」等があります。

取消訴訟は，裁決があったことを知った日の翌日から6ヶ月以内に提起する必要があります（行訴法14Ⅲ）。税務訴訟は，民事訴訟と同様に，当事者が主張・立証した事実に基づいて，裁判所が判断します（当事者主義）。この点で，職権探知主義をとっている審査請求とは異なります。課税対象となる所得等の存在・金額については，原則として，被告（国・地方公共団体）が立証責任を負います[6]。

なお，税務訴訟は，地方裁判所，高等裁判所，最高裁判所の三審制がとられています。

---

[5] 例外的に，①国税庁長官に対する再調査の請求，または，審査請求をしてから3ヶ月を経過しても，決定・裁決がない場合，②更正決定等の取消訴訟の係属中にその更正決定等に関連する他の更正決定等の取り消しを求める場合，③異議申立・審査請求を経ると著しい損害が生じ，それを回避する緊急の必要性がある場合，④その他正当な理由があるときには，再調査の請求・審査請求を経ずに，税務訴訟を提起できます。

[6] 最判昭和38年3月3日訟務月報9巻5号668頁

5 税務に関するリサーチ方法

5.1 法令等の関係

(1) 法令・通達

税金は，国会が制定する「法律」と法律の範囲内で地方公共団体の議会が制定する「条例」に基づいて課されます（租税法律主義）。この法律が，いわゆる「税法」[1]です。法律は，詳細な事項の規定について，行政機関が定める政令，省令，告示等に委任しています。法律，政令，省令，告示の順に，上位の法規範ですが，これらを一般的に「法令」と呼び[2]，国民に対し，法的な拘束力を持ちます。

また，通達は，本来，行政内部の解釈・運用に関する指針で，直接的に国民を拘束するものではありませんが，実務上は，法令に準ずる基準として用いられています。ただし，通達は，あくまで基本的な指針ですので，通達の内容が具体的な事案の実態にそぐわない場合等には，通達と異なる処理がされることもあり得ます。

課税の有無，基準等を調査するには，まず，法令・通達を検討する必要があります。

---

1 租税法とも呼ばれます。なお，「租税法」という名称の法律はなく，税務に関係する法律全般を総称するものです。
2 条約，条例等を含めて，「法令」と呼ぶ場合もあります。

		概　要	例
国	法律	各税金の共通事項を規定	国税通則法，国税徴収法
		各税金の基本的事項を規定	法人税法，地方税法
		政策的な目的等から期間限定の特例等を規定する特別法	租税特別措置法
	政令	内閣が制定し，法律の適用要件等の詳細を規定	法人税法施行令
	省令	主務大臣が制定し，申告書様式等の具体的な手続的事項を規定	法人税法施行規則
	告示	主務大臣等が各措置の適用範囲等を指定	平成〇年財務省告示第〇〇号
	通達	行政機関内部における法令の解釈・運用に関する基準を規定	法人税基本通達，法人税関係個別通達
地方公共団体	条例	地方税に関する事項を規定	〇〇市税条例
	規則	地方公共団体の長が制定し，条例の具体的運用ルールを規定	〇〇市税条例施行規則
国際	条約	国際的な二重課税の防止等を目的に国家間で締結[3]	日米租税条約
	交換公文	条約を補充する目的で作成される書簡（政令・省令・告示に類似）	日米租税条約に関する交換公文

3　国内法と租税条約で取扱いが異なる場合は，条約が優先されます。

48 第1章 これだけは知っておきたい税務の基礎知識

　例えば，法人税について調べる場合，次のような法令・通達を検討します。ある法令等に，目的の事項に関連する内容が見つかった場合，さらに上位の法令で原則を確認したり，さらに下位の法令・通達でより具体的な基準を確認したりすると有益です。

① 法人税法＞法人税法施行令＞法人税法施行規則＞告示＞法人税基本通達・個別通達

② 租税特別措置法＞租税特別措置法施行令＞租税特別措置法施行規則＞告示＞租税特別措置法基本通達・個別通達

③ その他の特例法等の法律による税務の取扱い

④ 国際課税が関係する場合は，租税条約＞交換公文

（2） 判例・裁決例等

　法令や通達を見ても，具体的にどのように適用されるのかはっきりしないような場合には，次のような具体的な事例を検討するのが効率的です。

判例	税務訴訟における裁判所の判断です。特に，最高裁判所の判例は，最終的な法令の判断基準となり，納税者・税務当局の双方ともこの判断に従うことになります。
裁決例	国税不服審判所が審判において示した判断です。納税者の主張が認められた場合，税務当局は，その判断に拘束されます（通法102①）。
税務当局の見解	税務当局が文書回答手続[4]等において示した公式な判断基準です。これに従えば，税務当局との紛争が避けられます。

　4　国税局が，個別の取引等における税務上の取扱いに関する納税者からの照会に対し，文書で回答する制度。

5.2 参考資料

（1） Web サービス

① 無料の Web サイト（国税庁以外）

法令	法令データ 提供システム	http://law.e-gov.go.jp/cgi-bin/idxsearch.cgi 総務省が運営する Web サイトで，法律・政令・省令の検索が可能。
告示	財務省 Web サイト 「告示・通達等」	http://www.mof.go.jp/about_mof/act/kokuji_tsuutatsu/ 財務省の告示を年度ごとに閲覧可能。
判例	裁判所 Web サイト 「裁判例情報」	http://www.courts.go.jp/app/hanrei_jp/search 5 事件種別に「租税」を選択して，税務訴訟の判例のキーワード検索等が可能。
裁決例	国税不服審判所 Web サイト 「公表裁決事例集」	http://www.kfs.go.jp/service/ 税目別，キーワード検索等により，裁決例の閲覧が可能。
制度 概要	総務省 Web サイト 「地方税制度」	http://www.soumu.go.jp/main_sosiki/jichi_zeisei/czaisei/czais.html 地方税の概要，改正内容等を掲載。
	東京都主税局 Web サイト	http://www.tax.metro.tokyo.jp/ 地方税の概要，Q & A 等を掲載。
	日本税理士連合会 Web サイト	http://www.nichizeiren.or.jp/taxpayer/index.html 税制概要等の納税者向け情報を掲載。

② 国税庁 Web サイト

告示	国税庁告示	https://www.nta.go.jp/shiraberu/zeiho-kaishaku/kokuji/kokuji.htm 国税庁の告示を閲覧可能。

通達	法令解釈通達	https://www.nta.go.jp/shiraberu/zeiho-kaishaku/tsutatsu/menu.htm 税目別に基本通達・個別通達を閲覧可能。
見解等	タックスアンサー	http://www.nta.go.jp/taxanswer/ 事例ごとの解説。
	文書回答事例	https://www.nta.go.jp/shiraberu/zeiho-kaishaku/bunshokaito/01.htm 納税者からの個別事例の照会に対する文書回答を公表したもの。
	質疑応答事例	https://www.nta.go.jp/shiraberu/zeiho-kaishaku/shitsugi/01.htm 納税者からの照会に対する回答を公表したもの。
制度概要	パンフレット・手引き	http://www.nta.go.jp/shiraberu/ippanjoho/pamph/01.htm 改正事項や税務事務をまとめた資料。

③ 有料のデータベース

	TKC ローライブラリー	http://www.tkc.jp/law/lawlibrary/ 株式会社 TKC が運営するデータベース。裁判例・裁決例，法令，文献・雑誌等を閲覧可能。
法令通達判例裁決例等	TAINS	http://www.tains.org/ 一般社団法人日税連税法データベースが運用する税務の専門家向けサイト。行政文書まで幅広く収録。入会資格は限定的。
	税務・会計データベース	https://www.zeikaikeidb.com/ 第一法規株式会社が運営するデータベース。法令，通達，解説等を閲覧可能。
	会計全書オンライン	http://www.chuokeizai.co.jp/kaikeizensho/online.html 株式会社中央経済社が運営するデータベース。法令，通達，会計規則等を閲覧可能。

（2）書 籍

『税務大学校講本』 国税庁	税務大学校で税務職員が研修に用いる初級者向け教科書。無料でダウンロード可能。 http://www.nta.go.jp/ntc/kouhon/index.htm
『図解 法人税』他 大蔵財務協会	税目別に刊行されている「図解シリーズ」。税務当局担当者[1]が執筆。法律・政令・省令・通達が網羅され，税務の実務に必携の書。
『DHC コンメンタール 法人税法』他 第一法規	税目別の税法と租税特別措置法の関連部分の逐条解説。加除式で，制度の趣旨や改正の経緯等の最新情報を掲載。実務家が「辞書」として使用するシリーズ。
『法人税基本通達逐条 解説』他 税務研究会・大蔵財務協 会・財経詳報社	税務当局担当者が，基本通達について，制度の趣旨や改正の経緯等を解説。実務家が「辞書」として使用するシリーズ。
『税務相談事例集』 大蔵財務協会	税務当局担当者が，よく出る疑問から多くの事例を挙げて解説しており実用的。
『税務重要計算ハンド ブック』 中央経済社	日本税理士連合会編。複雑で難解な税の仕組みを，具体的な計算例題を用いて分かりやすく解説した実務書。
『租税法』 金子宏 著 弘文堂	租税法のバイブル的存在で，著者は，日本における租税法学の権威。専門家向けの本だが，辞書的役割として必携の書。

---

1 現在では，税務当局の公式見解でないことを示すため，官職名を記載せず，氏名のみ記載されています。

第2章
契約類型別の
税務のポイント

この章では，具体的な事例と契約条項のサンプルを用いて，契約スキームの選択や契約書の表現が，課税関係にどのような影響を与えるかを検討します。これらの事例は，裁決例・判例や基本通達を参考に作成しており，実際のビジネスでも生じ得るケースです。この章を通じて，日常的なビジネス・シーンに関係する税務の主要なポイントを広くカバーしています。

売買契約（その他不動産・動産の譲渡）

1.1 土地・建物の一括売買の対価の表示 ［消費税等］

POINT
◆ 土地・建物を一括で売買する場合，建物のみが消費税の対象となるため，合理的に区分した内訳金額を契約書に記載しておく必要があります。

設例 土地とその土地上の建物（時価2,000万円）を代金総額1億円で売買するとします。A土地・建物の代金内訳が記載されているケース，B代金内訳が記載されているが実態と乖離があるケース，C代金内訳が記載されていないケースを想定します。

> A 第○条（売買代金）
>   売買代金は，**本件土地8,000万円，本件建物2,000万円の合計1億円**（消費税込）とする。
> B 第○条（売買代金）
>   売買代金は，**本件土地9,800万円，本件建物200万円の合計1億円**（消費税込）とする。
> C 第○条（売買代金）
>   本件土地及び本件建物の売買代金は，**1億円**（消費税込）とする。

法務の視点

契約条項A・Bと契約条項Cの違いは，代金の内訳が記載されているかどうかです。法的には，代金の内訳が記載されていなくても，契約の効力に変わりはありません。もちろん，別の条項で，「土地の代金はいつまで，建物の代金はいつまで」と支払期限が明細ごとに別々に定められていれば，代金の内訳を明記する必要があります。このような例外的なケースでもない限り，通常は，代金の内訳が，契約に不可欠な要素となることはありません。契約としては，代金については，最低限，合計額，支払方法（一括払か分割払か，支払期日，

1.1 土地・建物の一括売買の対価の表示 **55**

決済手段等）が明確になっていれば足ります。

■ 税務の視点

　消費税法上，土地の売買は非課税ですが（消法6，別表一①），建物の売買は課税の対象となる取引です（消法4Ⅰ）。土地・建物を一括で売買する場合，次の表の金額を基準に，消費税が計算されますので，適切に計算するためには，土地と建物の対価をそれぞれ区分して記載する必要があります。

課税対象物件と非課税物件の代金の表示	基準となる契約金額
内訳あり	課税対象の物件の代金
内訳なし（総額の表示のみ）	合理的な基準（固定資産税評価額等）で按分した金額

　建物の売買においては，買主から消費税相当額を含む代金を受領した売主が納税義務を負うことになります。なお，売主が事業者でない場合は，建物の売買についても，消費税は課税されません。

A 土地・建物の代金の内訳がある場合

　契約条項**A**では，売買代金の総額1億円とともに，土地・建物の内訳も記載されているため，契約書に記載された建物の代金2,000万円をもとに消費税を計算することになります。

　そのため，**A**では，建物は消費税込で2,000万円ですので，消費税率[1]が10％であれば，消費税は181万8,182円ということになります。

B 土地・建物の代金の内訳があるが時価と乖離している場合

　契約条項**B**では，建物代金は消費税込で200万円ですので，これを基に，消費税率10％として計算すると，消費税は18万1,818円となります。しかし，契約書において土地・建物の代金の内訳が記載されている場合でも，租税回避[2]や脱税等を目的として，故意に実態と異なる価格を記載した場合は，記載され

1　➡1章2.4(3)消費税率
2　➡1章1 税務と契約書(2)

た金額ではなく，下記**C**と同様に，合理的に区分された金額とされます[3]。

C　土地・建物の代金の内訳がない場合

　契約条項**C**では，土地・建物の代金総額1億円が記載されているだけで，その内訳は不明です。そのため，消費税の計算にあたっては，土地・建物の代金の額を合理的に按分します。この場合の按分の基準としては，次の例が挙げられます。

①　公示価額[4]や不動産鑑定価額等，売買時の時価の比率による按分

②　相続税評価額や固定資産税評価額の比率による按分

　例えば，**C**において，固定資産税評価額が，土地5,600万円，建物1,400万円とすると，建物の代金の額は，次のように計算されます。

$$売買代金総額（税込）1億円 \times \frac{建物評価額1,400万円}{土地評価額5,600万円 ＋ 建物評価額1,400万円}$$

$$＝建物代金（税込）2,000万円$$

　建物代金は消費税込で2,000万円ですので，これを基に，消費税率10％として計算すると，消費税は181万8,182円となります。

　なお，法人税でも土地・建物の取得価額の区分方法については，ほぼ消費税と同様に扱われます。土地・建物は，取得価額を簿価として，固定資産として計上されますが，土地は，減価償却されない非償却資産となる一方，建物は，減価償却費の対象となり，その取扱いが大きく異なります。そのため，土地・建物の代金の内訳の決定にあたっては，この点にも留意が必要です。

　また，契約書に土地・建物の代金の内訳が記載されない場合，合理的な区分方法について，売主と買主の間での整合性等に疑義が生ずるおそれもありますので，契約書において内訳を明確にしておくべきでしょう。

3　国税不服審判所裁決平成20年5月8日裁決事例集75巻711頁参照。

4　土地に関する補助金の算定等に使用するため，国土交通省の土地鑑定委員会が，地価公示法に基づいて，都市やその周辺部について，毎年1月1日を基準時点として公示する地価。

1.2 売買と請負の混合契約 [印紙税]

POINT
◆ 物品の売買契約と請負契約は，印紙税の取扱いが異なりますが，双方の要素を含む契約については，当事者がどちらに重きをおいているかによって判断されます。

設例 甲は，代金総額1,500万円で，乙に，機械を販売し，乙が指定する場所に納品することとしました。**A**契約上，据付工事の記載がないケース，**B**同じ契約上に据付工事の記載があるケース，**C**売買と据付工事が別の契約に記載されているケースを想定します。

A 第○条（売買）
 1．甲は，乙に対し，本件機械を売り渡し，乙は，これを買い受ける。
 2．甲は，本件機械を**乙の指定する場所において，乙に引き渡す**。
 第○条（契約金額）
  契約金額は，**1,500万円**とする。

B 第○条（売買）
 1．甲は，乙に対し，本件機械を売り渡し，乙は，これを買い受ける。
 2．甲は，本件機械を**乙の指定する場所に据え付ける工事を行い**，当該工事完了をもって，本件機械の引渡し完了とする。
 第○条（契約金額）
  契約金額は，**1,500万円**とする。

C ＜売買契約書＞
 第○条（売買）
  甲は，乙に対し，本件機械を売り渡し，乙は，これを買い受ける。
 第○条（契約金額）
  前条の売買代金は，**1,000万円**とする。
 ＜工事請負契約書＞
 第○条（工事請負）

> 甲は，本件機械を**乙の指定する場所に据え付ける工事を行う。**
>
> 第○条（契約金額）
>
> 　　前条の工事代金は，**500万円**とする。

法務の視点

　契約条項**A**は，単純な売買契約ですが，契約条項**B**は，機械の売買と据付工事という請負の双方の要素を含む契約です。

　このようなケース以外にも，例えば，受注生産のように，製造（請負）と販売（売買）がセットになった契約もあり，「製作物供給契約」と呼ばれます。

　上記のような売買と請負の混合契約については，その性質に応じて，民法・商法上の売買・請負に関する双方の規定が適用されます[1]。

税務の視点

　物品の売買契約書は，継続的な取引の基本契約である場合（印法別表一7号）を除き，印紙税の課税対象とはなりません。

　請負契約書については，契約金額の記載がある場合は，金額に応じて印紙税額が異なる印法別表一「課税物件表」2号の文書（請負に関する契約書）に当たり，契約金額の記載がなく継続的な契約である場合は，印法別表一7号の文書（継続的取引の基本となる契約書）に当たります（印法通則③イ）。

　売買と請負の双方の要素を含む契約について，印紙税法上，売買契約または請負契約のいずれとして扱うかは，契約当事者の意思が，仕事の完成に重きをおいているか，物品の所有権移転に重きをおいているかによって判断します。具体的には，次のような基準で判断することとされています（印基通第2号文書2）。

1　例えば，製作物供給契約に，売買に関する規定である商法526条が適用されるとした裁判例があります（東京地判昭52.4.22下民集28巻1〜4号399頁）。

（1）　請負契約に該当すると認められるもの

	契約の内容	請負の事例
①	注文者の指示に基づき一定の仕様・規格等にしたがって，製作者の労務によって工作物を建設するもの	・家屋の建築 ・道路の建設 ・橋りょうの架設
②	注文者が材料の全部または主要部分を有償または無償で提供し，製作者がこれによって一定の物品を製作するもの	・生地提供の洋服の仕立て ・材料支給による物品の製作
③	製作者の材料を用いて注文者の設計・指示した規格等にしたがって一定の物品を製作するもの	・船舶，車両，機械，家具等の製作 ・洋服等の仕立て
④	一定の物品を一定の場所に取り付けることによって所有権を移転するもの	・大型機械の取り付け
⑤	修理または加工をするもの	・建築，機械の修繕，塗装

（2）　売買契約に該当すると認められるもの

	契約の内容	売買の事例
①	一定の物品を一定の場所に取り付けることによって所有権を移転するが，取付行為が簡単で，特別の技術を要しないもの	・テレビ購入時のアンテナの取付けや配線
②	製作者が工作物を予め一定の規格で統一し，これに価格を付けて注文を受け，その規格にしたがって，工作物を製作し，供給するもの	・建売住宅の供給（不動産の譲渡契約書）
③	予め一定の規格で統一された物品を，注文に応じ製作者の材料を用いて製作し，供給するもの	・カタログまたは見本による機械，家具等の製作

Ａ　据付工事がない場合

　契約条項Ａでは，据付工事は予定されておらず，機械を引き渡すのみですので，物品の売買契約書ということになり，印紙の貼付は必要ありません。

　ただし，この機械が，統一規格のものではなく，乙のために設計されたよう

60 第2章 契約類型別の税務のポイント

なものである場合は，上記（1）③に該当し，請負契約として扱われます。その場合，契約金額1,500万円に対して2万円の印紙の貼付が必要です。➡1章2.5（2）印紙税額の計算方法

B 据付工事が同じ契約書に記載されている場合

契約条項**B**では，機械の売買とともに，据付工事が予定されており，売買と請負の双方の要素を含んだ契約です。

これは，「一定物品を一定の場所に取り付けることによって所有権を移転するもの」ですので，「大型機械の取り付け」等であれば，上記（1）④に該当し，請負契約として扱われます。この場合，契約金額1,500万円に対して2万円の印紙の貼付が必要です[2]（➡1章2.5（2）印紙税額の計算方法）。一方，「取付行為が簡単で，特別の技術を要しないもの」であれば，上記（2）①に該当し，売買契約として扱われます。この場合，印紙の貼付は必要ありません。

なお，「取付行為が簡単で，特別の技術を要しないもの」であっても，特注品等であれば，請負契約として扱われることは，**A**の場合と同様です。

C 据付工事が別の契約書に記載されている場合

契約条項**C**は，契約条項**B**と同様の内容ですが，機械の売買と据付工事について，別々の契約書が作成されています。

この場合，売買契約については，特注品等でなければ，**A**と同様に，印紙の貼付は不要です。

工事請負契約については，請負契約ですので，契約金額500万円に対して2,000円の印紙の貼付が必要です。➡1章2.5（2）印紙税額の計算方法

なお，1つの契約書に，別個の売買契約と請負契約が一緒に記載されている場合の取扱いについては，➡2章8.4 複数の課税事項を含む契約書。

---

2 契約書本文に「据付工事」に関する記載がなくても，契約書の別紙として添付された見積書に「据付工事」に関する記載があれば，同様に扱われます（国税不服審判所裁決平成22年9月8日参照）。

1.3 時価より高額での譲渡 [法人税・消費税]

POINT
◆ 時価より高額での取引は，合理的理由がない場合，いわゆるトリプルパンチ課税（買主への損金不算入による法人税，売主（個人）への給与等の所得税，給与等に関する源泉所得税）等，様々な課税が発生するリスクがあります。

設例 取引金額が，時価と比べて高額である場合，いずれかの当事者に不利になりますので，通常は，時価に近い金額で取引されます。しかし，実際には，グループ会社間の取引等，様々な事情により，時価と異なる価格で取引されることがあります。

A時価5,000万円の土地を売買する場合に，代金を時価とするケース，B時価より高い9,000万円とするケースを想定します。なお，売主は，過去にこの土地を3,000万円で取得していたとします。

A　第○条（売買）
　1．乙（売主）は，甲（買主）に対し，本件土地を譲渡し，甲は，これを譲り受ける。
　2．前項の売買の代金は，**5,000万円**とする。
B　第○条（売買）
　1．乙（売主）は，甲（買主）に対し，本件土地を譲渡し，甲は，これを譲り受ける。
　2．前項の売買の代金は，**9,000万円**とする。

法務の視点

契約内容については，契約自由の原則により，基本的に，契約当事者が自由に合意することができます。取引価格が，時価から乖離していても，それが当

事者間で合意した価格であれば，有効な契約です。

　例えば，不当に高額な取引を行った場合，独占禁止法に違反する可能性がありますが，違反したとしても，直ちに契約が無効となるわけではなく，その違反が公序良俗に反するときには無効となる（民法90）というのが判例[1]の立場です。このように，取引価格が，時価から乖離していることを理由に，契約が無効となるのは，極めて例外的な場合です。

税務の視点

　法人税法では，法人が，個人と異なり，営利を目的とした合理的行動をとるものと考え，経済合理的な「時価」での取引を行うことを前提として規定されています。

　そのため，時価より高い価格で取引をした場合には，その価格設定について合理的な理由がない限り，通常の取引とは異なる課税関係が生じます。売主・買主がそれぞれ法人・個人の場合の課税関係は，次の表のとおりです。

		売主	
		法人	個人
買主	法人	【買主（法人）】 価格−時価＝寄附金 【売主（法人）】 時価−取得価額＝譲渡益 価格−時価＝受贈益	【買主（法人）】 価格−時価＝寄附金等 【売主（個人）】 時価−取得価額＝譲渡益
	個人	【買主（個人）】 基本的に影響なし 【売主（法人）】 時価−取得価額＝譲渡益 価格−時価＝受贈益	【買主（個人）】 基本的に影響なし 【売主（個人）】（著しく高額の場合） 時価−取得価額＝譲渡益 価格−時価＝みなし贈与

　「時価」とは，独立した第三者間の売買で通常成立する価額を意味するとされています。時価の算定については，次のような算定方式が典型例として挙げ

1　取引価格に関する事案ではありませんが，最判昭和52年6月20日民集31巻4号449頁参照。

1.3 時価より高額での譲渡 **63**

られますが，いずれの方法が妥当かは事例によって異なります。グループ内の
国際取引における価格については，➡ 2章6.3 海外の関連会社との取引価格（移
転価格）。

売買実例価額	近隣の類似取引事例の価額を参考にする方法
精通者意見価額	不動産鑑定士等の専門家の意見を参考にする方法
公的評価比準価額	時価に比べ，公示価額は100％，路線価は80％，固定資産税評価額は70％程度の水準であることをベースに，時価に割り戻す方法

　なお，土地の売買については，消費税は非課税ですが，課税対象の取引であ
れば，消費税の対象となる金額は，譲渡する資産の時価ではなく，授受される
対価の額です（消法28Ⅰ，消基通10-1-1）[2]。

A 時価での譲渡

（1） 買主（甲）の法人税の処理

　売買代金5,000万円を取得価額[3]として，購入した土地を資産に計上します。

（2） 売主（乙）の法人税の処理

　売買代金5,000万円と取得価額（帳簿価額）3,000万円の差額2,000万円を譲渡
益として認識し，益金に算入されます（法法22Ⅱ）。

　　売買価格5,000万円 − 取得価額3,000万円 ＝ 譲渡益2,000万円

B 時価より高額での譲渡

（1） 買主（甲）・売主（乙）とも法人の場合

① 買主（甲）の法人税の処理

　時価よりも高額で購入した場合，著しく高額か否かにかかわらず，時価によ
る取引があったものとされ，時価と売買価格との差額については，売主（乙）

2　国税不服審判所裁決平成22年9月21日参照。
3　不動産を事業に使用するために直接必要な費用（登記費用，不動産取得税等）があれば加
算するのが原則ですが（法令54Ⅰ），加算しなくてもよい費用もあります（法基通7-3-3の2）。

64　第2章　契約類型別の税務のポイント

への経済的利益の供与があったものとされます。この利益の供与は，法人間の取引においては，原則として，寄附金とされ[4]（法法37Ⅷ），損金算入が制限されます。その結果，法人税の対象となる所得は，大きくなります。**➡1章**

3.4 寄附金と受贈益

　Bでは，甲は，時価で購入すれば，5,000万円の支払で済んだところ，実際には，9,000万円を支払っています。そのため，その差額4,000万円については，税務上，売買代金ではなく，甲から乙へ贈与されたものと考えて寄附金として扱います。

　　　売買価格9,000万円 － 時価5,000万円 ＝ 寄附金4,000万円

　また，資産として計上する際の取得価額は，売買価格9,000万円から寄附金4,000万円を控除した5,000万円（＝時価）[5]となります（法基通7-3-1）。

　　　売買価格9,000万円 － 寄附金4,000万円 ＝ 取得価額5,000万円

②　売主（乙）の法人税の処理

　通常の取引では，**A**(2)のように，売主は，売買代金と取得価額の差額を譲渡益として計上します。しかし，**B**のように，時価より高額での取引の場合には，売主（乙）は，時価による取引があったものとして，時価5,000万円と取得価額（帳簿価額）3,000万円の差額2,000万円を譲渡益として認識し，益金に算入することになります（法法22Ⅱ）。

　　　時価5,000万円 － 取得価額3,000万円 ＝ 譲渡益2,000万円

　また，乙は，時価での売買であれば，5,000万円の代金を受領する権利しかないにもかかわらず，実際には，これを超える9,000万円を甲から受領しています。そのため，差額の4,000万円については，売買の対価ではなく，甲から経済的利益の供与を受けたものと考えて，受贈益として益金に算入されます（法法22Ⅱ）[6]（**➡1章3.4 寄附金と受贈益**）。この受贈益4,000万円は，上記①

4　事業に関係のある者への接待，供応，慰安，贈答などの行為のために支出する費用に該当する場合は，交際費となります（措法61の4）。

5　前掲注3

6　甲と乙が100％の親子会社である場合，甲は寄附金の全額について損金に算入できず（法法37Ⅱ），これに対応して乙が計上する受贈益は益金に算入しません（法法25の2）。

の甲から乙への寄附金に対応するものです。

売買価格9,000万円 － 時価5,000万円 ＝ 受贈益4,000万円

　乙にとっては，価格が時価と乖離しているかどうかは，代金9,000万円として計上するか，代金5,000万円＋受贈益4,000万円として計上するかの違いがあるだけで，いずれも9,000万円が収益として計上されることには変わりません。そのため，基本的に法人税の対象となる所得額への影響はありません。

（2）　買主（甲）が法人，売主（乙）が個人の場合
①　買主（甲）の法人税の処理

　上記（1）①と同様に，時価による取引があったものとして，売買価格9,000万円と時価5,000万円との差額4,000万円については，買主（甲）から売主（乙）への経済的利益の供与として認識されます。この利益の供与は，甲と乙との関係により，原則として，次のとおり扱われます。

売買価格9,000万円 － 時価5,000万円 ＝ 寄附金等4,000万円

乙の甲との関係	甲の法人税法上の取扱い
役員	役員報酬（法法34）
従業員	給料（賞与）または退職金（法法22Ⅲ）
取引先等の関係者	交際費（措法61の4Ⅳ）
その他	寄附金（法法37Ⅷ）

　交際費，寄附金として扱われる場合には，損金算入が制限されます（➡1章3.4 寄附金と受贈益，2章2.9 代理店に対する広告宣伝用物品の提供 **C**（1））。役員報酬の場合には，定期同額給与等の損金算入の要件を満たさなければ，4,000万円全額を損金に算入することができません[7]。これらの場合には，法人税の課税対象となる所得も大きくなります。

　なお，買主（甲）は，売主（乙）が役員・従業員である場合の役員報酬，給

7　定期同額給与，事前確定届出給与，利益連動給与，退職金，ストックオプションに該当しない役員報酬は，損金に算入できません（法法34Ⅰ，法令69）。定期同額給与とは，事業年度を通じて毎月同額を支給する給与です。ただし，期首から3ヶ月以内の改定や業績悪化による減額改定等の条件を満たすケースも，定期同額給与に含みます。

66 第2章 契約類型別の税務のポイント

与（賞与），退職金について，源泉所得税を徴収して納付する義務が発生します（所法183）。 **➡ 1章2.3（4）源泉所得税**

また，資産として計上する取得価額は，上記（1）①と同様に，売買価格9,000万円から寄附金等4,000万円を控除した5,000万円となります（法基通7-3-1）[8]。

> 売買価格9,000万円 - 寄附金等4,000万円 = 取得価額5,000万円

② 売主（乙）の所得税の処理

売主である個人（乙）は，時価の5,000万円が譲渡収入とされ，取得価額3,000万円との差額2,000万円が譲渡益（譲渡所得）となり，所得税が課税されます。

> 時価5,000万円 - 取得価額3,000万円 = 譲渡益2,000万円

また，甲から売買代金の名目で受領する9,000万円のうち，時価5,000万円を超える4,000万円については，甲と乙との関係により，次の所得とされ，所得税が課税されます。この所得の区分が異なることは，他の所得と損益通算できるかという点や所得控除（給与所得の基礎控除や退職所得の1/2等）の有無等といった点で，影響があります。 **➡ 1章2.3 所得税の概要**

乙の甲との関係	乙の所得税法上の所得区分
役員または従業員	給与所得または退職所得
取引先等の関係者	事業所得または雑所得
その他の場合	一時所得

このように，売主の立場によっては，（a）買主へは損金不算入による法人税，（b）売主が個人の場合は所得税（給与所得，退職所得，一時所得等），（c）さらに売主が個人で給与・退職所得とされた場合は源泉所得税という三種類もの課税関係（これをトリプルパンチ課税ともいいます）を生じさせてしまうため，売買価格の決定にあたっては，注意が必要です。

（3） 買主（甲）が個人，売主（乙）が法人の場合

① 買主（甲）の所得税の処理

土地の購入対価は時価である5,000万円とされ，時価を超える4,000万円につ

8　前掲注3

1.3　時価より高額での譲渡　**67**

いては，売主（乙）への利益の供与（寄附金）と認定されます[9]。買主（甲）が個人事業主である場合には，その全額が必要経費として認められないため，その分だけ所得が大きくなります。

　また，この利益の供与の結果，売主である乙の株価が上昇した場合で，乙が同族会社[10]であるときには，乙の個人株主には，その株価の上昇部分について，贈与があったものとして贈与税の課税対象となります（相法9，相基通9-2）。

②　売主（乙）の法人税の処理

　上記(1)②と同様です。

（4）　買主（甲）・売主（乙）とも個人の場合

①　買主（甲）の所得税の処理

　土地の購入対価は，時価である5,000万円とされ，時価を超える4,000万円については，売主（乙）への贈与とされますが，課税関係に直接影響はありません[11]。ただし，②のとおり，乙に課される贈与税のうち一定額については，乙と連帯して納付義務を負うことになります（相法34Ⅳ）。

②　売主（乙）の所得税の処理

　時価5,000万円と取得価額3,000万円との差額2,000万円が譲渡益となり，所得税（譲渡所得）が課税されます。

> 時価5,000万円 － 取得価額3,000万円 ＝ 譲渡益2,000万円

　売買代金9,000万円のうち，時価5,000万円を超える4,000万円については，原則として，買主（甲）からの「みなし贈与」があったものとされ，贈与税が課税されます（相法9）。

> 売買価格9,000万円 － 時価5,000万円 ＝ みなし贈与4,000万円

9　個人事業者等が資産として計上する場合，取得価額は，(1)①と同様に，売買価格9,000万円から寄附金等4,000万円を控除した5,000万円となります。

10　3人以下の株主（親族等の関係者を含みます）で，その会社の株式の議決権の50％超を保有する会社をいいます（法法2⑩）。

11　個人事業者等が資産として計上する場合，取得価額は，(1)①，(3)①と同様に，売買価格9,000万円から寄附金等4,000万円を控除した5,000万円となります。

1.4 時価より低額での譲渡 [法人税・消費税]

POINT
◆ 時価より低額での取引は，合理的理由がない場合，寄附金の計上等，通常の取引とは異なる税務処理がされます。

設例 取引金額が，時価と比べて低額である場合，いずれかの当事者に不利になりますので，通常は，時価に近い金額で取引されます。しかし，実際には，グループ会社間の取引等，様々な事情により，時価と異なる価格で取引されることがあります。

 Ⓐ時価5,000万円の土地を売買する場合に，代金を時価とするケース，Ⓑ時価より低い1,000万円とするケースを想定します。なお，売主は，過去にこの土地を3,000万円で取得していたとします。

Ⓐ 第○条（売買）
　1．乙（売主）は，甲（買主）に対し，本件土地を譲渡し，甲は，これを譲り受ける。
　2．前項の売買の代金は，**5,000万円**とする。

Ⓑ 第○条（売買）
　1．乙（売主）は，甲（買主）に対し，本件土地を譲渡し，甲は，これを譲り受ける。
　2．前項の売買の代金は，**1,000万円**とする。

法務の視点

契約内容については，契約自由の原則により，基本的に，契約当事者が自由に合意することができます。取引価格が，時価から乖離していても，それが当事者間で合意した価格であれば，有効な契約です。

例えば，不当に低額な取引を行った場合，独占禁止法に違反する可能性がありますが，違反したとしても，直ちに契約が無効となるわけではなく，その違反が公序良俗に反するときには無効となる（民法90条）というのが判例[1]の立場です。このように，取引価格が，時価から乖離していることを理由に，契約が無効となるのは，極めて例外的な場合です。

税務の視点

法人税法では，法人が，個人と異なり，営利を目的とした合理的行動をとるものと考え，経済合理的な「時価」での取引を行うことを前提として規定されています。

そのため，時価より低い価格で取引をした場合には，その価格設定について合理的な理由がない限り，通常の取引とは異なる課税関係が生じます。売主・買主がそれぞれ法人・個人の場合の課税関係は，次の表のとおりです。

<table>
<tr><td colspan="2" rowspan="2"></td><td colspan="2">売主</td></tr>
<tr><td>法人</td><td>個人</td></tr>
<tr><td rowspan="6">買主</td><td rowspan="3">法人</td><td>【買主（法人）】
時価−価格＝受贈益
【売主（法人）】
時価−取得価額＝譲渡益
時価−価格＝寄附金</td><td>【買主（法人）】
時価−価格＝受贈益
【売主（個人）】（価格が時価の1/2
未満の場合）
時価−取得価額＝譲渡益</td></tr>
<tr><td>【買主（個人）】
時価−価格＝一時所得等
【売主（法人）】
時価−取得価額＝譲渡益
時価−価格＝寄附金等</td><td>【買主（個人）】（著しく低額の場合）
時価−価格＝みなし贈与
【売主（個人）】（著しく低額の場合）
譲渡損＝0
価格−取得価額＝譲渡益</td></tr>
</table>

無償または著しく低額（不動産であれば概ね時価の1/2未満）での譲渡があった場合，譲渡人が税金を滞納すると，譲受人が代わりに納税する義務（第二次納税義務）を負うことがあります[2]ので，注意が必要です。

1　取引価格に関する事案ではありませんが，最判昭和52年6月20日民集31巻4号449頁参照。

70 第2章 契約類型別の税務のポイント

　また、「時価」とは、独立した第三者間の売買で通常成立する価額を意味するとされています。時価の算定については、次のような算定方式が典型例として挙げられますが、いずれの方法が妥当かは事例によって異なります。グループ内の国際取引における価格については、**➡ 2章6.3 海外の関連会社との取引価格（移転価格）**。

売買実例価額	近隣の類似取引事例の価額を参考にする方法
精通者意見価額	不動産鑑定士等の専門家の意見を参考にする方法
公的評価比準価額	時価に比べ、公示価額は100％、路線価は80％、固定資産税評価額は70％程度の水準であることをベースに、時価に割り戻す方法

　土地の売買については、消費税は非課税ですが、課税対象の取引であれば、消費税の対象となる金額は、譲渡する資産の時価ではなく、授受される対価の額です（消法28Ⅰ、消基通10-1-1）。また、法人が役員に対して、無償または著しく低額（概ね時価の50％未満）で資産を譲渡した場合には、時価[3]で譲渡があったものとして、消費税が課税されます（消法4Ⅳ②、28Ⅰ・Ⅱ）[4]。

A 時価での譲渡

（1）　買主（甲）の法人税の処理

　売買代金5,000万円を取得価額[5]として、購入した土地を資産に計上します。

（2）　売主（乙）の法人税の処理

　売買代金5,000万円と取得価額（帳簿価額）3,000万円の差額2,000万円を譲渡益として認識し、益金に算入されます（法法22Ⅱ）。

2　①譲渡人が譲渡から1年以内の法定納期限の税金を滞納し、②滞納処分によっても徴収額が不足し、③無償・低額の譲渡がなければその不足は生じなかったと認められるとき（徴収法39、徴基通39条関係、地法11の8）。
3　棚卸資産の贈与の場合、仕入価額以上で、第三者に通常販売する価格の概ね50％以上の金額を対価の額として申告することもできます（消基通10-1-2）。
4　個人事業主が、事業用の資産を家事のために消費・使用した場合も同様です（消法4Ⅳ①）。
5　不動産を事業に使用するために直接必要な費用（登記費用、不動産取得税等）があれば加算するのが原則ですが（法令54Ⅰ）、加算しなくてもよい費用もあります（法基通7-3-3の2）。

売買価格5,000万円 － 取得価格3,000万円 ＝ 譲渡益2,000万円1

B 時価より低額での譲渡

（1） 買主（甲）・売主（乙）とも法人の場合

① 買主（甲）の法人税の処理

　時価よりも低額で購入した場合，著しく低額か否かにかかわらず，時価による取引があったものとされ，時価と売買価格との差額については，無償で資産を譲り受けたものとされます。この差額は，収益として認識され，益金の額に算入されます（法法22Ⅱ）。

　Bでは，時価5,000万円を下回る1,000万円の価格で売買していますので，買主（甲）においては，時価との差額4,000万円が受贈益として益金に算入され，法人税が課税されます。甲は，時価で購入する場合，5,000万円を支払う必要があるはずですが，実際には，1,000万円の支払で済んでいるため，その差額を収益として計上するのです。

時価5,000万円 － 売買価格1,000万円 ＝ 受贈益4,000万円

② 売主（乙）の法人税の処理

　売主（乙）は，時価5,000万円と取得価額（帳簿価額）3,000万円の差額2,000万円を譲渡益として，益金に算入することになります（法法22Ⅱ）。Bでは，時価5,000万円の土地を1,000万円で売却していますので，実際には，乙は，損をしていることになります。しかし，3,000万円で取得した土地が，時価5,000万円に値上がりしていますので，本来，時価で売却すれば，2,000万円の譲渡益があったはずです。そこで，税務上は，この2,000万円を収益として認識するということです。

時価5,000万円 － 取得価額3,000万円 ＝ 譲渡益2,000万円

　また，時価5,000万円と売買価格1,000万円の差額4,000万円は，原則として，買主（甲）への寄附金（経済的利益の供与）として扱われます6（法法37Ⅷ）。時価で売却すれば，乙は，さらに4,000万円の代金を受領できたにもかかわらず，

6　事業に関係のある者への接待，供応，慰安，贈答などの行為のために支出する費用に該当する場合は，交際費となります（措法61の4）。

これを受領しなかったため，甲へ4,000万円の利益を供与したものとして扱うということです。上記のように，税務上，譲渡対価を時価として収益を計算することにより，実際に授受された代金額との間にギャップが生じますが，これを寄附金で埋めることになります。

時価5,000万円 − 売買価格1,000万円 = 寄附金4,000万円

なお，寄附金として扱われる場合には，損金算入が制限され，その結果，法人税の対象となる所得が大きくなります。➡ 1章3.4 寄附金と受贈益

（2） 買主（甲）が法人，売主（乙）が個人の場合

① 買主（甲）の法人税の処理

上記(1)①と同様です。

② 売主（乙）の所得税の処理

売主である個人（乙）には，時価の1/2未満の価格で売却した場合，時価で譲渡があったものとして計算した譲渡益に対して，所得税（譲渡所得）が課税されます（所法59Ⅰ②，所令169）。これを「みなし譲渡課税」と呼びます。

Bでは，時価5,000万円の土地をその1/2未満の1,000万円の価格で売買していますので，時価5,000万円で売却したものとみなされます。その結果，時価5,000万円と取得価額3,000万円の差額である2,000万円が譲渡益となり，所得税（譲渡所得）が課税されます。

みなし譲渡価格（時価）5,000万円 − 取得価額3,000万円 = 譲渡益2,000万円

さらに，この取引の結果，甲に計上される受贈益により，甲の株価が上昇した場合で，甲が同族会社[7]であるときには，甲の個人株主には，その株価の上昇部分について，贈与があったものとして贈与税の課税対象となります（相法9，相基通9-2）。

（3） 買主（甲）が個人，売主（乙）が法人の場合

① 買主（甲）の所得税の処理

買主である個人（甲）は，時価5,000万円と売買価格1,000万円の差額4,000万

---

[7] 3人以下の株主（親族等の関係者を含みます）で，その会社の株式の議決権の50％超を保有する会社をいいます（法法2⑩）。

円の所得があったものとして，所得税が課税されます。甲が法人である場合（上記（1）・（2））と同様に，甲は，時価で購入する場合，5,000万円を支払う必要があるはずですが，実際には，1,000万円の支払で済んでいるため，その差額4,000万円が収益に計上され，所得となるのです。

時価5,000万円 − 売買価格1,000万円 = 所得4,000万円

また，この所得については，所得税法上，甲と乙との関係により，次のとおり区分されます。この所得の区分が異なることは，他の所得と損益通算できるかという点や所得控除（給与所得の基礎控除や退職所得の1／2等）の有無等といった点で，影響があります（詳細は，➡1章2.3 所得税の概要）。

甲の乙との関係	甲の所得税法上の所得区分
役員または従業員	給与所得または退職所得
取引先等の関係者	事業所得または雑所得
その他の場合	一時所得

② 売主（乙）の法人税の処理

売主（乙）が法人である場合は，上記（1）②と同様に，時価による取引があったものとして，時価5,000万円と取得価額（帳簿価額）3,000万円の差額2,000万円を譲渡益として認識し，益金に算入されます（法法22Ⅱ）。

時価5,000万円 − 取得価額3,000万円 = 譲渡益2,000万円

また，時価5,000万円と売買価格1,000万円の差額4,000万円については，売主（乙）から買主（甲）への利益供与として認識され，甲と乙との関係により，原則として，次のとおり扱われます。

時価5,000万円 − 売買価格1,000万円 = 寄附金等4,000万円

甲の乙との関係	乙の法人税法上の取扱い
役員	役員報酬（法法34）
従業員	給料（賞与）または退職金（法法22Ⅲ）
取引先等の関係者	交際費（措法61の4Ⅳ）
その他	寄附金（法法37Ⅷ）

交際費，寄附金として扱われる場合には，損金算入が制限されます（➡1章3.4 寄附金と受贈益，2章2.9 代理店に対する広告宣伝用物品の提供 C（1））。また，役員報酬の場合には，定期同額給与等の損金算入の要件を満たさなければ，4,000万円全額を損金に算入することができません[8]。これらの場合には，法人税の課税対象となる所得も大きくなります。

なお，売主（乙）は，買主（甲）への役員報酬，給与（賞与），退職金については，源泉所得税を徴収して納付する義務が発生します（所法183）。

➡1章2.3（4）源泉所得税

（4） 買主（甲）・売主（乙）とも個人の場合

① 買主（甲）の所得税の処理

個人間において，著しく低い価額による譲渡があった場合，原則として，時価5,000万円と売買価額1,000万円の差額4,000万円については，「みなし贈与」があったものとされ，贈与税が課税されます（相法7）。

時価5,000万円 － 売買価格1,000万円 ＝ みなし贈与4,000万円

② 売主（乙）の所得税の処理

譲渡益（譲渡所得）が発生する場合には所得税が課税されますが，著しく低い価額で譲渡したことで譲渡損が発生する場合は，その譲渡損はなかったものとされ（所法59Ⅱ），売主の取得価額が買主にそのまま引き継がれます（所法60Ⅰ）。

なお，甲に課される贈与税のうち一定の金額については，甲と連帯して納付義務を負うことになります（相法34Ⅳ）。

---

8 定期同額給与，事前確定届出給与，利益連動給与，退職金，ストックオプションに該当しない役員報酬は，損金に算入できません（法法34Ⅰ）。定期同額給与とは，事業年度を通じて毎月同額を支給する給与です。ただし，期首から3ヶ月以内の改定や業績悪化による減額改定等の条件を満たすケースも，定期同額給与に含みます。

1.5 委託販売の収益計上時期 [法人税]

POINT
◆ 代理店等の販売店を通じて商品を販売する場合，委託販売等の形態によって，収益・費用の計上時期が異なります。

設例 メーカー（甲）が，自社商品の販売を販売店（乙）に委託する場合，在庫リスクをどちらがかかえるか等，様々な形態があります。

ここでは，少なくとも一定期間についてはメーカーが在庫リスクをかかえつつ，販売店の粗利を30％程度に設定する場合を考えます。**A** 基本的に販売店が在庫リスクをかかえるが，仕入後3ヶ月以内は，返品できるケース，**B** メーカーが在庫リスクをかかえるケースを想定します。

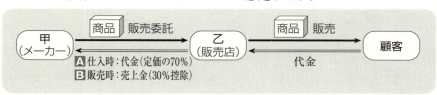

A 第○条（販売委託）
1．甲（メーカー）は，乙（販売店）に対し，商品の販売業務を委託する。
2．乙は，甲からの商品受領後3ヶ月以内であれば，未使用品に限り，商品を甲に返品することができる。
3．乙は，毎月，甲から受領した商品分について，定価に70％を乗じた代金を甲に支払う。なお，前項の返品分の代金についても，毎月精算するものとする。
4．商品の所有権は，乙が甲から商品を受領した時点で，甲から乙へ移転する。

B 第○条（販売委託）
1．甲（メーカー）は，乙（販売店）に対し，商品の販売業務を委託する。
2．乙は，毎月，売上計算書を作成し，翌月10日までに，当該計算書を甲に送付するとともに，売上金額から30％を販売手数料として

76 第2章　契約類型別の税務のポイント

> 　　　控除した上で，甲に支払う。
> 　3．商品の所有権は，乙が顧客に販売した時点で，甲から乙，乙から顧
> 　　　客に移転する。

法務の視点

　契約条項Ａは，「販売業務を委託」という表現がありますが，仕入時に，商品の代金が支払われ，商品の所有権は，甲から乙に移転しています。そのため，これは，3ヶ月以内であれば全部または一部を解除して返品（実質的には甲による買戻し）を求めることができるという条件付の売買契約と考えられます。この点では，「販売業務を委託」という表現は，誤解を招くおそれがあります。

　一方，契約条項Ｂでは，乙が顧客に販売するまで，商品の所有権は甲に帰属したままですので，文字通り「販売業務を委託」した一種の準委任契約であると考えられます。

税務の視点

　法人税法上では，収益として認識し益金に算入すべき時期については，具体的な規定が置かれておらず，企業会計原則等に代表される「一般に公正妥当と認められる会計処理の基準」にしたがって処理することになります（法法22Ⅱ，Ⅳ）。

　この企業会計原則では，商品販売等が実現した時点で，収益を計上するのが原則です（損益計算書原則三Ｂ）。委託販売については，この原則にしたがって，受託者が委託商品を販売した日に収益計上することになりますが（注解6(1)本文），販売した商品に関する精算書が，販売の都度，受託者から委託者に送付されている場合には，例外的に精算書の到達日に収益計上することも認められています（注解6(1)但書）。

　そして，税務でも上記の企業会計原則と歩調を合わせて，次の表のとおり，収益を計上することとされています。

1.5　委託販売の収益計上時期　**77**

販売形態	メーカー等の収益計上時期
売買による卸売り	原則：販売店等への商品の引渡日
委託販売	原則：販売店等から顧客への販売日 例外：売上計算書の到達日

A　一定期間返品可能な売買契約の場合

（1）　甲（メーカー）の処理

　商品販売による売上は，その商品の引渡しがあった日に収益として認識して益金に算入されます（法基通2-1-2）。

　契約条項Aは，一定期間返品可能な特約が付いていますが，その実態は，売買契約と考えられます[1]。買主（販売店）である乙が，売主（メーカー）である甲から商品を70円で仕入れる場合，甲の税務処理は，商品が甲から乙に販売された時点で，販売価格70円を収益として認識し，益金に算入することになります。なお，特約（契約条項A2項）に基づいて乙から商品が返品された場合，返品の時点で，70円を益金の額から減額します。

（2）　乙（販売店）の処理

　乙は，商品を仕入れた時点で70円を費用として認識して損金に算入し，特約により返品した場合は，返品の時点で70円を損金の額から減額します。また，事業年度末に商品在庫を保有していた場合は，当期の損金の額から減額し，棚卸資産として翌事業年度に繰り越します。

B　販売業務の委託の場合

（1）　甲（メーカー）の処理

　委託販売による売上は，原則として，受託者（販売店）が委託商品を販売した日に収益として認識して益金に算入します。また，例外的に，委託商品の売上計算書が売上の都度作成，送付されている場合（継続的に，週・旬・月単位

1　国税不服審判所裁決平成5年10月29日裁決事例集46巻124頁参照。

で売上計算書を作成，送付する場合も含みます。）には，売上計算書の到達日に益金に算入することも認められます（法基通2-1-3）。

Bでは，甲乙間の契約の性質は，売買ではなく販売業務の委託です。受託者（販売店）である乙が，委託者（メーカー）の商品を100円で販売する場合，甲の税務処理は，乙が顧客に商品を販売した時点で100円を収益として認識して益金に算入し，同時に，乙に支払う販売手数料30円（100円×30％）を費用として認識して損金に算入するのが原則です。

ただし，毎月，乙が売上計算書（精算書）を作成して甲に送付することになっているため（契約条項**B**2項），例外的に，乙から甲に売上計算書が到達する翌月10日に益金に計上することも認められます。この場合，販売時点で計上する原則的な処理と比較して，収益が1ヶ月遅れて計上されることになります。そのため，費用収益対応の原則[2]の観点から，乙が月末時点で既に顧客に商品を販売していたとしても，甲側では委託商品在庫として棚卸資産に計上していなければならないことにも注意が必要です（法法22Ⅲ①）。

（2） 乙（販売店）の処理

乙（販売店）は，顧客に商品を販売した時点で販売手数料30円を収益として認識し益金に算入します。なお，甲（メーカー）の処理とは異なり，売上精算書が甲に到達する日に益金に算入する例外処理は認められません。

---

2 ➡ 1章3.3（1）複数年度にわたる費用化

1.6 継続的取引におけるリベートの計上時期 [法人税]

POINT
◆ 継続的な取引において、取引量等に応じてリベートが授受される場合、金額が確定した時点で収益・費用に計上されますので、契約で算定基準が明示されていないときは、計上時期が遅れます。

設例 乙は、甲から継続的に商品αを仕入れており、取引量に応じてリベートを受け取ることになっています。契約上、Aリベートの算定基準が記載されているケースとB記載されていないケースを想定します。

A 第○条（売買条件）
  1．本契約は、乙（買主）が甲（売主）から商品αを購入する際の条件を定める。
  2．個別の売買の数量、納期等の条件は、個別契約において定める。
  3．甲は、本契約から１年間以内に、乙が次のいずれかの条件を満たした場合、**年間の売買金額の○％を乙に支払うものとし**、次年度以降も同様とする。
   （１）売買金額の総額が○円を超えた場合
   （２）商品αの発注個数が○個を超えた場合

B 第○条（売買条件）
  1．本契約は、乙（買主）が甲（売主）から商品αを購入する際の条件を定める。
  2．個別の売買の数量、納期等の条件は、個別契約において定める。
  3．甲は、本契約から１年間以内に、乙が**多額または多量の発注をした場合**、乙にリベートを支払うことがある。

80　第2章　契約類型別の税務のポイント

法務の視点

　契約締結時点で，リベートの算定基準が決定できない場合，契約条項**B**のような契約が締結される場合があります。このような場合，リベートを支払うまでの諸事情を勘案して金額を決定することができますが，一方で，支払金額について，契約当事者間で争いになるリスクもあります。このようなリスクを回避する観点からは，契約条項**A**のように算定基準を契約で明示しておいた方が無難です。

　また，**B**のように，基準の不明確なリベートを裁量的に支払う場合において，リベート金額の調整を手段に，相手方に一定の行動を事実上義務付けるような行為等は，独占禁止法上，問題となることがあります[1]。

税務の視点

　商品や原材料等に関する継続的な取引がある場合，一定期間の多額・多量の仕入れに対して，返戻金（リベート）が授受されることがあります。このようなリベートについては，仕入元（商品等の売主）では「売上割戻し」として，仕入先（商品等の買主）では「仕入割戻し」として，仕入の売買代金から控除するのが原則です。ただし，仕入先がこのような仕入割戻しを計上しなかった場合には，リベートの額は，益金に算入されます（法基通2-5-3）。

　商品等を売買した時点から事業年度をまたいでリベートが授受される場合，どちらの事業年度で，売上割戻し・仕入割戻しを計上するかは，原則として，次の表の基準で判断されます。

リベートの算定基準	計上時期	
	売上割戻し	仕入割戻し
契約上に明示あり	原則：商品等の売買時 例外：リベート金額の通知・支払時	原則：商品等の売買時 例外：保証金に充てる場合，リベートの支払時
契約上に明示なし	リベート金額の通知・支払時	リベート金額の通知時

A 算定基準が明示されている場合

（1） 売主（甲）の処理（売上割戻し）

売上割戻しは，販売価額または販売数量による算定基準が契約等により明示されている場合，商品等を売買した事業年度で計上されます（法基通2-1-1の11）。契約条項 **A** では，リベートの算定基準が明示され，売買の時点でリベートの金額が確定しているため，売買した事業年度で，売上割戻しを計上します。

ただし，リベートの金額の通知または支払をした事業年度で計上する処理を継続的に選択することもできます。

（2） 買主（乙）の処理（仕入割戻し）

仕入割戻しも，同様に，購入価額または購入数量による算定基準が契約等で明示されている場合，商品等を売買した事業年度で計上されます（法基通2-5-1）。契約条項 **A** では，リベートの算定基準が明示され，売買の時点でリベートの金額が確定しているため，売買した事業年度で，仕入割戻しの金額を売上原価（原材料の場合）・棚卸資産（商品の場合）の修正として計上します。

ただし，契約等により，仕入割戻しの金額について，契約の解約・災害発生等の特別な事実が発生するまで，または，5年超の一定の期間が経過するまで，保証金等として販売側が預かることとしている場合があります。このような場合には，現実にリベートの支払を受けた事業年度で仕入割戻しを計上します（法基通2-5-2）。

B 算定基準が明示されていない場合

（1） 売主（甲）の処理（売上割戻し）

契約条項 **B** のように，販売価額または販売数量による算定基準が契約等により明示されていない場合，売上割戻しは，リベートの金額の通知または支払をした事業年度で計上されます（法基通2-1-1の12）。

---

1 「流通・取引慣行に関する独占禁止法上の指針」（平成3年7月11日公正取引委員会事務局）

82　第2章　契約類型別の税務のポイント

（2）　買主（乙）の処理（仕入割戻し）

　契約条項**B**のように，購入価額または購入数量による算定基準が契約等で明示されていない場合，仕入割戻しは，リベートの金額の通知を受けた事業年度で計上します（法基通2-5-1）。このような取扱いがされるのは，リベートが，売主（甲）が取引量・取引条件等によって一方的に決定できるものであり，支払の通知があるまでは金額が確定しないためです。

　契約条項**B**のような契約がある場合に，例えば，甲が，乙とリベートの金額の折り合いがつかないまま，一方的に乙の事務所に，リベートとして現金を置いていったため，乙がこの現金を金庫に預かっていたとします。上記のとおり，**B**では，乙は，リベートの支払の通知を受け取った時に，仕入割戻しを計上することになりますが，現に現金を受け取っている以上，通知があったと言えます。そのため，交渉中で金額が確定していないからといって，受け取った日の属する事業年度より収益計上を遅らせることはできません[2]。なお，甲としては，リベートとして支払をしたわけですから，その事業年度で売上割戻しを計上します。

2　国税不服審判所裁決平成13年7月9日裁決事例集62巻199頁参照。

1.7 転売と契約上の地位の移転 [消費税]

POINT
◆ 売買契約締結後，履行前に不要となった物品を処分しようとする場合，第三者に同額で転売するか，契約上の地位を無償で移転するかによって，消費税の取扱いが異なります。

設例 乙は，甲から物品を購入する契約を締結し，引渡を受ける予定でしたが，事情により不要となったため，この物品を丙に引き取ってもらうことにしました。なお，乙は，この取引で利益を得るつもりはありません。

A そのまま同じ代金で物品を転売するケース，**B** 甲との契約上の地位を移転するケースを想定します。

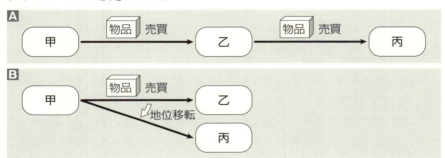

A ＜甲乙間の売買契約＞
第○条（売買）
　1．甲（売主）は，乙（買主）に対し，本物件を売り渡し，乙は，これを買い受ける。
　2．前項の売買の代金は，100万円とする。
第○条（引渡）
　　甲は，本契約締結から10日以内に，本物件を乙が指定する場所において，乙に引き渡す。
第○条（所有権の移転）
　　本物件の所有権は，前条の引渡完了時に，甲から乙へ移転する。

84　第 2 章　契約類型別の税務のポイント

> ＜乙丙間の売買契約＞
> 第○条（売買）
> 　1．乙（売主）は，丙に（買主）対し，本物件を売り渡し，丙は，これ
> 　　を買い受ける。
> 　2．前項の売買の代金は，100万円とする。
>
> **B**　＜甲乙間の売買契約＞
> 第○条（売買）
> 　1．甲（売主）は，乙（買主）に対し，本物件を売り渡し，乙は，これ
> 　　を買い受ける。
> 　2．前項の売買の代金は，100万円とする。
>
> ＜甲乙丙間の承継契約＞
> 第○条（契約上の地位の移転）
> 　　乙は，丙に対し，甲乙間の○年○月○日付売買契約における買主の
> 　　地位を移転するものとし，甲は，これを承諾する。

法務の視点

　契約条項**A**において，甲乙間での物品引渡が未了で，所有権が甲から乙に移転していない段階であっても，乙丙間で同じ物品に関する売買契約を締結することは可能です。このような契約を「他人物売買」と言い，乙は，丙への引渡期限までに，物品の所有権を甲から取得すれば，乙丙間の契約を履行することができます。物品の所有権は，甲→乙→丙と移転します。甲乙間の売買契約と乙丙間の売買契約は，たまたま対象物が一緒であるというだけで，全く別の契約ですので，乙丙間の契約締結について，甲の承諾を得る必要はありません。

　なお，**A**のような契約スキームをとった場合でも，甲乙間契約における納品場所として丙の事業所等を指定することにより，物理的に乙を経由せずに，甲から丙へ物品を移動させることも可能です。

　一方，契約条項**B**では，甲乙間の売買契約は，契約としての同一性を保ったまま，乙と丙が入れ替わり，甲丙間の売買契約となって，物品の所有権も甲→丙と移転します。このように，契約上の地位を移転するには，対象となる契約の相手方である甲の承諾が必要です。

　また，例えば，丙の手元に渡った物品に瑕疵があった場合，瑕疵担保責任は

契約上の責任ですので，この責任を負うのは，丙の直接の契約相手であり，**A**では乙，**B**では甲ということになります。なお，甲がこの物件の製造業者等であれば，**A**でも**B**でも製造物責任を負う可能性はあります。

税務の視点

　消費税の課税対象となる国内の取引は，事業として対価を得て行う資産の譲渡・貸付，役務提供です（消法4 I）。この「対価を得て行われる資産の譲渡」とは，資産の譲渡に対して，金銭等の反対給付を受けることをいい，売買が典型例です。その他，代物弁済や負担付贈与による資産の譲渡，貸付金等の金銭債権を対価とする資産の譲渡等も含まれます。なお，無償で資産を譲渡したとき（負担のない贈与）は，対価を得ていませんので，消費税の課税対象とはなりません（消基通5-1-2）。

A　資産を転売する場合

　Aでは，乙は，甲から物品を購入して，その引渡を受け，代金100万円を支払います。この取引は，「対価を得て行われる資産の譲渡」に該当しますので，消費税の課税対象となります。乙丙間の売買契約についても，これと同様に，消費税の課税対象となります。

　なお，**A**の取引において，乙や丙が，代金とともに消費税相当額を支払った場合，消費税の申告時には，その分を控除して納税額を計算するのが原則的な取扱いです[1]。しかし，いずれにしても，一時的には，取引時点において，消費税相当額のキャッシュが流出することになります。**➡1章2.4 消費税の概要**

B　譲渡対象が権利義務一切の場合

　Bの甲乙丙間の契約は，甲乙間の売買契約における乙の甲に対する権利義務を一体として，丙に移転するものです。この契約では，地位の移転に対する対価としての金銭の授受はありません。

1　課税売上高が5億円超の場合，課税売上割合が95％未満の場合，簡易課税制度を適用している場合等，支払った消費税の全額を控除できない場合も少なからずあります。**➡1章2.4 消費税の概要**

86　第2章　契約類型別の税務のポイント

　もし，この契約が「代金支払債務の引受を対価として目的物引渡請求権を譲渡した取引」と捉えられるのであれば，「対価を得て行われた資産の譲渡」に該当し，消費税の課税対象となります。しかし，契約上の地位の移転は，単なる債権譲渡や債務引受とは異なり，契約から生じる個々の債権債務だけでなく，その契約の取消権や解除権をも包括的に移転する取引です。そのため，その対価についても，個々の債権債務やその他の付随的な権利関係を一体として評価することになります[2]。そのため，契約条項Bは，「対価を得て行われた資産の譲渡」には，該当しないものと考えられ，消費税の課税対象とはなりません。ただし，契約上の地位の移転の対価として，丙から乙への金銭の交付等があれば，「対価を得て行われた資産の譲渡」に該当し，消費税が課税されることになります。

　なお，地位移転後の甲丙間の売買契約については，Aの場合と同様に，消費税の課税対象となります。

2　国税不服審判所裁決平成19年3月29日裁決事例集73巻495頁参照。

1.8 契約書の記載内容の偽装 ［法人税］

POINT
- ◆ 契約の法的形式が実態と乖離している場合，実態に即して課税されます。
- ◆ 例えば，土地の売買と同時に買主から資金を借り入れる契約を締結した場合に，その取引形態が実態と異なるときは，借入額も土地の売買代金の一部と認定される可能性があります。

設例 甲は，1億円の資金を調達する必要があり，所有する土地を乙に売却することとしました。甲は，Ａこの土地を1億円で売却することを希望していましたが，代金に関する交渉は難航し，結局，Ｂ代金を4,000万円とするかわりに，乙から6,000万円を借り入れることで決着しました。

なお，過去にこの土地を甲が取得した価格は3,000万円，土地売買に必要な経費は300万円とします。

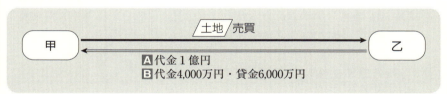

Ａ	第○条（売買） 1．甲は，乙に対し，本件土地を売り渡し，乙は，これを買い受ける。 2．前項の売買の代金は，1億円とする。
Ｂ	第○条（売買） 1．甲は，乙に対し，本件土地を売り渡し，乙は，これを買い受ける。 2．前項の売買の代金は，4,000万円とする。 第○条（貸付） 1．乙は，甲に対し，6,000万円を貸し付け，甲は，これを受領した。 2．甲は，乙に対し，本契約締結から20年経過後から50年間，毎年末日限り100万円を返済する。 3．第1項の貸付は，無利子とする。

88　第2章　契約類型別の税務のポイント

法務の視点

　契約内容については，契約自由の原則により，基本的に，契約当事者が自由に合意することができます。文言上は，契約条項Ａは，1億円の売買契約ですので，代金1億円は，契約が解除されたりしない限り，返還の必要はありません。一方，契約条項Ｂは，1つの契約書に記載されているか否かにかかわらず，4,000万円の売買契約と6,000万円の金銭消費貸借契約という2つの契約ですので，6,000万円については，甲が乙に返還する債務を負うことになります。

　しかし，契約当事者が通謀して，実態と異なる虚偽の意思表示をした場合，その意思表示は無効となり，善意の第三者に対抗することはできません（民法94）。

税務の視点

　税務申告書に記載された所得額，法人税額等の計算が，税法の規定に従っていない場合や税務調査により明らかになった事実関係に基づいていない場合，税務当局による調査結果等に基づいて，申告書に記載された所得額や税額等が更正されます。➡ 1章4.3(2)更正処分

Ａ　当初の譲渡価額による譲渡の場合

　契約条項Ａは，代金1億円の土地売買契約です。甲（売主）にとっては，土地代金1億円から土地取得価額3,000万円，譲渡費用300万円の合計3,300万円を控除した残額6,700万円が，譲渡益として計上されます。

　　代金1億円 − 取得価額3,000万円 − 譲渡費用300万円 = 譲渡益6,700万円

　この譲渡益は，売買をした事業年度の甲の課税所得に含まれて，法人税の課税対象となります。

　なお，売買価格が時価と乖離している場合の取扱いについては，➡ 2章1.3 時価より高額での譲渡，1.4 時価より低額での譲渡。

Ｂ　土地代金の一部を長期借入金とした場合

　Ｂでは，契約書の記載内容に従えば，土地代金4,000万円から土地取得価額3,000万円，譲渡費用300万円の合計3,300万円を控除した残額700万円が，譲渡

益として計上され，法人税の課税対象となります。

　しかし，同様の事案で，「当事者の真意は，売買代金を1億円とするものと認め，6,000万円を消費貸借とする旨の契約書の記載は，両者の通謀による虚偽の意思表示であって無効である」とし，貸付金を土地代金の一部であると判断した判例があります[1]。この事案では，①当初，買主も1億円を本件土地の購入資金として用意していたこと，②当初，買主の経理において，6,000万円も含めて売買代金として処理した後に，修正されたこと，③貸付が，無担保，無利子，返済が20年経過後から50年間にわたる等，異例の条件であること，④本件土地の時価が1億円以上であること等の事実が認定され，これらの事情を総合して，租税負担の回避を目的とする契約であるとして，上記のような判断がなされています。

　借入金が土地代金の一部として認定された場合，借入金相当額6,000万円について，土地譲渡益の計上もれとして，課税所得額と法人税額が更正され，追徴課税されます。この判例は，特殊な事情の事案ではありますが，契約書の記載内容が実態と乖離している場合のリスクを示すものです。

1　最判昭和45年7月14日税務訴訟資料（1〜249号）60号46頁，東京高判昭和42年6月27日訟務月報13巻9号1133頁

1.9 実体のない取引の仮装 ［法人税］

POINT
◆ 譲渡益の圧縮や第三者への利益供与のために，実体のない取引を仮装した場合，実態に即した事実が認定され，重加算税が課税されることがあります。

設例 甲は，1億3,000万円で取得した土地を2億円で丙に売却することを合意しました。ただし，形式上は，一旦，乙に売却する形をとることとしました。**A** 甲から乙に売却した直後に契約解除し，改めて甲から丙に売却するケース，**B** 甲→乙→丙と転売するケースを想定します。

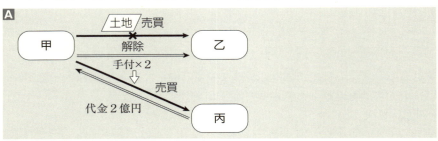

A ＜○年1月10日付売買契約＞
第○条（売買）
 1. **甲は，乙に対し**，本件土地を**売り渡し**，乙は，これを買い受ける。
 2. 前項の売買の代金は，1億5,000万円とする。
第○条（手付）
 1. 乙は，本日，甲に対し，手付金として1,000万円を支払った。
 2. 乙は，本件土地の引渡が完了するまで，本契約を解除することができる。ただし，その場合，手付金は，返還されないものとする。
 3. 甲は，本件土地の引渡が完了するまで，乙に手付金の倍額を支払うことにより，本契約を解除することができる。

1.9 実体のない取引の仮装 **91**

<〇年1月11日付合意書>

第〇条（合意解除）

1. 甲及び乙は，〇年1月10日に締結した本件土地の売買契約を**解除**する。

2. 甲は，乙に手付金の倍額2,000万円を支払う。

<同年1月12日付売買契約>

第〇条（売買）

1. **甲は，丙に対し**，本件土地を**売り渡し**，丙は，これを買い受ける。

2. 前項の売買の代金は，2億円とする。

B <〇年1月10日付売買契約>

第〇条（売買）

1. **甲は，乙に対し**，本件土地を**売り渡し**，乙は，これを買い受ける。

2. 前項の売買の代金は，1億5,000万円とする。

<同年1月12日付売買契約>

第〇条（売買）

1. **乙は，丙に対し**，本件土地を**売り渡し**，丙は，これを買い受ける。

2. 前項の売買の代金は，2億円とする。

法務の視点

契約内容については，契約自由の原則により，基本的に，契約当事者が自由に合意することができます。ただし，契約当事者が通謀して，実態と異なる虚偽の意思表示をした場合，その意思表示は無効となり，善意の第三者に対抗することはできません（民法94）。

税務の視点

税務申告書に誤りがあり，修正申告をした場合や税務署から申告税額の更正を受けた場合で，納税額が過少であったり，還付額が過大であったりしたときには，追加で納める税金の他に，その10％（または15％）の過少申告加算税が課されます（通法65Ⅰ）。

また，事実を隠ぺいしたり，仮装したりして，税務申告書を提出した場合，過少申告加算税のかわりに，追加で納める税額の35％（または40％）の重加算税が課されます（通法68Ⅰ・Ⅱ）。➡ 1章4.3(3)附帯税（延滞税・加算税）

92　第2章　契約類型別の税務のポイント

Ａ　第三者への売却・解除後の売却とした場合

　Ａでは，甲から乙に土地が売却された翌日に，その売買契約が解除され，さらにその翌日に，改めて甲から丙に売却されています。契約条項Ａでは，甲は，手付金の倍額2,000万円を乙に支払って契約を解除できることになっていますので，実際に，甲が乙と土地売買契約を締結後，これを解除して，乙よりいい売買条件を提示した丙に土地を売却することも考えられます。

　しかし，上記のような実体がなく，当初より，甲から丙へ土地を売却する合意があったにもかかわらず，契約を解除する前提で甲乙間の売買契約が締結された場合，乙が取得する手付金の倍額2,000万円は，甲から乙への経済的利益の供与を目的としたものであるとして，寄附金として扱われる場合があります。寄附金については，損金への算入が制限され，その結果，法人税の課税対象となる所得が大きくなります。**➡ 1章3.4 寄附金と受贈益**

Ｂ　第三者を介した転売とした場合

　Ｂでは，甲から乙に土地が売却された2日後に，乙から丙に転売されています。このようなケースにおいて，当初より，甲から丙に土地を売却する合意があったにもかかわらず，甲が土地の譲渡益（売却代金と取得価額の差額による利益）を圧縮するために，形式的に，乙を間に入れて，甲→乙→丙と転売する形をとったとします。このような形式を仮装すると，下記のように，本来，7,000万円のはずの譲渡益が2,000万円となり，法人税の課税対象となる所得も5,000万円減少することになります。

本来　　売買価格2億円 − 取得価額1億3,000万円　　　 ＝譲渡益7,000万円
仮装後　売買価格1億5,000万円 − 取得価額1億3,000万円 ＝譲渡益2,000万円

　上記のような状況では，乙は，いわゆる名義貸しをしたに過ぎないため，税務当局から，甲が本件土地を直接丙に譲渡したものと認定され，その認定された事実に基づいて課税されることがあります。このように，税務申告書の内容について，事実を隠ぺいしたり，仮装したりしていると認定された場合，重加算税が課されることになります。

　また，名義を貸しただけの乙に，5,000万円の転売益が生じますが，これについては，Ａと同様に，甲から乙への寄附金として扱われる可能性があります。

1.10 交換契約における圧縮記帳 [法人税・印紙税]

POINT
- ◆ 交換契約も，売買等と同様に，譲渡損益が計上されますが，圧縮記帳により課税タイミングを遅らせることができる場合があります。
- ◆ 不動産の交換契約書は，時価の記載があれば高い方，時価の記載がなければ差額を契約金額として，印紙を貼付します。

設例 甲は，所有する宅地α（時価1億円，帳簿価額5,000万円）を乙が所有する宅地β（時価9,000万円）と交換し，時価の差額1,000万円を乙から現金で受領します。

Ａ・Ｂ交換の効力が，契約締結と同時に発生するケース（Ｂは時価の表示あり），Ｃ契約締結から1年後に発生するケースを想定します。

Ａ	第○条（交換） 1．甲及び乙は，甲所有の土地αと乙所有の土地βを交換する。 2．乙は，甲に対して，土地α及び土地βの差額1,000万円を支払う。
Ｂ	第○条（交換） 1．甲及び乙は，甲所有の土地α（時価1億円）と乙所有の土地β（時価9,000万円）を交換する。 2．乙は，甲に対して，土地α及び土地βの差額1,000万円を支払う。
Ｃ	第○条（交換） 1．甲及び乙は，甲所有の土地αと乙所有の土地βを交換する。 2．乙は，甲に対して，本契約締結から1年以内に，土地α及び土地βの差額1,000万円を支払う。 3．第1項の交換の効力は，本契約締結から1年後に発生するものとし，それまでの間，別途，甲乙間で土地α及び土地βに関する賃貸借契約を締結するものとする。

94　第2章　契約類型別の税務のポイント

法務の視点

　交換契約は，民法が定める典型契約の1つで，互いに金銭の所有権以外の財産権を移転するものです（民法586Ⅰ）。交換する資産の価値に差がある場合には，その差額を現金等で精算する場合もあります。このような場合には，交換する資産の時価等が表示されることもありますが，法的には，時価等の記載は必須ではありません。

税務の視点

　民法上は交換契約であっても，税務上は，「既存資産の売却」と「新規資産の購入」という2つの売買取引が行われたものとして扱われます。「既存資産の売却」については，売却価格（交換の場合は資産の時価）と帳簿価額とに差があれば，譲渡損益（プラスであれば譲渡益，マイナスであれば譲渡損）として認識され，法人税の対象となる所得額に影響します。

A　圧縮記帳を適用可能な場合（時価の表示なし）

（1）　法人税の処理

　Aでは，甲は，帳簿価額5,000万円の土地 α を時価1億円で売却したのと同様の処理をするのが原則です。そのため，差額の5,000万円が譲渡益として認識され，法人税の課税対象となります。

　　土地 β の時価9,000万円 ＋ 交換差益1,000万円 － 帳簿価額5,000万円

　　＝ 譲渡益5,000万円

　しかし，同じ種類の固定資産を交換し，同じ用途に使用している場合は，そのまま引き続き使用しているのと状況的にはほとんど変わりがありません。そのため，次の要件を満たす場合には，圧縮記帳制度（**➡ 2章7.5 損害賠償と圧縮記帳**）を利用することにより，譲渡益に対する課税タイミングを遅らせることができます（法法50）。

既存資産	① 1年以上所有の固定資産
新規資産	② 1年以上所有の固定資産 ③ 既存資産と同一種類の資産

1.10 交換契約における圧縮記帳 **95**

新規資産	（同一種類の例）　土地，建物，機械・装置等 ④ 交換のために取得したものでない ⑤ 交換後，既存資産の用途と同一の用途に使用 （同一の用途の例）土地：宅地，田畑 　　　　　　　　　　建物：居住用，店舗用，工場用等
資産価値	⑥ 既存資産と新規資産の時価の差が，いずれか高い方の時価の20％以下

　Aでは，上記の既存資産及び新規資産に関する要件（①〜⑤）は全て満たすとします。また，資産価値の要件（⑥）についても，既存資産1億円と新規資産9,000万円の差額1,000万円が，高い方の時価（**A**では既存資産の時価1億円）の10％となり，20％以下という要件も満たします。

$$\frac{\text{土地}\alpha\text{の時価1億円}-\text{土地}\beta\text{の時価9,000万円}}{\text{土地}\alpha\text{の時価1億円}}=10\%$$

　このような前提ですと，**A**では，既存資産の譲渡益について圧縮記帳の制度を利用することができます。圧縮記帳の際の限度額（圧縮限度額）は，譲渡に要した費用が特に発生していないとすると，次のとおり計算します。

$$\frac{\text{土地}\beta\text{の時価9,000万円}}{\text{土地}\beta\text{の時価9,000万円}+\text{交換差益1,000万円}}=\text{圧縮割合0.9}$$

新規資産の時価9,000万円 −（既存資産の帳簿価額5,000万円
　− 譲渡費用0円）× 圧縮割合0.9 = 圧縮限度額4,500万円

　圧縮限度額4,500万円を損失（損金）に計上すると同時に，新規資産の本来の帳簿価額9,000万円から4,500万円を減額する処理を行います。

土地βの本来の帳簿価額9,000万円 − 圧縮限度額4,500万円
= 圧縮記帳後の土地βの帳簿価額4,500万円

　その結果，甲の既存資産（土地α）に関する譲渡益5,000万円のうち4,500万円が減額され，法人税の課税対象となる所得は500万円となります。

本来の譲渡益5,000万円 − 圧縮限度額4,500万円
= 圧縮記帳後の譲渡益500万円

96　第2章　契約類型別の税務のポイント

　一方，将来的に，甲が新規資産（土地β）を売却する場合，本来，9,000万円であった帳簿価額が4,500万円に減額されていますので，その際の譲渡益は，4,500万円分，本来より増えることになります。つまり，圧縮記帳により，減額した4,500万円については，将来の売却の際に課税対象となることになり，その時点まで，課税を繰り延べることができます。

（2）　印紙税の処理

　不動産の交換契約書は，印法別表一「課税物件表」1号の1の文書（不動産の譲渡に関する契約書）に該当します。契約条項Aのように，交換対象となる不動産の時価が記載されておらず，差額1,000万円だけが記載されている場合には，1,000万円が契約金額となります。そのため，Aでは，1万円[1]の印紙を貼付することになります。

　なお，不動産の時価も差額の記載もない場合には，契約金額の記載のない文書として，200円の印紙を貼付することになります。➡ 1章2.5（2）印紙税額の計算方法

B　圧縮記帳を適用可能な場合（時価の表示あり）

（1）　法人税の処理

　Aと同様です。

（2）　印紙税の処理

　契約条項Bのように，交換対象となる資産の時価が記載されている場合，高い方（等価交換の場合はいずれか一方）の金額が，契約金額となります。そのため，Bでは，高い方の時価1億円が契約金額となり，6万円[2]の印紙を貼付する必要があります。➡ 1章2.5（2）印紙税額の計算方法

1　この場合，2014年4月1日から2018年3月31日までに作成された不動産譲渡契約書については，5,000円に軽減されています。➡ 1章2.5（2）印紙税額の計算方法
2　Aの場合と同様に，3万円に軽減されています。➡ 1章2.5（2）印紙税額の計算方法

C 圧縮記帳を適用できない場合

（1）　法人税の処理

　契約条項 C では，前表の②の「新規資産が１年以上所有の固定資産である」という要件を満たすために，１年間，暫定的に賃貸借契約の形式を取り，交換の効力発生時点で，上記の要件を満たそうとしています。しかし，このような場合には，上記③の「新規資産が交換のために取得したものでない」という要件を満たさないため，圧縮記帳を利用することはできません[3]。

　そのため，甲においては，原則どおり，既存資産の時価１億円と帳簿価額5,000万円の差額5,000万円全額が収益として認識され，法人税の課税対象となります。

　　土地 β の時価9,000万円 ＋ 交換差益1,000万円 － 帳簿価額5,000万円
　　＝ 譲渡益5,000万円

（2）　印紙税の処理

　A と同様です。

3　国税不服審判所裁決昭和61年11月29日裁決事例集32巻254頁参照。

1.11 負担付贈与 [印紙税・法人税・消費税]

POINT
◆ 印紙税法では,贈与契約書の契約金額はないものと扱われます。ただし,負担付贈与で,「負担額≧贈与物件の時価」の場合は,負担額が契約金額です。
◆ 「負担額≠贈与物件の時価」の場合,時価より高額／低額での譲渡として扱われます。
◆ 負担付贈与では,負担額を資産譲渡の対価として,消費税が課税されます。

設例 甲は,時価2,000万円の建物を乙に贈与します。ただし,この建物の取得費用として借り入れた残債務を乙が甲に代わって弁済することを条件とします。残債務の額が,**A**時価を下回るケース,**B**時価を上回るケースを想定します。

A 第○条（贈与）
　1．甲は,乙に対し,本件建物（**時価2,000万円**）を贈与する。
　2．乙は,本件建物の取得資金として甲が○年○月○日に丙から借り入れた残**債務1,000万円**を引き受ける。

B 第○条（贈与）
　1．甲は,乙に対し,本件建物（**時価2,000万円**）を贈与する。
　2．乙は,本件建物の取得資金として甲が○年○月○日に丙から借り入れた残**債務2,500万円**を引き受ける。

法務の視点

贈与契約は,無償の片務契約であるため,贈与者は,瑕疵担保責任等を負わないこととされています（民法551）。ただし,受贈者が一定の負担をすること

を条件とする負担付贈与については，瑕疵担保責任，その他の双務契約に関する規定が準用されます（民法553）。

税務の視点

不動産の譲渡に関する契約書は，印法別表一「課税物件表」1号の1の文書に該当しますが，これには，無償の譲渡（贈与）も含まれます。この1号の文書に該当する契約書に記載された契約金額は，譲渡の対価の金額ですが，贈与契約には譲渡の対価がないことから，贈与契約書を作成した場合は，契約金額の記載のない文書として扱われます（印基通23）。

負担付贈与契約書についても，原則として，通常の贈与契約と同様に契約金額の記載のない契約書となります。ただし，負担する価額が，贈与物件の価額と同等またはそれ以上である場合，実質的には，売買契約や交換契約と認められ，契約金額の記載がある契約書として扱われます。

また，負担付贈与は，法人税，消費税において，対価を得て行う譲渡として扱われます。

	印紙税の取扱い	法人税の取扱い	消費税の取扱い
負担の価額 <贈与物件の時価	契約金額の記載のない文書	時価より低額の譲渡として処理	負担額に対して課税
負担の価額 ≧贈与物件の時価	負担金額を契約金額とする文書	時価より高額の譲渡として処理	負担額に対して課税

A 負担の価額＜贈与物件の時価の場合

（1） 印紙税の処理

Aでは，負担の価額である借入金1,000万円が，贈与物件である建物の時価2,000万円を下回ります。

負担の価額1,000万円＜建物の時価2,000万円

このような場合には，通常，実態としても，売買や交換ではなく，贈与であると考えられます。そのため，負担のない通常の贈与契約と同様に，契約金額の記載のない1号の文書として扱われ，200円の印紙を貼付する必要がありま

100　第 2 章　契約類型別の税務のポイント

す。　**➡ 1 章2.5（ 2 ）印紙税額の計算方法**

（ 2 ）　法人税の処理

　Aの取引は，法人税でも，建物の譲渡契約として取り扱い，時価2,000万円の建物を1,000万円で売買した場合と同じ処理になります。つまり，時価より低額での譲渡となります。具体的な処理については，　**➡ 2 章1.4 時価より低額での譲渡**。

（ 3 ）　消費税の処理

　消費税は，対価を得て行われる一定の取引に対して，課税されますので（消法 2 Ⅰ⑧），原則として，贈与には，消費税は課税されません。

　ただし，負担付贈与については，「負担」を対価として，贈与物件を取得する取引と考えられますので，消費税の課税対象となります。消費税の対象となる金額は，譲渡する資産の時価ではなく，授受される対価の額です（消法28Ⅰ，消基通10-1-1）。

　つまり，**A**では，法人税の場合と同様に，時価2,000万円の建物を1,000万円で売買した場合と同じ処理となり，1,000万円に対して，消費税が課税されます。

　なお，法人が役員に対して，無償または著しく低額（概ね時価の50％未満）で資産を譲渡した場合には，時価[1]で譲渡があったものとして，消費税が課税されます（消法 4 Ⅳ②，28Ⅰ・Ⅱ）[2]。

B　負担の価額≧贈与物件の時価の場合

（ 1 ）　印紙税の処理

　Bでは，負担の価額である借入金2,500万円が，贈与物件の建物の時価2,000万円を上回ります。

　負担の価額2,500万円 ＞ 建物の時価2,000万円

　このケースでは，負担の価額2,500万円と建物の時価2,000万円が対価関係に

1　棚卸資産の贈与の場合，仕入価額以上で，第三者に通常販売する価額の概ね50％以上の金額を対価の額として申告することもできます（消基通10-1-2）。
2　個人事業主が，事業用の資産を家事のために消費・使用した場合も同様です（消法 4 Ⅳ①）。

あり，実質的に代金2,500万円の売買契約と認められます。そのため，2,500万円の契約金額の記載のある１号の文書として扱われ，２万円[3]の印紙を貼付する必要があります。 ➡ 1章2.5（2）印紙税額の計算方法

なお，負担付贈与契約書は，１号の文書（不動産の譲渡に関する契約書）および15号の文書（債務引受けに関する契約書）に該当しますが，この場合には，１号の文書として扱われます（印法通則３イ）。

（２）　法人税の処理

Ｂの取引は，法人税でも，時価2,000万円の建物を2,500万円で売買した場合と同様に取り扱います。つまり，時価より高額での譲渡となります。具体的な処理については，➡ 2章1.3 時価より高額での譲渡。

（３）　消費税の処理

Ｂでは，法人税の場合と同様に，時価2,000万円の建物を2,500万円で売買した場合と同じ処理となり，2,500万円に対して，消費税が課税されます。

3　この場合，2014年４月１日から2018年３月31日までに作成された不動産譲渡に関する契約書については，１万円に軽減されています。➡ 1章2.5（2）印紙税額の計算方法

2 請負・委任契約（業務委託・代理店・サービス提供等）

2.1 契約期間の表示方法 ［印紙税］

POINT
◆ 期間に応じて対価を支払う継続的な請負契約等では，契約期間の定め方により，印紙税の税額が異なります。

設例 複数の行為を目的とする契約や１つの行為が継続的に行われる契約については，契約期間という概念が存在します。例えば，月額20万円の固定料金の継続的なサービス提供契約で，更新も含めて３年程度の契約期間を見込んでいるとします。A契約期間３年間で自動更新なしのケース，B契約期間１年間で自動更新ありのケース，C契約期間の定めなしのケースを想定します。

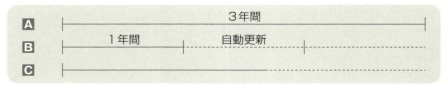

A	第○条（契約期間） 　　本契約の有効期間は，○年○月○日から３年間とする。
B	第○条（契約期間） 　　本契約の有効期間は，○年○月○日から１年間とする。ただし，当該期間満了の１ヶ月前までに，甲または乙から相手方に対し契約を**更新しない旨の通知がない場合，本契約は，同一条件で１年間更新**されるものとし，以後も同様とする。
C	第○条（解除等） 　１．本契約は，○年○月○日より**有効**とする。 　２．甲または乙は，３ヶ月以上前に，相手方に書面で通知することにより，本契約を解除できるものとする。

2.1 契約期間の表示方法 **103**

■ 法務の視点

継続的な取引を行う契約の期間は，契約当事者双方の合意によって決まるのが原則です。契約期間の定めがない場合には，業務の性質上，一定の条件で業務が完了するようなものを除き，いずれかの当事者が契約を解除するか，当事者双方が合意解除しない限り，契約が続くことになります[1]。

■ 税務の視点

印紙税額（貼付する印紙の額）は，契約書に記載されている契約金額等によって決まります。請負に当たる業務委託契約書等において，月額の料金が決まっている場合，契約期間の記載方法によって，次の表のとおり，契約金額の算出方法が異なり，印紙税の額も変わることがあります。

契約期間	印紙税法上の契約金額
契約期間の定めあり	契約期間中の総額
契約期間＋自動更新の定めあり	更新後を含まない契約期間中の総額
契約期間の定めなし	記載なし

A 契約期間の定めがある場合

契約書に記載されている単価・数量・記号等により契約金額が計算できる場合，その算出された金額が契約金額とされます（印法通則4ホ(1)）。月単位等で金額を定めている契約書で，契約期間の記載があるものは，その月単位等の金額に契約期間の月数等を乗じた総額が契約金額となります。

Aでは，契約期間が3年間ですので，月額20万円×36ヶ月間＝720万円が契約金額となり，請負契約であれば[2]印法別表一「課税物件表」2号の文書に該当し，1万円の印紙を貼付する必要があります。**→ 1章2.5(2)印紙税額の計算方法**

1　継続的契約の解除を制限する裁判例もあります（大阪地判平成17年9月16日判例時報1920号96頁等）。
2　サービス提供契約は，一般に，請負契約，準委任契約，両者の混合契約等に該当する可能性があります。**→ 2章2.3 請負と委任の区別**

104　第2章　契約類型別の税務のポイント

B　契約期間・自動更新の定めがある場合

　Bでは，契約期間が1年間で，自動更新の定めがあります。更新が予定され
ていたとしても，印紙税における契約金額の算出の際に対象となるのは，確定
している1年間のみで，更新後の期間は含みません（印基通29）。そのため，
月額20万円×12ヶ月間＝240万円が契約金額となり，請負契約であれば[3]印法
別表一「課税物件表」2号の文書に該当し，1,000円の印紙を貼付する必要が
あります。**➡ 1章2.5(2)印紙税額の計算方法**

C　契約期間の定めがない場合

　一方，月額の料金が決まっていても，契約期間の記載のない契約については，
契約金額を計算できませんので，契約金額の記載がないものとして扱われます
（印基通29）。

　契約条項Cでは，契約期間の開始時期は記載されていますが終了時期が記載
されていません。つまり，契約期間が決まっておらず，契約金額が計算できな
いため，契約金額の記載のない文書とされます。なお，複数の取引を前提とす
る契約である場合，印法別表一「課税物件表」2号の文書（請負契約書）と7
号の文書（継続的取引の基本となる契約書）の両方に該当することになります
が，2号の文書に契約金額の記載がないときには，7号が優先して適用され，
4,000円の印紙を貼付する必要があります（印法通則3イ）。**➡ 1章2.5(2)印紙
税額の計算方法**

3　前掲注2

2.2 注文書の記載方法 **105**

2.2 注文書の記載方法 ［印紙税］

POINT
◆ 注文書・請書により契約を締結する場合，記載内容によっては，双方の文書が印紙税の課税対象となる可能性があります。

**2.2
請負
他**

設例 売買，工事等の請負等の契約締結の際，契約当事者双方が署名または記名・押印した契約書ではなく，注文書の書式を用いるとします。

　特に，継続的に同種の取引が繰り返される場合には，基本的な取引条件に関する基本契約を締結した上で，個別の取引については，注文書を用いて契約を締結する場合があります。また，契約内容があまり複雑でない場合等には，基本契約の有無にかかわらず，注文書を用いる場合もあります。

　提出済の見積書に基づいて交付する注文書上に，請書について，**A**記載があるケース，**B**記載がないケースを想定します。

A	注文書
	当社は，○年○月○日付の貴社見積書（No.○○○）のとおり，注文します。
B	注文書
	当社は，○年○月○日付の貴社見積書（No.○○○）のとおり，注文いたします。
	なお，**本注文を承諾いただける場合，請書をご提出下さい。**

法務の視点

　契約は，申込とこれに対する承諾により成立します。契約当事者双方が署名または記名・押印する契約書は，申込と承諾の双方の合致した意思が記載された書面と言えます。これに対し，注文書は，契約の「申込」に当たります。注文書に対する「承諾」により，契約が成立しますが，民法では，一部の例外を除き，基本的に特定の形式での意思表示は要求されておらず，承諾の意思表示は，書面，電子メール，口頭等，どのような方式でも構いません。実務上は，必ずしも明示的な承諾に限らず，黙示的な承諾等により，契約を成立させるこ

106 第2章 契約類型別の税務のポイント

ともあります。例えば，一定期間内に承諾しない旨の意思表示をしない場合には契約成立とすることを予め合意しておいたり，注文書を受領後，承諾の意思表示をしないうちに契約の履行に着手したりする等の方式による場合です。

　いずれの方式による承諾でも，法的には，契約が成立することに，変わりはありません。ただし，口頭の承諾だけでは，後々，承諾があったか争いになるリスクも考えられますので，契約が成立した証拠として，承諾の意思表示をする書面（「請書」，「承諾書」，「承り書」等と呼ばれます。）を交付しておくのが望ましいと言えます。

　なお，契約条項**B**のように請書により契約成立とすることが明記されていない場合（契約条項**A**の場合）でも，請書を提出することは，もちろんあり得ます。

■ 税務の視点

　契約は，上記のとおり，申込と承諾によって成立するため，契約申込の意思を表示した文書である「申込書」，「注文書」，「発注書」，「依頼書」等は，原則として，印紙税の課税対象とはなりません。しかし，これらの標題の文書であっても，次のような文書については，契約の成立等を証する文書，すなわち，契約書として扱われます（印基通21）。

① 契約当事者間で合意した基本契約書，規約・約款等に基づく申込であることが記載され，一方の当事者の申込により，相手方の明示的な意思表示がなくても自動的に契約が成立することとなっている場合の申込書等（ただし，相手方の当事者が別途，請書等の契約の成立を証明する文書を作成することが記載されているものは除きます。）

② 見積書，その他相手方の当事者が作成した文書等に基づく申込であることが記載されている申込書等（ただし，相手方の当事者が別途，請書等の契約の成立を証明する文書を作成することが記載されているものは除きます。）

③ 契約当事者双方の署名または記名・押印がある文書

A 見積書に基づく注文書（請書に関する記載なし）

　契約条項**A**は，相手方の当事者が作成した見積書に基づき注文する文書です

ので，上記②に該当し，契約の成立を証する文書として扱われます。例えば，注文の内容が請負であれば，印法別表一「課税物件表」2号の文書として印紙税の課税対象となります。

また，注文書には請書等に関する記載はありませんが，注文書を受領した相手方の当事者が請書等を作成，交付すれば，その請書等も契約を証する文書として，印紙税の課税対象となります。

B 見積書に基づく注文書（請書に関する記載あり）

一方，契約条項Bには，注文書を受領した相手方が別途，請書を作成，提出することにより，契約が成立することが明記されています。そのため，注文書が作成，交付された段階では，契約は未成立であるため，この注文書は，上記②但書に該当し，印紙税の課税対象となりません。結果的に，相手方が作成，交付する請書のみが契約を証する課税文書に該当し，印紙税の課税対象となります。

2.3 請負と委任の区別 [印紙税]

POINT
◆ 業務委託契約やサービス提供契約の性質には，請負，委任等がありますが，その業務内容等によって，印紙の貼付が必要な場合と不要な場合があります。

設例 乙が経営するある事業について，甲にコンサルティングを委託するとします。**A**報告書の提出が予定されているケース，**B**報告形式が契約で決まっていないケースを想定します。

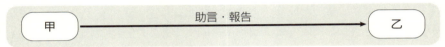

A	第○条（業務の内容） 1. 甲は，乙に対し○○事業に関する助言を行う。 2. 甲は，業務の進捗に応じて**定期的に報告書を作成**して乙に提出する。
B	第○条（業務の内容） 1. 甲は，乙に対し○○事業に関する助言を行う。 2. 前条の助言に関する**報告方法については，別途協議**の上，決定する。

法務の視点

コンサルティング契約の法的性質には，請負契約，委任契約（厳密には，委託内容が法律行為以外の場合は準委任契約），請負と委任の混合契約等が考えられます。

請負と委任の違いは，仕事を完成させる義務があるかどうかで，請負にはその義務があり，委任にはありません。**A**では，契約において報告書の作成が明記されています。コンサルティング業務において，報告書を成果物として完成させることに意味のある契約であれば[1]，請負契約に該当すると考えられます。

一方，**B**では，報告方法が契約上で定められていません。口頭でのアドバイ

---

1 例えば，経理処理のために，業務内容とは直接関係のない形式的な報告書を提出するような場合には，「報告書を提出する」というだけでは，請負とは判断できません。

スのみ等，特定の業務の完成義務を負わないものであれば，委任契約ということになります。なお，法的には，業務の実態によっては，**A**，**B**ともに，請負と準委任の混合契約に当たる可能性も考えられます。

税務の視点

　税務上も法的な考え方と同様に，委託内容が仕事の完成であり，その成果物と報酬が対価関係にある場合は，請負契約とされます。請負契約書は，印法別表一「課税物件表」2号の文書に該当し，印紙税の課税対象となります。また，委託内容が助言等の業務であって，必ずしも完成を約束しないものは，委任契約とされます。委任契約書は，印紙税の課税対象とはなりません。

　このように請負と委任では，印紙税法上の取扱いが異なりますが，実際の契約では両者が混合して記載されている等，その区分が容易ではないケースも少なくありません。印紙税法では，このように，請負とその他の事項が混然一体として記載された契約書は，請負に該当する文書として扱われます（印法通則2）。

A　請負契約（または請負と委任の混合契約）の場合

　Aにおいて，報告書を成果物として完成させることに意味があれば，少なくとも，報告書作成の部分は「請負」に該当します。助言という完成を目的としない「委任」との混合契約という考え方もあり得ますが，いずれにしても，印紙税法上は，上記のとおり，請負に該当する契約書として，課税対象の文書となります（印法別表一「課税物件表」2号の文書）。なお，複数の取引を前提とする場合には，継続的取引の基本となる契約書（7号の文書）にも該当する可能性がありますので，注意が必要です。

B　委任契約（または準委任契約）の場合

　一方，**B**における業務内容は「助言」で，特定の成果等の完成を目的としておらず，成果物等と報酬が対価関係にありません。そのため，委任契約であると考えられ，委任契約書は，印紙税の課税対象とはなりません。なお，契約自体は委任契約であっても，委託内容（例えば売買の委託）によっては，継続的取引の基本となる契約書（7号の文書）に該当することがあります。

2.4 請負・準委任と雇用の区別 ［消費税・所得税］

POINT
◆ 一定の業務の実施等に関する契約が，請負契約・準委任契約か雇用契約かは，実態に基づいて判断され，①消費税の対象となるか，②源泉徴収される所得税額に違いが生じます。

設例　Webサイトの制作会社である甲は，人員が不足したため，1年間にわたり，個人事業主のWebデザイナーである乙に，デザインの一部を依頼します。

　A時間・場所的な拘束がなく，業務の実施方法に裁量があるケース，**B**時間・場所的な拘束があり，全般的に依頼者の指示に従うケースを想定します。

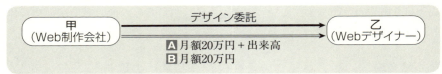

A　第○条（デザインの委託）
1．甲は，乙に対し，Webサイトのデザイン（以下「本業務」という。）を委託し，乙は，これを受託する。
2．乙は，本業務において，Webサイトごとに，**デザインを完了次第，甲の確認を得る**ものとする。
3．甲は，本業務の対象となる新たなWebサイトのデザインを乙に依頼するごとに，乙と**協議の上**，当該デザインの**納期を決定**する。
4．甲は，**乙の要望に応じて，乙が甲の事業所内で本業務を実施**することを承諾し，その場合，本業務に必要な設備等を乙に提供する。
5．前項の場合，乙は，甲が定める**セキュリティ規程**に従う。

第○条（報酬）
1．甲は，毎月末日までに，当月の報酬20万円を，**源泉所得税を控除**の上，乙に支払う。
2．前項にかかわらず，1ヶ月間に，乙が○**ページ以上のデザイン**について前条第3項の確認を得た月については，別途，協議の上，前項の**報酬を増額**する。

B 第○条（デザインの委託）

　1．甲は，乙に対し，Webサイトのデザイン（以下「本業務」という。）を委託し，乙は，これを受託する。

　2．乙は，本業務の詳細について，**甲の指示に従う**ものとする。

　3．乙は，**甲が指定する納期**までに，Webサイトごとのデザインを完成させるものとする。

　4．乙は，**毎週月曜日から水曜日の9時から17時まで，甲の事業所内で本業務を実施**するものとし，甲は，本業務に必要な設備等を乙に提供する。

　5．乙は，甲が定める**服務規程，その他の内規**に従う。

第○条（報酬）

　　甲は，毎月末日までに，当月の報酬20万円を，**源泉所得税及び社会保険料等を控除**の上，乙に支払う。

法務の視点

　個人が会社等で業務を実施する場合，その個人と会社等との契約については，雇用契約か，請負契約・準委任契約か，必ずしも明確でない場合があります。

　雇用契約では，使用者（会社等）の指揮命令の下で業務を実施し，基本的に，勤務時間・場所に拘束されます。一方，請負契約・準委任契約では，注文者・委任者（会社等）から，注文・委任に伴う指示は受けるものの，自分の裁量で具体的な方法を決定して業務を行います。また，特定の時間・場所での役務提供に意味があるような場合を除けば，基本的に，時間や場所には拘束されません。

　請負・準委任については，民法は，基本的に対等な当事者間での契約を想定しています。これに対し，雇用については，労働基準法をはじめとする労働法により，弱い立場である労働者を保護するために，雇用契約の内容等が規制されています。

　そのため，労働法の適用を免れるために，実態は雇用関係のある従業員であるにもかかわらず，請負等の形式をとって個人事業主として扱われることがあります。このようなケースは「偽装請負」等と言われますが，労働法が適用されるかは，契約の形式だけではなく，実態により判断されます。

112　第2章　契約類型別の税務のポイント

税務の視点

　消費税の課税対象となる国内の取引は，事業として対価を得て行われる資産の譲渡・貸付，役務提供です（消法2Ⅰ⑧）。この「事業として」とは，対価を得て行われる資産の譲渡・貸付，役務提供が，反復，継続，独立して行われることをいいます（消基通5-1-1）。従業員が所属会社等で実施する業務については，反復，継続していますが，会社から独立して実施していませんので，「事業」には該当しません。

　そのため，甲が支払う報酬が，消費税の課税対象となるかについては，デザインする行為が「事業として」行われたかどうかにより，次の表のとおり，取扱いが異なります。

　なお，乙（個人）が受け取る報酬については，所得税の源泉徴収の対象となりますが，所得区分は，基本的に次の表のとおりです[1]。 **➡ 1章2.3所得税の概要**

資産の譲渡・貸付，役務提供の事業性	消費税の 課税の有無	所得税の 所得区分
事業性あり （個人事業主としての役務提供等）	課税対象	事業所得
事業性なし（従業員としての勤務等）	不課税	給与所得

A　請負契約・準委任契約の場合

　契約条項**A**は，次のような内容となっています。

	契約内容	独立性に影響する要素
①	各Webサイトのデザインが完了した時点で，甲の確認を得る。	デザインの完成までの過程については，基本的に，甲から詳細な指示を受けない。
②	納期は，甲乙協議の上で決定する。	納期は，甲が一方的に指定せず，乙が関与して決定する。
③	乙が要望する場合には，甲の事業所内で業務を実施できる。	時間的・場所的な拘束はなく，乙の裁量で実施場所・時間を決定できる。

1　事業所得と給与所得の区分について，最判昭和56年4月24日判例時報1001号34頁参照。

2.4 請負・準委任と雇用の区別 **113**

④	乙が，甲の事業所内で業務を実施する場合には，甲から必要な設備等が提供される。	乙は，甲の事業所内で業務を実施しない場合，必要な設備等を自ら用意する。
⑤	乙は，甲が定めるセキュリティ規程に従う。	乙が従う甲の規程は，事業所に立ち入る上で，必要な範囲のみ。
⑥	一定の分量を超えたデザインについては，報酬が増額される。	業務の成果に応じて，報酬が変動する。
⑦	乙を甲の社会保険に加入させる旨の定めがない。	乙を従業員として扱った手続はなされていない。

　このように，乙の業務実施の場所・時間，方法等については，ある程度，乙の裁量にゆだねられており，乙は，甲から「独立して」デザインを行っているものと認められます。そのため，乙によるデザインは，「事業として」行われた役務提供であり，デザイン料として，乙に支払われる報酬については，消費税の課税対象となります[2]。

　また，デザイン料については，100万円以下の場合は10%，100万円を超える部分については20%の所得税を源泉徴収する必要があります[3]（所法204Ⅰ①，205①，所令320，所基通204-6）。

B 雇用契約の場合

　契約条項Bは，次のような内容となっています。

	契約内容	独立性に影響する要素
①	業務の詳細については，甲の指示に従う。	制作途中の過程を含めて，全般的な指示を受ける。
②	納期は，甲が指定する。	納期は，甲が一方的に指定し，乙はこれに従う。
③	月曜日～水曜日の9時から17時に，甲の事業所内で業務を実施する。	業務時間，業務場所が拘束される。

2　国税不服審判所裁決平成21年9月17日裁決事例集78巻473頁参照。
3　2013年1月1日～2037年12月31日の所得については，復興特別所得税をあわせて，100万円以下の場合は10.21%，100万円を超える部分については20.42%の源泉徴収が必要です。

④	常に，甲から必要な設備等が提供される。	常に，甲の設備等を使用して業務を行う。
⑤	乙は，甲の服務規程，その他の規程に従う。	乙が従う甲の規程は，全般的で限定なし。
⑥	報酬額は，固定されている。	業務の成果にかかわらず，拘束時間に対して報酬が発生する。
⑦	乙を甲の社会保険に加入させる。	乙を従業員として扱った手続がなされている。

　上記の要素を総合すると，乙は，時間的・場所的に拘束されて，全般的に甲の指示に従う等，甲の直接的な指揮監督の下にあると言えます。そのため，乙は，甲から「独立して」デザインを行っているものとは認められません。つまり，乙から甲への「事業として」行われる役務提供ではなく，実質的な雇用関係に基づく労働であると認められます。さらに，契約条項**B**では，乙から社会保険料を徴収しており，外形的にも，雇用契約であると認められる要素があります。

　そのため，乙の業務については，消費税の課税対象とはなりません。また，乙に支払われる報酬は，実質的には給与であるため，源泉徴収する所得税額は，給与所得の源泉徴収税額表[4]によって算出することになります。

4　給与の額や扶養親族等の数等に応じて源泉徴収すべき所得税額を示した一覧表（賞与については，「賞与に対する源泉徴収税額の算出率の表」）

2.5 業務委託・派遣・出向の区別 [消費税・所得税]

POINT
◆ 自社の従業員を他社の業務に従事させる場合，業務委託（請負・委任等）・派遣・出向等の違いにより，消費税・源泉所得税の取扱いが異なります。
◆ これらの違いは，業務の実態に応じて判断されます。

設例 甲は，自社の従業員丙を乙の業務に従事させるために乙の事業所に常駐させ，乙から金銭を受領するとします。

そのための契約形態として，A業務委託，B派遣，C・D出向を選択したケースを想定します。

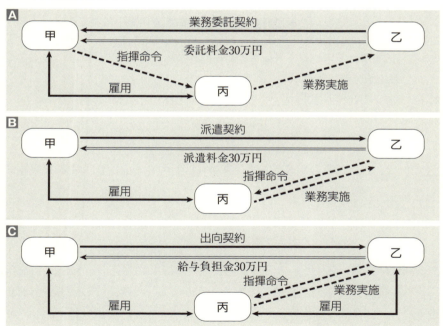

116 第2章 契約類型別の税務のポイント

A 第○条（業務委託）
　1．乙は，システム開発（以下「本業務」という。）**を甲に委託し**，甲は，これを受託する。
　2．乙は，本業務の実施場所として，乙の事業所を無償で甲に提供する。
　3．本業務の甲の担当者は，丙とする。
第○条（業務委託料）
　　乙は，前条の**業務委託の対価**として，月額30万円を甲に支払う。
第○条（労務管理等）
　　甲は，本業務の従事者に対し，指揮監督し，労働関連法令に基づく責任を負う。

B 第○条（派遣）
　　甲は，甲の従業員丙を乙に**派遣**し，乙の業務に従事させる。
第○条（派遣料金）
　　乙は，前条の**派遣料金**として，月額30万円を甲に支払う。

C 第○条（出向）
　　甲は，甲の従業員丙を乙に**出向**させる。
第○条（給与負担）
　1．出向期間中の丙の給与は，甲の基準により，甲が支給する。
　2．乙は，丙の**給与負担金**として，月額30万円を甲に支払う。

D 第○条（出向）
　1．甲は，甲の従業員丙を乙に**出向**させる。
　2．丙は，乙のシステム開発業務（以下「本業務」という。）に従事する。
第○条（給与負担）
　　甲は，丙による本業務の進捗に応じて，毎月，その対価を乙に請求し，乙は，これを支払う。

法務の視点

　自社の従業員を他社の業務に従事させる方法としては，「業務委託」（請負・準委任等），「派遣」，「出向」が考えられます。

　「業務委託」では，受託者（甲）が委託者（乙）から特定の業務を受託し，甲の従業員（丙）がこれを実施します。この際，乙の事業所内で業務を行う場合であっても，丙は，基本的に甲から指揮命令を受けます。

　「派遣」では，派遣会社（甲）の従業員（丙）が，派遣先（乙）から直接指

揮命令を受けますが，雇用関係は，甲と丙の間にあります。このような派遣事業を行うには，甲は，派遣法[1]に基づく許可・届出が必要です。

「出向」では，甲の従業員（丙）は，出向先（乙）から直接指揮命令を受けます。甲と丙の間の雇用関係は保持したまま，乙と丙の間でも雇用関係が生じます。

派遣法や労働法の規制を潜脱するために，請負等の契約形態がとられることがあり，「偽装請負」等と呼ばれます。規制の対象となるかは，契約形態にかかわらず，直接指揮命令を受けているか，時間的・場所的な拘束を受けているか等の実態に即して判断されます。

税務の視点

甲が，その従業員丙を乙の業務に従事させることによって，乙から受領する金銭については，業務委託料，派遣料金，給与負担金等のいずれかと考えられます。税務においても，契約書の名称等にかかわらず，業務の実態により，上記のいずれに該当するのかを判断し，次の表のとおり，対価について処理します。

業務の実態	消費税の取扱い
業務委託	課税対象
派遣	課税対象
出向	不課税

A 業務委託

Aでは，甲の従業員丙は，甲の指揮命令の下，甲が乙から受託した業務に従事することとなっています。

乙から甲に支払われる業務委託料は，受託業務の実施という役務提供の対価として支払われるものですので，消費税の課税対象となります。

1　労働者派遣事業の適正な運営の確保及び派遣労働者の保護等に関する法律

118　第2章　契約類型別の税務のポイント

B　派遣

Bでは，甲の従業員丙は，甲から乙に派遣され，乙の指揮命令の下，乙の業務に従事します。

乙から甲に支払われる派遣料金は，派遣という一種の役務提供の対価として支払われるものですので，消費税の課税対象となります（消基通5-5-11）。

C　出向（乙の指揮命令下・月給の場合）

Cでは，甲の従業員丙は，乙に出向し，乙の指揮命令の下，乙の業務に従事します。丙の給与は，乙が給与負担金を甲に支払った上で，甲から丙に支給することとなっています。

出向の際の従業員の給与は，契約条項Cのように「出向元から支給される場合」と，「出向先から支給される場合」がありますが，実際の負担者にかかわらず，支給する法人が源泉徴収する必要があります。**→ 1章2.3(4)源泉所得税**

給与の支払は，消費税法上，課税対象となっていませんので（不課税），給与と同じ性質の給与負担金についても，消費税は課税されません（消基通5-5-10）。

なお，出向先が出向元に支払う給与負担金と出向元から出向者に支給する給与との間に差額がある場合，その差額について，合理的な理由がないと，寄附金として，課税されます。**→ 1章3.4 寄附金と受贈益**

給与負担金 ＜給与の場合	出向元の給与水準の方が高く，その格差を補正するために，出向元が補填している等，合理的な理由がないと，出向元から出向先への経済的利益の供与があったものとして，差額が寄附金に計上されます。
給与負担金 ＞給与の場合	親会社から子会社への出向で，差額は経営指導料に当たる等，合理的な理由がないと，出向先から出向元への経済的利益の供与があったものとして，差額が寄附金に計上されます。なお，経営指導料に当たる場合，その差額は，消費税の課税対象となります。

D 出向（甲の指揮命令下・進捗に応じた支払の場合）

Dでは，甲の従業員丙は，乙に出向し，乙の業務に従事することになっていますが，実態としては，乙の指揮命令を受けることなく乙のシステム開発を完成させるとします。また，給与負担金については，丙の業務の進捗を基に甲が金額を算出し，甲から乙に毎月，請求することになっています。

このように，出向契約という名目の契約を締結していたとしても，実態として，①丙が乙の指揮監督を受けない，②業務に必要な資材や用具等を丙が自ら揃える，③報酬額を甲が計算して請求書を発行する等といった状況である場合には，乙から甲に支払われる金銭は，給与負担金ではなく，業務委託料と認定される可能性があります。業務委託料と認定されれば，Aと同様に，消費税が課税されます。

120　第2章　契約類型別の税務のポイント

2.6　時価より高額・低額でのサービス提供 [法人税等]

POINT
◆　時価より高額・低額な価格による取引は，合理的理由がない場合，寄附金の
計上等，通常の取引とは異なる税務処理がされます。

設例　取引金額が，時価と乖離している場合，いずれかの当事者に不利にな
りますので，通常は，時価に近い金額で取引されます。しかし，実際には，
グループ会社間の取引等，様々な事情により，時価と異なる価格で取引され
ることがあります。

　甲が乙から時価500万円相当のサービス提供を受ける場合に，料金が**A**時
価のケース，**B**時価より高い900万円のケース，**C**時価より低い100万円の
ケースを想定します。

A　第○条（サービス料金） 　　　本サービスの料金は，**500万円**とする。
B　第○条（サービス料金） 　　　本サービスの料金は，**900万円**とする。
C　第○条（サービス料金） 　　　本サービスの料金は，**100万円**とする。

法務の視点

　契約内容については，契約自由の原則により，基本的に，契約当事者が自由
に合意することができます。取引価格が，時価から乖離していても，それが当
事者間で合意した価格であれば，有効な契約です。

　例えば，不当に高額または低額な取引を行った場合，独占禁止法に違反する
可能性がありますが，違反したとしても，直ちに契約が無効となるわけではな
く，その違反が公序良俗に反するときには無効となる（民法90）というのが判
例[1]の立場です。このように，取引価格が，時価から乖離していることを理由

1　取引価格に関する事案ではありませんが，最判昭和52年6月20日民集31巻4号449頁参照。

2.6　時価より高額・低額でのサービス提供　　**121**

に，契約が無効となるのは，極めて例外的な場合です。

税務の視点

　法人税法では，法人が，個人と異なり，営利を目的とした合理的行動をとるものと考え，経済合理的な「時価」での取引を行うことを前提として規定されています。

　そのため，時価より高額・低額な価格でサービス提供をした場合には，その価格設定について合理的な理由がない限り，次の表のとおり，通常の取引とは異なる課税関係が生じます。

	時価より高額	時価より低額
サービス利用者	価格－時価＝寄附金	時価－価格＝受贈益
サービス提供者	価格－時価＝受贈益	時価－価格＝寄附金

　「時価」とは，独立した第三者間の取引で通常成立する価額を意味するとされていますが，資産の時価の算定（➡ 2章1.3 時価より高額での譲渡，1.4 時価より低額での譲渡）と比べても，サービス提供料金の時価を算定するのは，困難な側面があります。時価の算定については，移転価格税制における独立企業間価格の算定方法が参考になります。➡ 2章6.3 海外の関連会社との取引価格（移転価格）

A　時価でのサービス提供

（1）　サービス利用者（甲）の処理

　甲が乙に支払うサービス料金500万円は，費用として認識され損金に算入されます。

（2）　サービス提供者（乙）の処理

　乙が甲から受領するサービス料金500万円は，収益として認識され益金に算入されます。

122 第2章 契約類型別の税務のポイント

Ｂ 時価より高額でのサービス提供

（1） サービス利用者（甲）の処理

　時価よりも高額の料金でサービス提供を受けた場合，著しく高額か否かにかかわらず，時価による取引があったものとされ，時価と料金との差額については，サービス利用者（甲）から提供者（乙）への経済的利益の供与があったものとされます。この利益の供与は，法人間の取引においては，原則として，寄附金とされ[2]（法法37Ⅷ），損金算入が制限されます。その結果，法人税の対象となる所得は，大きくなります。**➡ 1章3.4 寄附金と受贈益**

　Ｂでは，甲は，時価500万円を上回る900万円の料金で乙からサービス提供を受けていますので，差額400万円が寄附金として扱われます。つまり，時価でサービス提供を受ければ，乙は，500万円の支払で済んだところ，実際には，900万円を支払っているため，その差額400万円については，税務上，サービスの料金ではなく，寄附金として扱うということです。

　　　料金900万円 － 時価500万円 ＝ 寄附金400万円

　その結果，500万円は，Ａと同様に，サービス料金として損金に算入されますが，寄附金の400万円については，損金算入が制限されることになります。

（2） サービス提供者（乙）の処理

　サービス料金900万円と時価500万円との差額400万円は，利用者（甲）からの受贈益として益金に算入されます（法法22Ⅱ）[3]。この受贈益400万円は，上記（1）の甲から乙への寄附金に対応するものです。時価でのサービス提供であれば，乙は，500万円の料金を受領する権利しかないにもかかわらず，実際には，これを超える900万円を受領しているため，差額の400万円については，サービス提供の対価ではなく，甲から経済的利益の供与を受けたものとして扱うということです。

　　　料金900万円 － 時価500万円 ＝ 受贈益400万円

2　事業に関係のある者への接待，供応，慰安，贈答などの行為のために支出する費用に該当する場合は，交際費となります（措法61の4）。

3　甲と乙が100％の親子会社である場合，甲は寄附金の全額について損金に算入できず（法法37Ⅱ），これに対応して乙が計上する受贈益は益金に算入しません（法法25の2）。

乙にとっては，料金が時価と乖離しているかどうかは，サービス料金900万円として計上するか，サービス料金500万円＋受贈益400万円として計上するかの違いがあるだけで，いずれも900万円が収益として計上されることには変わりません。そのため，基本的に法人税の対象となる所得額への影響はありません。また，消費税も，時価にかかわらず，実際の料金900万円に対して課税されます。

なお，上記(1)・(2)は，法人間の取引の場合の処理ですが，当事者の一方または両方が個人の場合の処理については，時価より高額での資産譲渡の場合とほぼ同様です。ただし，資産の譲渡ではないため，譲渡損益は関係しません。

➡ 2章1.3 時価より高額での譲渡

C 時価より低額でのサービス提供

（1） サービス利用者（甲）の処理

時価よりも低額の料金でサービス提供を受けた場合，著しく低額か否かにかかわらず，時価と料金との差額については，経済的利益の供与を受けたものとして，収益として認識され益金に算入されます（法法22Ⅱ）。

Cでは，時価500万円を下回る100万円の料金でサービス提供を受けていますので，甲においては，時価との差額400万円が受贈益として益金に算入されます。甲は，時価でサービス提供を受ける場合，500万円を支払う必要があるはずですが，実際には，100万円の支払で済んでいるため，その差額を収益として計上するのです。

> 時価500万円 － 料金100万円 ＝ 受贈益400万円

ただし，甲は，同時に，サービス料金を500万円として費用に計上するため，実際には，トータルで，-100万円となり，時価100万円のサービス料金を支払った場合と同じ結果になります。そのため，法人税の対象となる所得額には影響しません[4]。

---

4 厳密にはこのような処理になりますが，課税への影響がないため，実務上，税務申告書では，収益・費用の各400万円の記載を省略するのが一般的です。

（2） サービス提供者（乙）の処理

　時価500万円と料金100万円の差額400万円は，原則として，サービス利用者（甲）への寄附金（経済的利益の供与）として扱われます（法法37Ⅷ）。時価でサービス提供すれば，乙は，さらに400万円の代金を受領できたにもかかわらず，これを受領しなかったため，甲へ400万円の経済的利益を供与したものとして扱うということです。税務上，サービス提供の対価を時価500万円として収益を計算することにより，実際に授受された代金額100万円との間に400万円のギャップが生じますが，これを寄附金で埋めることになります。

　　　時価500万円 － 料金100万円 ＝ 寄附金400万円

　寄附金として扱われる場合には，損金算入が制限され，その結果，法人税の対象となる所得が大きくなります。➡ 1章3.4 寄附金と受贈益

　なお，上記(1)・(2)は，法人間の取引の場合の処理ですが，当事者の一方または両方が個人の場合の処理については，時価より低額での資産譲渡の場合とほぼ同様です。ただし，資産の譲渡ではないため，譲渡損益は関係しません。➡ 2章1.4 時価より低額での譲渡

2.7　検収方法と収益計上時期　[法人税]

POINT
◆ 目的物の引渡しを必要としない請負契約の場合，検収方法により，収益の計上時期が早まる場合があります。

設例　一定の業務を委託し，その実施状況について，報告を受けるとします。委託する業務の内容は，物・ソフトウェア等の制作，修理・保守等の作業，営業活動など様々なものが考えられます。

ここでは，委託業務の結果について，委託者がA確認をしないケース，B確認をするケースを想定します。

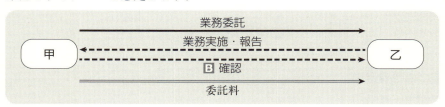

A　第○条（検収方法）
1. 乙（受託者）は，業務の実施状況について，**毎月，甲（委託者）に報告書を提出**する。
2. 甲は，毎月の業務実施の対価として，翌月末日までに委託料を乙に支払う。

B　第○条（検収方法）
1. 乙（受託者）は，業務が完了次第，その結果について，**甲（委託者）に報告書を提出**する。
2. 甲は，前項の**報告書を受領後，1週間以内にその内容を確認**し，業務の実施状況に不具合がある場合には，乙に対し補正するように求めることができる。
3. 乙は，甲から報告内容が問題ない旨の確認を受けた場合，または，甲の報告書受領から1週間以内に前項の補正の請求がない場合，甲に委託料に関する請求書を発行する。

法務の視点

　「業務委託契約」の法的性質には，請負契約，委任契約（厳密には，委託内容が法律行為以外の場合は準委任契約），請負と委任の混合契約などが考えられます。

　請負と委任の違いは，仕事を完成させる義務があるかどうかで，請負にはその義務があり，委任にはありません。例えば，「コンサルティング業務」を委託する場合，報告書等の成果物を主眼に置いたものであれば請負契約の性質が強く，アドバイスのみであれば準委任契約の性質であるということになります。

　契約条項**B**は，業務実施結果に問題がないか確認してから，対価を支払っているので，請負契約であると推察されます。一方，契約条項**A**だけを見ると，業務実施結果を確認せずに対価を支払っているようですので，準委任契約である可能性が高いと考えられます。もっとも，請負か準委任かという契約の性質は，このような外形的な手続だけでなく，業務の実質によって判断されます。

税務の視点

　請負・委任等による収益（売上）の計上時期は，目的物を引き渡した日に計上する「引渡基準」または役務の提供が完了した日に計上する「完成基準」が原則です（法基通2-1-21の7）。検収方法を明確に規定していない場合は，いつが役務提供の完了時期かわかりにくいものですが，月ごとに締め日がある場合，次の表のように，収益を計上します。目的物の引渡を必要としない契約の場合には，特に注意が必要です。

毎月の業務実施結果の検収	収益計上時期
検収なし	毎月の業務完了時
検収あり	検収時

　目的物の引渡または役務の提供が完了しているにもかかわらず，代金が未確定の場合には，適正に見積もって計上します。その場合，予想される事情を考慮して合理的に見積もらなければなりません。その後確定した代金との間に差額が生じたときには，その確定した年度で修正することになります（法基通2-1-1の10）。

A 定期的な報告のみの場合

Aでは，受託者（乙）が，同種の業務を継続的に，または，多量に請け負って，委託者（甲）は，業務実施量に従って代金を支払います。このような場合は，業務の実施状況について，委託者に完了した業務の報告書を提出するごとに，つまり，毎月，収益を計上しなければなりません。

B 業務の実施状況について確認を行う場合

一方，**B**では，受託者（乙）が提出した完了報告書に関して，委託者（甲）から報告内容が問題ない旨の確認を受けたとき（または，委託者の報告書受領から1週間以内に補正の請求がないとき）に，契約による報酬請求権が確定し，収益を計上することになります。なお，1つの請負契約であっても，その請け負った業務の一部が完了し，その完了した都度その割合に応じて代金を収入する旨の特約がある場合は，その都度収益に計上しなければなりませんので，注意が必要です。

検収方法をどのように定めるかによって，請負契約による報酬請求権が確定するのが早まれば，受託者の代金の収入時期が早まりますが，一方で，収益の計上時期，それに伴う納税の時期が早まり，受託者の資金繰りに影響します。検収方法に関する条項を検討するにあたっては，委託者の財務状況を考慮して付与した与信枠と受託者の資金繰りとのバランスを考慮して検収方法を決定する必要があります。

2.8 未確定の請負代金の収益計上 ［法人税］

POINT
◆ 目的物の引渡，または，役務の提供が完了しているにもかかわらず，代金が未確定の場合には，適正に見積もって収益に計上します。

設例 甲は，建設業者である乙に，甲の施設の修繕工事を依頼しました。工事は，仕様変更を経た上で，乙の事業年度末までに，概ね終了し，甲はその施設の使用を再開しましたが，代金はまだ支払われていません。

Ⓐ契約上，仕様変更が予定されておらず，実際にも仕様の変更がなく工事が進んだケース，Ⓑ契約上，仕様変更が予定されており，実際に仕様変更があって，代金が確定していないケースを想定します。

Ⓐ　第○条（工事代金）
　　工事代金は，1,000万円とする。
Ⓑ　第○条（工事代金）
　　工事代金は，1,000万円とする。ただし，**仕様の変更，その他の理由により乙の作業量に変動があった場合**，甲及び乙は，協議の上，**工事代金を変更する**。
　　第○条（仕様変更）
　　甲及び乙は，協議の上，本工事の仕様を変更することができる。

法務の視点

Ⓐでは，契約上，仕様変更が予定されていませんが，そのような場合でも，もちろん，当事者間で合意の上，仕様を変更することは可能です。ただし，契約締結当初から仕様変更が想定されている場合，Ⓑのように，契約上にも記載しておいた方が，事実上，仕様変更に関する協議は，円滑に進みやすいものと

2.8 未確定の請負代金の収益計上　**129**

考えられます。

　なお，建設工事の請負契約においては，「当事者の一方から設計変更，工事の延期，工事の中止の申出があった場合の工期・代金の変更，損害の負担，これらの算定方法」について定める必要があります（建設業法19Ⅰ⑤）。

■ 税務の視点

　請負による収益の額は，原則として，次の時期に認識し，益金に算入します（法基通2-1-21の7）。

物の引渡	収益計上時期
あり	目的物の全部を完成して相手方に引き渡した日
なし	役務の全部を完了した日

　ただし，建設工事，特注の機械の製造，ソフトウェア開発といった請負契約で，長期大規模工事に該当する契約[1]については，各事業年度末に，工事等の進捗に応じた収益を計上しなくてはなりません（工事進行基準）。また，長期大規模工事の要件に該当しない請負契約については，工事完成時に収益を計上する処理（工事完成基準）となりますが，会計上で工事進行基準を採用しているときには，税務上も工事進行基準となります（法法64）。

	会計上の取扱い	税務上の取扱い
長期大規模工事	工事進行基準	工事進行基準
長期大規模工事以外	工事進行基準	工事進行基準
	工事完成基準	工事完成基準

A 修繕工事が概ね完了している場合

　建設工事等の請負契約において，上記の「引渡の日」は，工事の種類・性質，契約の内容等に応じて合理的と認められ，収益計上の日として継続的に選択している日です。例えば，次のような日がこれに当たります（法基通2-1-21の

1　①工事期間1年以上，②代金10億円以上，③代金の半分以上の支払期限が，引渡期日から1年より後でないことの全てを満たす契約（法法64，法令129）。

8）

① 作業を完了した日

② 相手方の受入場所へ搬入した日

③ 相手方が検収を完了した日

④ 相手方において使用収益ができることとなった日

Aでは，代金は1,000万円と確定しています。また，施設の修繕工事は，乙の事業年度末までに，甲が使用を再開できる程度まで完了していますので，その事業年度で1,000万円を収益として計上することになります。

B 代金が未確定の場合

Bでは，仕様変更による作業量の変動があった場合，代金を変更することとされており，実際に仕様変更が行われたため，代金は確定していません。

事業年度末において，工事の途中での中止や仕様変更等によって工事代金が確定していない場合，事業年度末の現況により適正に見積もって収益を計上します。その場合，予想される事情を考慮し，相手先に提示した原価明細書等を基礎にして，合理的に見積もることになります。その後，確定した代金との間に差額が生じたときは，代金の確定時に金額を修正します（法基通2-1-1の10）。

例えば，元請業者→下請業者→孫請業者という形態の契約で，下請業者が孫請業者に工事代金を支払わないまま倒産した場合，孫請業者が元請業者に代金相当額を請求することもあります。この孫請業者のように，契約の相手方以外から損害賠償金等の名目で支払を受ける場合，支払を受けることが確定した事業年度，または，実際に支払を受けた事業年度で，収益に計上するのが原則です（法基通2-1-43）。ただし，この支払を受ける金銭の実質は，工事代金（収益）ですので，請負工事の原価について，工事が完了した事業年度で費用として計上した場合，費用と収益を対応させて計上しなければなりません。そのため，上記の法人税基本通達にしたがった処理は行わずに，費用計上したのと同じ事業年度で損害賠償等の見積額を収益に計上します。このように，損害賠償を請求しなければならないような時も想定して，適正に損害賠償額を見積もれるようにしておく必要があります。

2.9 代理店に対する広告宣伝用物品の提供 [法人税]

POINT
- メーカーが代理店に対して広告宣伝用の物品を無償または廉価で提供する場合で，そのための支出の効果が1年以上に及ぶときは，メーカーは，繰延資産として償却する必要があります。
- 無償または廉価で専ら広告宣伝用でない物品の提供を受けた代理店は，受贈益を計上する必要があります。

設例 化粧品メーカー甲が，自社商品に関する代理店契約を締結している乙に対し，様々な広告宣伝用の物品を無償で提供するとします。**A**看板等の専ら広告宣伝用の物品のケース，**B**陳列棚等の広告宣伝以外の用途もある物品のケース，**C**一般消費者向けでない景品のケースを想定します。

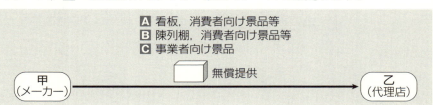

A	第○条（広告宣伝用物品の提供） 　甲（メーカー）は，乙（代理店）に対し，甲の社名及び商品名を表示した**看板，ネオンサイン，どん帳及び一般消費者向けキャンペーン用景品**を無償で提供する。
B	第○条（広告宣伝用物品の提供） 　甲（メーカー）は，乙（代理店）に対し，甲の社名及び商品名を表示した**陳列棚，冷蔵庫，自動車，商品容器及び一般消費者向けキャンペーン用景品**を無償で提供する。
C	第○条（広告宣伝用物品の提供） 　甲（メーカー）は，乙（代理店）に対し，甲の社名及び商品名を表示した**美容室向けキャンペーン用景品**を無償で提供する。

132　第2章　契約類型別の税務のポイント

■ 法務の視点

　代理店契約を締結する場合，広告宣伝ツール等をどちらの当事者が作成するのか（メーカーが統一的なツールを作成し提供するのか，各代理店が独自の創意工夫により作成するのか），その費用負担はどうするか等を取り決めておくことがあります。

■ 税務の視点

　メーカー等が，自社商品に関する代理店契約等に基づいて，代理店等に，広告宣伝用の資材を提供する場合，①メーカー等にとっては，いつ損金として処理できるか，②代理店等にとっては，その資材の提供を受けたことについて，経済的利益を受けたものとして処理する必要があるかが問題となります。次の表のとおり，用途，支出の効果が及ぶ期間，価額等により，取扱いが異なります。

	支出の効果	メーカーの処理	代理店の処理
専ら広告宣伝用	1年未満	全額損金算入	経済的利益なし
	1年以上	支出額20万円未満：全額損金算入	
		支出額20万円以上：繰延資産	
専らではないが広告宣伝用	1年未満	全額損金算入	経済的利益なし
			経済的利益30万円超：受贈益計上
	1年以上	支出額20万円未満：全額損金算入	経済的利益なし
		支出額20万円以上：繰延資産	経済的利益30万円超：受贈益計上
事業者向け景品	—	原則，交際費	同一年度で使用すれば処理不要

A 専ら広告宣伝用の資産の場合

（1） メーカー（甲）の処理

① 支出の効果が１年未満の場合

メーカーから代理店に提供される広告宣伝用の資材が，期間限定のキャンペーンのチラシのように，１年未満の短期間で使用されるものの場合，メーカーがその資材の提供のために支出した費用は，その事業年度において，全額を損金に算入することができます。

② 支出の効果が１年以上の場合

一方，メーカーが代理店に対し，広告宣伝用の資産を無償または著しく低い対価で提供する場合で（法基通８−１−８），この広告宣伝のための支出の効果が１年以上に及ぶときは，一時の費用として全額をその事業年度の費用とすることはできず，繰延資産として計上し，複数年度にわたって償却する必要があります。ただし，支出額が20万円未満の場合は，支出した年度において，その全額を費用として認識し損金に算入することができます（法令134）。

「無償での提供」には，資産自体の提供に限らず，代理店等による広告宣伝用の資産の購入費用をメーカーが負担することも含みます（法基通８−１−８）。また，メーカーから代理店に資産を貸与する形態をとっていたとしても，その資産が消耗品のような再利用困難なもので，代理店契約等が解除されない限り，返還する必要のないような場合は，贈与したものと認定される可能性があります。

Aでは，看板，ネオンサイン，どん帳といった１年以上の使用が想定される資産がメーカー（甲）から提供されています。そのため，メーカーは，その広告宣伝用の資産の提供のため支出した額を繰延資産として計上し，その資産の耐用年数の70％に相当する年数（ただし最長５年間）を償却期間として，複数年度にわたって費用化することとなります（法基通８−２−３）。

（2） 代理店（乙）の処理

代理店は，原則として，メーカーから広告宣伝用の資産を無償，または，低額（メーカーがその資産の取得のために負担した金額よりも低い価格）で譲り

受けた場合，専ら広告宣伝目的であるときを除き，メーカーの負担金額と代理店の負担金額との差額について，経済的利益を受けたものとして，受贈益を計上する必要があります。

ただし，**A**のように，専ら広告宣伝用のために使用される看板，ネオンサイン，どん帳のようなものの場合，上記の差額の有無にかかわらず，経済的利益の額はないものとされます。そのため，**A**において，代理店（乙）が，無償で提供を受けた資産については，経済的利益の額はないものとされ，受贈益を計上する必要はありません。

B 専ら広告宣伝用でない資産の場合

（1） メーカー（甲）の処理

メーカー（甲）が代理店（乙）に対して提供する資産が，広告宣伝用ではあるが，"専ら"広告宣伝用であるとまでは言えない場合，メーカー側の処理については，**A**と同様です。つまり，**B**においても，支出の効果が1年未満であれば，その事業年度で全額を損金に算入し，1年以上であれば繰延資産として計上して複数年度にわたって償却することになります。20万円未満の場合に，全額を損金に算入できることも，**A**と同様です。

（2） 代理店（乙）の処理

Bにおいて，代理店（乙）が提供を受けた陳列棚，冷蔵庫，自動車，容器については，広告宣伝以外にその物本来の機能もあり，代理店がその便益を受けますので，"専ら"広告宣伝用であるとまでは言えません。一方で，メーカー（甲）の商品名や社名が表示されていることから，広告宣伝を目的としていることは明らかです。

このような場合，代理店が受けた経済的利益の額は，次のように算出され，提供を受けた物品を資産に計上する[1]とともに，経済的利益の額を受贈益として計上します。ただし，その金額が30万円以下であるときは，経済的利益の額はないものとされます（法基通4-2-1）。

1 　少額減価償却資産（1章3.3（2）注9）の場合は，消耗品費等が計上されます。

2.9 代理店に対する広告宣伝用物品の提供 **135**

$$受贈益（経済的利益）＝メーカーが資産の取得のために負担した額 \times 2/3$$
$$－代理店がメーカーに支払った譲渡の対価（無償の場合 0 円）$$

C 一般消費者向けでない景品の場合

（1） メーカー（甲）の処理

Cで，メーカー（甲）が代理店（乙）に提供するキャンペーン用景品は，一般消費者向けである**A**・**B**の景品とは異なり，美容室向けのものです。一般消費者向けの景品を提供する費用は，広告宣伝費として損金に算入できますが，美容室向けの景品が，最終的に一般消費者に提供されるものでない場合，景品の提供に必要な費用は，取引の謝礼等として支出するものとして，交際費等とされます。

交際費等とは，交際費，接待費，機密費その他の費用で，法人が，その得意先，仕入先その他事業に関係のある者等に対する接待，供応，慰安，贈答等のために支出する費用をいいます[2]。交際費等のうち，資本金や支出内容に応じた一定の範囲を超える部分は，損金に算入できません（措法61の4）。

ただし，製造業者・卸売業者が，取引先に対して，物品を提供する場合で，次の①・②に該当するときは，提供に必要な費用を交際費等とせず，販売促進費その他の費用として損金に算入することができます。

① リベート等と同じ基準で，次のいずれかに該当する物品を提供するとき（措基通61の4（1）-4）

・概ね3,000円以下の少額物品であること

・取引先が販売し，または，事業に使用することが明らかであること

② いわゆる景品引換券付販売または景品付販売により，次の全てに該当する景品を提供するとき（措基通61の4（1）-5）

・景品（引換券については，引き換え後の物品）が少額物品であること

・提供者が，景品の種類・金額を確認できるもの

---

2 売上に応じたリベート（➡2章1.6 継続的取引におけるリベートの計上時期），取引先の営業地域の特殊事情・協力度合い等に応じた金銭の支出は，交際費等に該当しません（措通61の4（1）-3）。ただし，取引先の従業員に対する金品の支出については，特約店のセールスマンに対する報奨金等を除き，交際費等に該当します（措通61の4（1）-13，61の4（1）-15（9））。

（2） 代理店（乙）の処理

　代理店は，原則として，メーカーからキャンペーン用の景品を無償，または，低額（メーカーがその景品の取得のために負担した金額よりも低い価格）で譲り受けた場合，メーカーの負担金額と代理店の負担金額との差額について，経済的利益を受けたものとして，受贈益を計上する必要があります。

　しかし，メーカーから提供を受けた景品について，その事業年度中に，代理店がキャンペーン対象の美容室に提供した場合，受贈益と同額の販売促進費，その他の費用が計上されます。その結果，法人税の対象となる所得額に影響がないため，実務上は，代理店（乙）が，会計・税務処理を省略することも認められています。

2.10　サービスの初期料金と中途解約［法人税・消費税］

POINT
◆ サービスの中途解約に伴って生じる逸失利益を補てんするための解約金は，損害賠償金として消費税の課税の対象とはなりません。

設例　甲は，契約期間 2 年間，利用料金総額240万円で，業務の効率化のためのサービスを提供しています。甲は，サービスの提供開始に先立ち，導入の効果に関する調査を行います。ユーザーである乙は，調査の結果，導入効果を見込めない場合には，サービスの利用を取り止めることができますが，その場合，甲に150万円を支払う必要があります。
ここでは，次の 4 つのケースを想定します。
　A 調査料金を150万円とし，利用開始時にこれを免除する。
　B 調査料金を150万円とし，利用開始後の利用料金（月額10万円）にこれを充当する。
　C 調査料金を150万円とし，利用料金（月額10万円）は15ヶ月間無料とする。
　D 利用開始前に解除する場合，150万の違約金が発生する。

A　第○条（調査）
　1．甲は，本サービスの利用開始に先立ち，乙における本サービスの導入効果に関する調査を行う。
　2．乙は，前項の調査終了後，10日以内に，**調査料金150万円**を甲に支払う。
第○条（本サービスの利用）
　1．本サービスの利用期間は，利用開始日から 2 年間とする。
　2．本サービスの**利用料金は，月額10万円**とする。

138 第2章 契約類型別の税務のポイント

3．乙が，本サービスの**利用を開始した場合**，甲は，前条第2項の**調査料金を免除**する。

4．乙は，前条の調査の結果，導入効果が見込まれない場合，本サービスの利用開始前に，本契約を解除することができる。ただし，調査料金の支払は免れないものとする。

B 第〇条（調査）

1．甲は，本サービスの利用開始に先立ち，乙における本サービスの導入効果に関する調査を行う。

2．乙は，前項の調査終了後，10日以内に，**調査料金150万円**を甲に支払う。

第〇条（本サービスの利用）

1．本サービスの利用期間は，利用開始日から2年間とする。

2．本サービスの**利用料金は，月額10万円**とする。

3．乙が，本サービスの利用を開始した場合，甲は，前条第2項の**調査料金を利用開始月から起算して15ヶ月分の利用料金に充当**する。

4．乙は，前条の調査の結果，導入効果が見込まれない場合，本サービスの利用開始前に，本契約を解除することができる。ただし，調査料金の支払は免れないものとする。

C 第〇条（調査）

1．甲は，本サービスの利用開始に先立ち，乙における本サービスの導入効果に関する調査を行う。

2．乙は，前項の調査終了後，10日以内に，**調査料金150万円**を甲に支払う。

第〇条（本サービスの利用）

1．本サービスの利用期間は，利用開始日から2年間とする。

2．本サービスの**利用料金**は，次の各号のとおりとする。

（1）利用開始日から**15ヶ月間　無料**

（2）**16ヶ月目以降**　　　　　　　**月額10万円**

3．乙は，前条の調査の結果，導入効果が見込まれない場合，本サービスの利用開始前に，本契約を解除することができる。ただし，調査料金の支払は免れないものとする。

D 第〇条（調査）

1．甲は，本サービスの利用開始に先立ち，乙における本サービスの導入効果に関する調査を行う。

2．前項の**調査料金は，次条の利用料金に含まれる**ものとする。
第○条（本サービスの利用）
　1．本サービスの利用期間は，利用開始日から2年間とする。
　2．本サービスの**利用料金は，月額10万円**とする。
　3．乙は，次の各号の**違約金**を甲に支払うことにより，本契約を解除することができる。
　（1）**利用開始前の場合は，150万円**
　（2）利用開始後の場合は，残期間分の利用料金

法務の視点

　A～**D**は，料金等の名目は異なるものの，いずれも，①サービスを利用する場合は2年間で総額240万円，②サービスを利用しない場合は150万円を支払う内容の契約です。

　支払時期が異なる他は，法的にも実質的な違いはないものと考えられます。

税務の視点

　A～**D**は，上記「法務の視点」のとおり，甲が受領する総額は同じです。ただし，調査の結果，サービスを利用しない場合には，いずれも初年度に150万円の収益が計上されますが，サービスを利用する場合には，収益の計上時期が異なってきます。

　また，違約金が発生する**D**については，消費税の取扱いが異なります。

A　サービス利用開始時に調査料金を免除する場合

　Aでは，150万円で調査業務を行った後，月額利用料金10万円のサービスの利用を開始します。利用開始の際，調査料金150万円は，免除され，支払う必要がありません。

　免除された調査料金150万円は，調査終了後のサービス利用を条件に免除したもので，甲，乙ともに，料金の値引きとして処理します。初年度のサービス利用が6ヶ月間とした場合，契約期間2年間の各年度における甲の収益，乙の費用の計上額は，次のとおりです。

140　第 2 章　契約類型別の税務のポイント

	調査料金	利用料金	計
初年度（6 ヶ月間）	－	60万円	60万円
2 年目（12ヶ月間）	－	120万円	120万円
3 年目（6 ヶ月間）	－	60万円	60万円
計	－	240万円	240万円

B　サービス利用開始時に調査料金を利用料金に充当する場合

　Bでは，150万円で調査業務を行った後，月額利用料金10万円のサービスの利用を開始します。調査料金150万円は調査終了後に一括で支払いますが，利用開始の際，15ヶ月分の利用料金に充当します。

　甲，乙ともに，授受された調査料金150万円については，値引きとして処理した上で，甲はサービス料金の前受金，乙は前払金として計上し，15ヶ月間，毎月のサービス利用料金に充当します。初年度のサービス利用が 6 ヶ月間とした場合，契約期間 2 年間の各年度における甲の収益，乙の費用の計上額は，次のとおり，Aと同じになります。

	調査料金	利用料金	計
初年度（6 ヶ月間）	－	60万円	60万円
2 年目（12ヶ月間）	－	120万円	120万円
3 年目（6 ヶ月間）	－	60万円	60万円
計	－	240万円	240万円

　サービス利用しない場合のみに，調査費用が発生する契約内容である場合も，A・Bと同様の処理になります。

C　サービス利用料金を一部無料とする場合

　Cでは，150万円で調査業務を行った後，サービスの利用を開始します。サービスの月額利用料金は，調査費用150万円を支払うことを前提に，15ヶ月間は無料，16ヶ月目以降は10万です。

　乙が支払った調査料金150万円は，甲の収益，乙の費用として，それぞれ計

上されます。サービス開始から15ヶ月までは，無料のため，甲乙とも，会計処理はなく，16ヶ月目以降は，毎月10万円のサービス料について，甲は収益，乙は費用に計上します。初年度のサービス利用が6ヶ月間とした場合，契約期間2年間の各年度における甲の収益，乙の費用の計上額は，次のとおりです。

	調査料金	利用料金	計
初年度（6ヶ月間）	150万円	−	150万円
2年目（12ヶ月間）	−	30万円	30万円
3年目（6ヶ月間）	−	60万円	60万円
計	150万円	90万円	240万円

A・**B**・**C**は，収益・費用の計上時期，支払方法の違いがあるものの，会計・税務上の総額は，契約期間の2年間（3事業年度）で同じになります。

D 違約金が発生する場合

（1） 法人税の取扱い

Dでは，調査料金は発生せず，サービスの月額利用料金は，10万円です。そのため，各年度における甲の収益，乙の費用の計上額は，**A**・**B**と同じになります。

また，**D**では，乙が，サービスの利用開始前，または，利用開始後，契約期間の満了前に，契約を解除する場合，違約金が発生します。初年度のサービス利用が6ヶ月間で，サービス利用開始から9ヶ月経過時（残期間15ヶ月）に中途解約したとすると，各年度における甲の収益，乙の費用の計上額は，次のとおりです。

	利用料金	違約金	計
初年度（6ヶ月間）	60万円	−	60万円
2年目（3ヶ月間）	30万円	150万円	180万円
計	90万円	150万円	240万円

142　第2章　契約類型別の税務のポイント

（2）　消費税の取扱い

　A・**B**・**C**の調査料金・利用料金は，サービス提供の対価であるため，消費税の課税対象となります。一方，**D**の違約金は，サービスの中途解約による甲の売上の逸失分を補填する性質のものですので，損害賠償金として，消費税の課税対象とはなりません（消基通5-2-5）。そのため，利用開始前に解除した場合，**D**では，**A**・**B**・**C**と比較して，サービス利用料金15ヶ月分の150万円に対する消費税額の分，甲は受取額が，乙は支払額が少なくなります。受取額・支払額が増減しても，申告時に仕入税額控除により調整されるのが基本ですが，少なくとも，一時的なキャッシュフローには影響を与えますし，納税額に影響を与える場合もあります[1]。**➡ 1章2.4（2）消費税額の計算方法**

　なお，中途解約における違約金の中には，解約に伴う事務手数料としての性格を持つものがあります。このような事務手数料は，解約手続などの事務を行う役務の提供の対価であるため，消費税の課税の対象となります。また，中途解約に伴う違約金に，解約手数料等に相当する部分と逸失利益等に対する損害賠償金に相当する部分とが含まれている場合で，これらが区分されていないときは，その全体について，消費税の課税対象とはなりません（消基通5-5-2）。

1　課税売上高が5億円超の場合，課税売上割合が95％未満の場合，簡易課税制度を適用している場合等，仕入税額控除による調整が全額に対してなされず，納税額に影響を与えることもあります。

2.11 ソフトウェア改修の修繕費と資本的支出 [法人税]

POINT
- ◆ 機能の維持・回復のための費用は，修繕費として，その事業年度で全額を費用として計上します。
- ◆ 機能の追加・向上のための費用は，資本的支出として扱われ，固定資産の取得価額となり，減価償却により複数年度にわたって費用化されます。

設例 甲は，自社の業務用ソフトウェアの開発を乙に委託し，利用していましたが，機能の改善等のために，乙に，追加開発を委託することにしました。
　Aバグ修正等を委託するケース，**B**機能追加等を伴うバージョンアップを委託するケースを想定します。

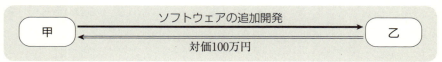

A
第○条（業務委託）
　　甲は，乙に対し，本件ソフトウェアに関する次の各号の開発業務を委託し，乙は，これを受託する。
　（1）**バグの修復**
　（2）**税法改正に伴う価格表示の変更**
第○条（対価）
　　前条の業務の対価は，100万円とする。

B
第○条（業務委託）
　　甲は，乙に対し，本件ソフトウェアに関する次の各号の開発業務を委託し，乙は，これを受託する。
　（1）別紙仕様書記載の**新機能の追加**
　（2）**処理性能の向上**
第○条（対価）
　　前条の業務の対価は，100万円とする。

144 第2章　契約類型別の税務のポイント

法務の視点

　🅰と🅱は，業務の内容が異なる他，特に法的な違いはありません。

　なお，法律上の瑕疵に当たるバグ（不具合）の修復については，乙が当初行った開発の瑕疵担保責任を追及し，無償での修復を求めるという考え方もあります。ただし，ソフトウェア開発にバグの混入は不可避であることから，全てのバグが法律上の瑕疵に当たるとは限らず[1]，また，瑕疵担保責任を追及できる期間にも制限があるため，🅰のような契約が締結されることもあります。

税務の視点

　ソフトウェアは，税務上，無形減価償却資産とされ，その開発費用等[2]については，支出した年度で全額を費用として計上することはできません。販売目的・開発研究用のソフトウェアは3年，その他のソフトウェアは5年にわたって（耐令別表3・6），定額法[3]により減価償却され（法令48の2Ⅰ④），費用化されます。

🅰　機能の維持・回復のための開発の場合

　法人が保有するソフトウェアの修正等を行った場合，その修正等の内容が，機能上の障害の除去，現状の効用の維持等であるときは，その修正等の費用は，修繕費に該当します。

　🅰では，追加開発の内容は，バグ（不具合）の修復，表示方法の変更です。例えば，消費税法の改正によって，取引価格の総額表示[4]が義務付けられたことに伴うソフトウェアの修正は，現在使用しているソフトウェアの効用を維持するためのものと言えます。そのため，🅰の追加開発を行ったとしても，ソフトウェアの価値が向上するわけではありません。

　このような機能の維持・回復のための修正に必要な開発費用，保守サポート

1　東京地判平9.2.18判タ964号172頁参照。
2　自社で開発したソフトウェアの取得価額は，減価償却資産の規定（法令54Ⅰ②）に基づき，ソフトウェア開発のための原材料費，労務費，経費の額とそのソフトウェアを事業に使用するために直接必要な費用の合計額です（法基通7-3-15の2）。
3　➡1章3.3(2)減価償却
4　➡2章8.2消費税の表示

費用等は，修繕費に該当し，**A**では，100万円全額について，支出した事業年度で，費用として認識し損金に算入します。

B 機能の追加・向上のための開発の場合

ソフトウェアの修正等の内容が，新たな機能の追加・向上等であるときは，その費用については，原則として，全額をその事業年度の費用として計上することはできません。

Bのように，既存のソフトウェアの仕様を大幅に変更して，新たなバージョンアップしたソフトウェアを制作するための費用は，原則として，そのソフトウェアの取得価額となります（法基通7-8-6の2）。つまり，このような開発は，新たなソフトウェアの取得と認められ，バージョンアップのための開発費用は，新たなソフトウェアを制作するためのものとして扱われ，そのソフトウェアの取得価額となります。このような支出は，ソフトウェアという固定資産の価値を生み出すものであり，資本的支出と呼ばれます。

甲は，この新たなソフトウェアの取得価額について，法定耐用年数の5年にわたって減価償却して，費用化します。ただし，次の表のように，支出金額が20万円未満の場合（法基通7-8-3(1)）等，一定の場合には，修繕費として処理することも認められています。資本的支出か修繕費かの判定は，概ね次の図の基準にしたがって行います。

146 第 2 章 契約類型別の税務のポイント

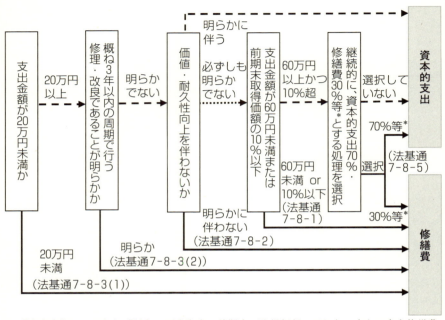

＊ 「支出金額の30％」と「対象の固定資産の前期末の取得価額の10％」の少ない方を修繕費，残額を資本的支出とする。

2.12 外国法人に対する国内外での役務提供等 [消費税]

POINT
◆ 外国法人に対する役務提供については，役務提供地・提供者の所在地・外国法人の国内事業所の関与の有無等によって，消費税の課税対象・免税・不課税となります。

設例 外国法人である甲は，自社商品の広告について，広告会社である乙（日本法人）に対して，広告の企画・制作・掲載等に関する業務を委託します。役務提供地が，**A**国内のみ，**B**国内及び海外，**C**海外のみのケースを想定します。

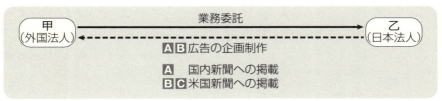

A 第○条（業務委託）
　1．甲は，乙に対し，次の業務を委託する。
　　（1）甲の商品の**広告に関する企画，制作**
　　（2）**日本国内の新聞への広告掲載**の手配
　2．乙は，前項の業務の詳細について，甲の**日本事務所と協議の上，実施**する。
第○条（対価）
　　前条の業務委託の対価は，1,000万円とする。

B 第○条（業務委託）
　1．甲は，乙に対し，次の業務を委託する。
　　（1）甲の商品の**広告に関する企画，制作**
　　（2）**米国内の新聞への広告掲載**の手配
　2．乙は，前項の業務の詳細について，甲の**米国本社と協議の上，実施**する。

148　第2章　契約類型別の税務のポイント

> 第○条（対価）
> 　　前条の業務委託の対価は，1,000万円とする。
> **C** 第○条（業務委託）
> 　　1．甲は，乙に対し，甲の商品の広告の**米国内の新聞への掲載**の手配を
> 　　　委託する。
> 　　2．乙は，前項の業務の詳細について，甲の**米国本社と協議の上，実施**
> 　　　する。

法務の視点

　外国法人との取引について紛争が生じた場合，外国法人の日本国内の事業所所在地，日本における代表者等の住所地にも裁判管轄があります（民訴法4Ⅴ）。この他に，金銭の請求等であれば原則として原告の所在地，不動産に関する請求であれば不動産所在地，不法行為地等にも管轄があります（民訴法5）。

　しかし，契約上で準拠法・管轄について合意がある場合には，これに拘束されますので，注意が必要です。

税務の視点

　消費税の課税対象となる取引は，輸入取引を除き，資産の譲渡・貸付，役務の提供のうち，国内で行われた取引に限られます（**➡1章2.4（1）消費税の課税対象**）。取引が国内で行われたかどうかは，取引時における資産の所在地や役務の提供場所等，次の場所が国内かどうかで判断されます（消法4Ⅲ，消令6）。

（1）　資産の譲渡・貸付

資産の種類	場所
下記以外の資産	資産の所在場所
下記以外で所在不明の資産	譲渡・貸付をする事務所等所在地
船舶・航空機（登録あり）	登録機関の所在地[1]

1　居住者による日本船舶以外の貸付，非居住者による日本船舶の譲渡・貸付の場合は，譲渡・貸付者の住所地。

船舶・航空機（登録なし）	譲渡・貸付をする事務所等所在地
鉱業権・租鉱権・採石権等	鉱区・租鉱区・採石場所在地
特許権・実用新案権・意匠権・商標権・回路配置利用権・育成者権	登録機関の所在地（複数国での登録の場合は，譲渡・貸与者の住所地[2]）
著作権・特別な技術の生産方式	譲渡・貸与者の住所地
公共施設等運営権	公共施設等の所在地
営業権・漁業権・入漁権	事業者の住所地
有価証券	有価証券の所在場所
登録国債	登録機関の所在地
合名会社・合資会社・合同会社・協同組合等持分	合名会社・合資会社・合同会社・協同組合等の住所地
金銭債権	債権者の事務所等所在地
ゴルフ場利用株式等	ゴルフ場等の施設所在地

（2） 役務の提供

役務の種類	場所
下記以外の役務	役務の提供場所
下記以外で提供地が不明な役務	役務提供者の事務所等所在地
旅客・貨物の輸送	出発地・発送地または到着地
通信，郵便・信書便	発信地・差出地または受信地・配達地
保険	保険業者・代理店の事務所等所在地
情報の提供[3]・設計	情報提供者・設計者の事務所等所在地
生産設備等の建設・製造に関する専門的な調査・企画・立案・助言・監督・検査	建設・製造の資材の大部分が調達される場所

2　住所，本店・主たる事務所の所在地。

3　事業者間の電気通信利用役務（➡ 1章2.4 **消費税の概要** 注9）は，役務提供を受ける事業者の事務所等所在地が基準となります。

また，役務の提供場所が国内であっても，契約の相手方が外国法人の場合，次の表の基準により，消費税が免税となる場合があります。

役務提供地等	外国法人の日本事務所との関係	
	関与等あり	関与等なし
国内のみ	課税対象	免税
国内と海外（提供者の所在地は国内）	課税対象	免税
海外のみ	－	不課税

A 役務提供地が国内の場合

（1） 国内取引に当たるか

Aは，役務提供地が日本国内ですので，国内取引に当たります。

（2） 課税か免税か

国内取引であっても，外国人，外国法人といった非居住者に対する役務の提供は，原則として，次の①〜③の取引を除き，輸出取引として，消費税が免除されます（消法7Ⅰ⑤，所令17Ⅱ⑦，消基通7-2-16）。

① 国内の資産の輸送・保管
② 国内での飲食・宿泊
③ ①・②に準ずるもの（国内の旅客・運送等）

Aでは，乙から役務提供を受ける甲が外国法人です。しかし，**A**のように，外国法人（甲）が日本国内に営業所等を持つ場合，次の①・②の両方を満たすケースを除いて，消費税は免除されず，課税されます（消基通7-2-17）。

① 役務の提供が国外の外国法人との直接取引であって，日本国内にある営業所等が直接的にも間接的にも関与しない
② 外国法人の日本国内にある営業所等が行っている業務が，役務の提供に係る業務と同種または関連する業務ではない

Aでは，甲の日本事務所が取引に関与することとなっていますので，上記①の免税の条件を満たさず，消費税が課税されます。仮に，甲が日本国内に営業所等を開設していないとすれば，**A**は，甲への輸出取引となり，消費税が免除

2.12 外国法人に対する国内外での役務提供等　**151**

されます。

B　役務提供地が国内外にわたる場合

（1）　国内取引に当たるか

　役務提供地の厳密な判定が困難な旅客，貨物輸送，通信，郵便，保険，情報提供・設計，調査等については，前記のとおり，個別に定められた場所が国内かどうかで，国内取引に当たるかを判断します。また，それ以外の国内外にわたる役務の提供についても，次の①・②のケースでは，役務提供者の事務所所在地が国内かどうかで判定されます（消令6Ⅱ⑦，消基通5-7-15）。

①　役務提供地が明らかでない

②　国内外の対価が合理的に区分されていない

　Bでは，役務提供地が国内外にわたっており，その対価も国内外の役務について明確に区分されていません。そのため，役務提供者である乙の事務所所在地で判定されることとなり，乙は国内の事業者ですので，国内取引に当たります。

（2）　課税か免税か

　Bでは，甲の日本事務所は，直接的にも間接的にも取引に関与していません。そのため，甲の日本事務所が行う業務が，役務の提供に係る業務と同種・関連のものでなければ，外国法人である甲への輸出取引となり，消費税が免除されます[4]。一方，Aと同様に，甲の日本事務所が関与等している場合には，消費税が課税されます。

C　役務提供地が海外の場合

　Cでは，役務提供地が国外のみですので，国外取引とされ，消費税は課税されません（不課税）。

4　輸出取引として消費税が免除されるためには，①役務提供者，契約の相手方の名称・所在地等，②役務提供の年月日，内容，対価が記載された契約書等の保管が必要です（消規5Ⅰ④）。

3 事業譲渡・株式譲渡契約

3.1 事業譲渡と株式譲渡の違い［法人税・消費税］

POINT
◆ 事業再編は，事業譲渡，株式譲渡等，選択する手法により，税務上の取扱いが大きく異なるため，投資計画等に影響を及ぼすことがあります。

設例 乙は，甲が営む全事業を買収しようとしています。その手法としては，A 甲からの事業譲渡，または，B 甲の親会社である丙からの甲株式の取得を検討しています。

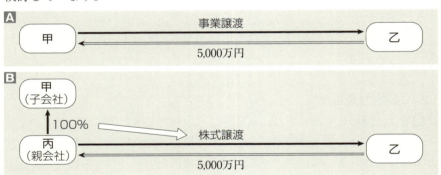

A 第〇条（事業譲渡）
  1. 甲は，乙に対し，〇年〇月〇日をもって，甲の**事業の全部を譲渡**し，乙は，これを譲り受ける。
  2. 甲及び乙は，別紙目録記載のとおり，全ての資産（1億円）及び債務（8,000万円）を譲渡対象とすることを確認する。
  3. 第1項の事業譲渡の対価は，5,000万円とする。

B 第〇条（株式譲渡）
  1. 丙は，乙に対し，〇年〇月〇日をもって，丙が100％保有する甲の**株式全てを譲渡**し，乙は，これを譲り受ける。
  2. 前項の株式譲渡の対価は，5,000万円とする。

法務の視点

（1） 事業譲渡

　甲から乙への事業譲渡が行われると，その事業主体は，甲から乙に交代します。ただし，取引先との契約関係は，当然に承継されるわけではなく，取引先の承諾がない限り，契約を承継することはできません。

　また，事業譲渡においては，承継される資産，債権債務の範囲は，当事者間の合意により決定するのが原則ですので，潜在的な債務に関するリスクを一定程度回避することも可能です。

（2） 株式譲渡

　一方，株式譲渡により，乙が甲を買収する場合は，親会社が丙から乙に交代することになりますが，事業主体は甲のままで変更はありません。そのため，甲と取引先との契約関係にも変動はありません。

　また，乙の子会社となる甲が潜在的に抱える債務等に関するリスクについては，そのまま甲に残りますので，乙は，親会社として間接的にこのリスクを抱えることになります。

税務の視点

　設例の事業譲渡，株式譲渡における法人税・消費税に関する取扱いは，次の表のとおりです。

		法人税の取扱い		消費税の取扱い
		譲受人	譲渡人	
事業譲渡	譲渡価格＞資産・負債の差額	差額を資産調整勘定として損金算入（5年で償却）	差額を事業譲渡時に益金算入	課税対象
	譲渡価格＜資産・負債の差額	差額を負債調整勘定として益金算入	差額を事業譲渡時に損金算入	課税対象
株式譲渡		子会社株式として資産計上	帳簿価額との差額を譲渡益／譲渡損として計上	非課税

154 第2章 契約類型別の税務のポイント

A 事業譲渡

(1) 法人税の取扱い

① 譲渡価格＞資産と負債の差額の場合

譲受人側（乙）の処理としては，事業譲渡において譲渡対象の事業の主要な資産・負債の概ね全部が移転する場合で，「譲渡価格」が「資産と負債の差額」を上回るときは，その上回る額について，資産調整勘定として計上し，その後5年（60ヶ月）に分割して損金の額に算入（償却）します（法法62の8，法令123の10）[1]。

Aは，事業譲渡契約ですが，「譲渡価格5,000万円」が，「資産1億円と負債8,000万円の差額2,000万円」を3,000万円上回ります。この超過額は，取引関係・ブランド力等の収益力（いわゆる「のれん」）と考えられます（**➡ 2章3.3事業譲渡等に伴う借地権の譲渡B**）。この3,000万円については，一旦，資産調整勘定とされ，その後，事業譲渡の年度から5年間にわたって，次の計算式で算出した600万円ずつが各事業年度の損金の額に算入されます[2]。

事業譲渡価格5,000万円 −（資産1億円 − 負債8,000万円）

　　＝資産調整勘定3,000万円

資産調整勘定3,000万円 × $\dfrac{\text{事業年度の月数12ヶ月}}{\text{償却期間60ヶ月}}$ ＝600万円

なお，譲渡人側（甲）では，差額の3,000万円は，事業譲渡が行われた年度の収益として認識し，益金に算入します（法法22Ⅱ）。

② 譲渡価格＜資産と負債の差額の場合

反対に，「譲渡価格」が「資産と負債の差額」を下回る場合には，譲受人側（乙）では，その下回る額を負債調整勘定に計上し，その内容に応じて，次の年度で益金に算入します（法法62の8，法令123の10）。

1　2006年の税制改正以前は，無形減価償却資産である「営業権」として扱われていました。現在，法人税法では，「営業権」とは，独立した資産として取引される慣習のある営業権（法令123の10Ⅰ③）のみを指し，営業権は5年間で償却されます。

2　一般的な減価償却の計算とは異なり，事業年度の途中で事業譲渡が行われた場合でも，月数での按分計算はせず，1年目も1事業年度（12ヶ月）として償却します。

退職給与債務引受額	対象の従業員の退職日が属する年度
短期重要債務見込額	債務の発生年度，または，事業譲渡から3年後の年度の早い方
その他の負債調整勘定	事業譲渡から60ヶ月間の年度 （資産調整勘定と同様）

また，譲渡人側（甲）では，差額は，事業譲渡が行われた年度の損失として，損金に算入します（法法22Ⅲ）。

なお，譲渡価格と資産・負債の差額との間に，差が生じる理由については，→ **2章3.3 事業譲渡等に伴う借地権の譲渡**。

（2） 消費税の取扱い

事業譲渡は，「事業者が対価を得て行う資産の譲渡」に当たるため，消費税が課税されます（消法4Ⅰ）。→ **2章3.2 事業用資産の承継B(2)**

B　株式譲渡

（1） 法人税の取扱い

譲受人（乙）が，株式譲渡において支払う対価は，株式の購入代金ですので，取得した「子会社株式」については，購入代金に，購入に必要な付随費用[3]を加算した金額を帳簿価額として，資産に計上することになります（法令119）。

Bでは，譲受人は，譲渡の対価5,000万円（付随費用がある場合は加算した金額）を帳簿価額として，子会社株式を資産に計上します。その後，この子会社株式の帳簿価額を減額した場合でも，一定の事由[4]に該当しない限り，その減少額は，損金の額に算入されません（法法33）。

---

[3]　有価証券を取得するために要した通信費，名義書換料の額は，取得価額に含めないことができます（法基通2-3-5）。

[4]　損金の額に算入が認められる場合は，次のとおりです（法法33）。
・資産状態が著しく悪化したため，その価額が著しく低下したこと（同Ⅱ）
・更生計画認可（同Ⅲ）や再生計画認可（同Ⅳ）の決定があったこと
　ただし，完全支配関係にある子会社で，清算中の場合や解散・適格合併が見込まれている場合は除きます（法令68の3）。

156　第2章　契約類型別の税務のポイント

　なお，譲渡人側（丙）では，譲渡価格5,000万円と丙における甲株式の帳簿価額の差額を株式の譲渡損益（プラスの場合は譲渡益，マイナスの場合は譲渡損）として認識し，益金または損金に算入します。

（2）　消費税の取扱い

　株式の譲渡については，株券が発行されていれば「有価証券」，株券が発行されていなければ「有価証券に類するもの」として，その譲渡は，消費税法上，非課税とされており，消費税は課税されません（消法6，別表一）。この点でも，消費税の課税対象となる事業譲渡とは，取扱いが大きく異なります。

3.2 事業用資産の承継 [法人税・消費税・印紙税]

POINT
- 事業用資産の承継の際に，債務の引受けを伴う場合，現物出資，事業譲渡等の方法により，法人税・消費税・印紙税の取扱いが異なります。
- 法人税では，時価取引が原則ですが，組織再編税制やグループ法人税制が適用されるケースでは，例外的な処理が必要です。

設例 甲は，新たに設立された法人である乙に対し，事業に使用する土地（時価1億円，帳簿価額7,000万円）・建物（時価5,000万円，帳簿価額6,000万円）等の資産を承継させます。その際，この事業に関する債務3,000万円も，乙に承継させます。

A資産の譲渡，B事業譲渡，C現物出資のケースを想定します。

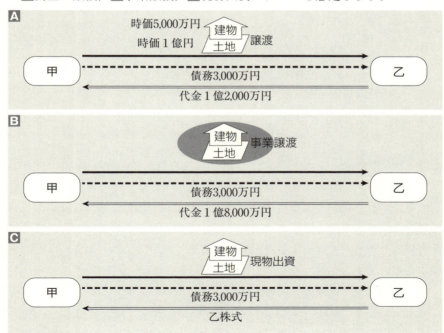

158 第2章 契約類型別の税務のポイント

A 第○条（資産の譲渡）
　　　甲（売主）は，乙（買主）に対し，次の**資産を**1億2,000万円で**譲渡**する。
　　（1）別紙記載の土地（時価1億円）
　　（2）別紙記載の建物（時価5,000万円）
第○条（債務引受）
　　　乙は，甲の別紙記載の債務3,000万円を引き受ける。

B 第○条（事業譲渡）
　1．甲（譲渡人）は，乙（譲受人）に対し，**本事業を**1億8,000万円で**譲渡**する。
　2．甲は，乙に対し，前項の事業譲渡に伴い，次の資産等を承継する。
　　（1）別紙記載の土地（時価1億円）
　　（2）別紙記載の建物（時価5,000万円）
　　（3）別紙記載の債務（債務額3,000万円）
　　（4）本事業に関する取引関係

C 第○条（現物出資）
　　　甲（出資者）は，乙（出資先）に対し，次の資産を**現物出資**する。
　　（1）別紙記載の土地（時価1億円）
　　（2）別紙記載の建物（時価5,000万円）
第○条（債務引受）
　　　乙は，甲の別紙記載の債務3,000万円を引き受ける。

法務の視点

　事業に使用する資産を他の会社等に承継させるには，その資産自体の譲渡の他，事業譲渡，現物出資等の方法が考えられます。

　事業譲渡は，単なる資産の譲渡だけではなく，特定の事業のために組織化され有機的一体として機能する資産，取引関係や雇用関係の全部または一部を承継するものです。

　また，不動産，動産，知的財産権等，金銭以外の財産で出資することを現物出資と言います。500万円を超える財産を現物出資する場合等には，裁判所が選任する検査役または弁護士・公認会計士等の専門家により，その価額が適正であることの確認を得る必要があります（会社法207）。

税務の視点

　法人税では，資産の譲渡（売買，贈与，現物出資等の資産を移転させる行為）は，実際の譲渡が有償か無償かを問わず，原則として，時価による譲渡があったものとして処理します（➡ **2章1.3 時価より高額での譲渡，1.4 時価より低額での譲渡**）。ただし，次の表のとおり，組織再編や100％グループ会社間では例外的な処理が必要となるケースがあります。

承継方法	税制非適格		税制適格
	原則	100％グループ会社	
事業譲渡	時価譲渡	課税の繰延	－
資産の譲渡	時価譲渡	課税の繰延	－
現物出資	時価譲渡	課税の繰延	簿価移転

　また，消費税の課税対象である国内における「資産の譲渡等」とは，事業として対価を得て行われる資産の譲渡・貸付，役務の提供です（消法2Ⅰ⑧，4Ⅰ）。この資産の譲渡等において，課税の対象となる「対価の額」とは，対価として収受する一切の金銭・物・権利，その他経済的な利益の額です（消法28Ⅰ）。

　事業に使用する資産を他の会社等に承継させる際，その方法によって，次のとおり，消費税，印紙税の取扱いが異なります。

	消費税の課税対象	印紙税法上の契約金額
資産の譲渡	譲渡対価のうち，課税対象の資産に対応する額	資産の譲渡の対価
事業譲渡	譲渡対価のうち，課税対象の資産に対応する額	事業譲渡の対価
現物出資	取得する株式の価額に，課税対象の資産の価額の割合を乗じた額	現物出資の出資金額

160 第2章 契約類型別の税務のポイント

A 事業用資産の譲渡契約

（1） 法人税の取扱い

① 原則的な処理

Aでは，甲は，3,000万円の債務の引き受けを条件に，事業に使用していた時価1億円の土地と時価5,000万円の建物を乙に代金1億2,000万円で譲渡しています。これは，時価による取引と言えますので，甲は，次のとおり，譲渡損益（プラスの場合は譲渡益，マイナスの場合は譲渡損）を計上します。なお，引き受けた債務については，「譲渡収入」・「譲渡原価」・「損益」という概念は当てはまりませんが，次の表では，甲が，-3,000万円の負の資産（負債）を3,000万円で買い取ったイメージで記載しています。（以下でも同様です）

	譲渡収入＝時価	譲渡原価＝帳簿価額	損益
土地	1億円	-7,000万円	3,000万円
建物	5,000万円	-6,000万円	-1,000万円
債務	-3,000万円	3,000万円	0円
合計	1億2,000万円	-1億円	2,000万円

また，乙も，時価により，土地・建物を資産に計上し，引き受けた債務を負債に計上します。

② 100％の親子会社間の処理

100％の出資関係にある親子会社・兄弟会社間等[1]は，完全支配関係と呼ばれ，グループ法人税制が適用されます[2]。これは，100％のグループ会社は，実質的に一体として経営される側面があることから，これらのグループ会社を擬似的に1つの法人のようにみなして処理するものです。

甲と乙が完全支配関係にある場合，甲は，上記①の譲渡損益の額について，すぐに，益金または損金に算入せず，一旦，調整勘定繰入額として処理します

---

1 「一の者」が発行済株式の100％を直接保有（親子会社），間接保有（親孫会社）または「一の者」との間に当事者間の完全支配がある法人相互間（兄弟会社）にある関係をいいます（法法2⟨12の7の6⟩）。
2 内国法人である普通法人・協同組合等が対象となり，外国法人等は対象外です。

（法法61の13Ⅰ）[3]。その後，乙が譲渡等[4]をした時点で，調整勘定繰入額を戻入れて，譲渡損益を認識し，益金または損金に算入します（法法61の3Ⅱ，法令122の14Ⅳ）。その結果，乙による譲渡等の時点まで，課税が繰延べられます。

また，乙は，甲の課税の繰延べに関係なく，原則どおり，時価により，土地・建物を資産に計上し，引き受けた債務を負債に計上します[5]。

なお，グループ法人税制の対象となる資産（譲渡損益調整資産）は，移転する資産の種類・状況によって異なりますが，次のとおりです（法法61の13Ⅰ，法令122の14Ⅰ）。移転直前の簿価が1,000万円未満の資産については，対象になりません。

譲渡損益調整資産	簿価の判定単位
金銭債権	1債務者ごと
固定資産（土地・建物・機械等）	1棟，1台，1個ごと
棚卸資産（土地等のみ）	1筆ごと
繰延資産	通常の取引単位ごと
有価証券（売買目的以外）	銘柄ごと

（2） 消費税の取扱い

甲は，土地・建物の譲渡の対価として1億2,000万円を乙から受け取っていますが，同時に，3,000万円の債務を乙に引き受けさせています。これは，本来，1億5,000万円で，土地・建物を譲渡すべきところ，そのうちの3,000万円については，乙から代金として金銭を受領する代わりに，負債を引き受けさせ，債務の消滅[6]という経済的利益を得たものと言えます。そのため，その債務の引受額も，資産の譲渡の対価として考えることになります。**A**では，土地・建物

---

3 甲は，譲渡損益調整資産である旨等を乙に通知する必要があります（法令122の14ⅩⅤ）。

4 譲渡，貸倒れ，除却，減価償却費計上，資産の評価替え等が該当します（法法61の13Ⅱ，法令122の14Ⅳ）。

5 乙は，売買目的有価証券に該当する旨や固定資産の耐用年数等について，甲への回答通知を行う必要があります（法令122の14ⅩⅥ）。

6 法的には，債務引受には，元の債務者にも債務が残る場合（重畳的債務引受）と残らない場合（免責的債務引受）があります。

162 第2章 契約類型別の税務のポイント

の譲渡の対価は，代金1億2,000万円と乙が引き受けた債務3,000万円を合計した1億5,000万円となります。

　この資産の譲渡の対価1億5,000万円のうち，課税対象である建物に対応する額は，下記のとおり5,000万円となり，消費税は，5,000万円に税率を乗じた額となります。

$$譲渡の対価1億5,000万円 \times \frac{建物の時価5,000万円}{土地・建物の時価1億5,000万円} = 5,000万円$$

（3）　印紙税の取扱い

　債務の引受けを条件とした不動産の売買に関する契約書は，印法別表一「課税物件表」1号の不動産譲渡契約書に該当します。**A**では，土地と建物の譲渡の対価である合計1億5,000万円が契約金額となり，10万円[7]の印紙を貼付する必要があります。➡1章2.5（2）印紙税額の計算方法

B　事業譲渡契約

（1）　法人税の取扱い

　事業譲渡の場合は，①資産・負債の時価による譲渡としての損益と②時価と譲渡価額の差額としての損益の2つに分けて考えます。

①　資産・負債の時価による譲渡としての損益

　原則的な処理，グループ法人税制が適用される場合の処理は，いずれも，**A**の場合と同様です。

②　時価と譲渡価額の差額としての損益

　Bでは，甲は，乙に対し，事業譲渡により，事業のために一体として機能する財産を承継させ，その対価として乙から1億8,000万円を受け取っています。ただし，甲は，資産の承継と同時に，3,000万円の債務も乙に承継させています。この債務の承継がなければ，事業譲渡の対価は，さらに3,000万円高くなった

7　この場合，2014年4月1日から2018年3月31日までに作成された不動産譲渡契約書については，6万円に軽減されています。➡1章2.5（2）印紙税額の計算方法

3.2 事業用資産の承継　**163**

はずですので，事業譲渡による資産の譲渡の
対価は，甲が乙から受け取った代金1億8,000
万円と承継した債務額3,000万円を合計した
2億1,000万円となります。この2億1,000万
円から土地の時価1億円と建物の時価5,000
万円を控除した残額6,000万円は，取引関係・
ブランド力等の価値（いわゆる「のれん」）

土地	1億円
建物	5,000万円
債務	−3,000万円
のれん	6,000万円
譲渡代金	1億8,000万円

の対価と考えられます。この処理については，**➡ 2章3.1 事業譲渡と株式譲渡の
違いA**，**3.3 事業譲渡等に伴う借地権の譲渡B**。

（2）　消費税の取扱い

　事業譲渡は，「事業」という組織的有機的一体物の譲渡ではありますが，「事
業」それ自体を一個の資産ととらえて，消費税が課税されるわけではありませ
ん。消費税の課税対象は，「国内において事業として対価を得て行われる資産
の譲渡等」ですが，事業譲渡により承継される対象には，消費税の課税対象の
もの，対象外のもの，資産ではない負債等，様々なものが含まれます。消費税
法では，これらが一体となった「事業」それ自体を一つの対象と考えるのでは
なく，個別の資産ごとに考えます。

　Bの事業譲渡による資産の譲渡を個別に考えると，消費税の課税対象となる
資産は5,000万円の建物と6,000万円ののれんです。そのため，消費税は，これ
らの合計額1億1,000万円に税率を乗じた額となります。

（3）　印紙税の取扱い

　事業譲渡契約書は，印法別表一「課税物件表」1号の文書に該当します。印
紙税法では，事業譲渡契約書における契約金額は，消費税法の考え方とは異な
り，承継対象となる不動産，動産等の個々の金額やその合計額ではありません。
これらが一体となった組織体を譲渡することについて対価として支払われる金
額を契約金額とします（印基通別表一1号の1文書の22）。**B**では，事業譲渡
の代金1億8,000万円が契約金額となり，10万円[8]の印紙を貼付する必要があり
ます。**➡ 1章2.5（2）印紙税額の計算方法**

164 第2章 契約類型別の税務のポイント

C 現物出資契約

（1） 法人税の取扱い

① 原則的な処理

A ・ B の場合と同様です。

② 100%の親子会社間の処理

下記③の税制適格となる場合以外は，A ・ B の場合と同様です。

③ 税制適格現物出資

合併・分割・現物出資・株式交換・株式移転といった組織再編行為を行う場合に，一定の要件を満たすことを「税制適格」といいます。反対に，要件を満たさない場合を「税制非適格」といいます。税制適格の場合，現物出資により移転した資産・負債は，移転直前の帳簿価額で移転したものとして，譲渡損益を認識しません[9]（法法62の4 Ⅰ）。

現物出資の場合の要件は，次のとおりです。

要件（法法2 12の14，法令4の3）	完全支配関係	支配関係	共同事業
	100%	50%超	50%以下
① 被現物出資法人の株式のみを交付	○	○	○
② 現物出資前後で完全支配関係または支配関係が継続	○	○	
③ 移転事業の主要な資産・負債が移転		○	○
④ 移転事業の従業者の概ね80％以上を引継		○	○
⑤ 移転事業が継続見込み		○	○

8　1つの契約書が，不動産譲渡契約書とその他の印法別表一「課税物件表」1号の文書の双方に該当する場合も，A と同様に，6万円に軽減されます。→ 1章2.5(2)印紙税額の計算方法
9　外国法人への国内にある不動産等・負債の移転，外国法人が行う内国法人への国外にある資産・負債の移転，および新株予約権付社債の権利行使に伴う社債の給付は除かれます（法法2 12の14 括弧書，法令4の3 Ⅸ）。

⑥	移転事業と被現物出資法人の事業が関連			○
⑦	関連事業の売上・従業者数等の規模が概ね5倍以内，または，当事者双方が被現物出資法人の特定役員[10]に就任			○
⑧	交付される株式全部を継続保有見込み			○

Cにおいて，税制適格となる場合，甲が現物出資する土地，建物と債務に関する譲渡損益は，現物出資直前の帳簿価額で譲渡したものとされるため，発生しません。

	譲渡収入＝帳簿価額	譲渡原価＝帳簿価額	損益
土地	7,000万円	−7,000万円	0円
建物	6,000万円	−6,000万円	0円
債務	−3,000万円	3,000万円	0円
合計	1億円	−1億円	0円

また，乙は，甲の帳簿価額を引き継ぎ，帳簿価額で，土地・建物を資産に計上し，引き受けた債務を負債に計上します。

（2） 消費税の取扱い

Cでは，甲は，3,000万円の借入債務の引き受けを条件に，自己が営む事業に使用していた時価1億円の土地と時価5,000万円の建物を乙に，現物出資しています。

金銭の出資は，「資産の譲渡等」に該当しないため，消費税の課税対象外ですが，現物出資は，出資という形態をとっているものの，金銭以外の資産の譲渡に当たりますので（消令2Ⅰ②），資産の譲渡等として，消費税の課税対象となります。現物出資により，資産を譲渡する場合，乙が支払う消費税の対象

---

10 社長，副社長，代表取締役，代表執行役，専務取締役または常務取締役で法人の経営に従事している者をいいます（それらと同等に経営の中枢に参画している者も含みます。）。

となる金額は，甲が現物出資により取得する株式の時価です（消令45Ⅱ③）。

Cにおいて，甲が取得する株式の時価は，土地1億円と建物5,000万円の合計額1億5,000万円から負債額3,000万円を控除した1億2,000万円と算定されます。ただし，土地の譲渡は非課税であり（消法6），**C**では，建物の譲渡のみが消費税の課税対象となり，株式の時価のうち，建物に対応する価格は，次のとおり4,000万円となります。

$$株式の時価1億2,000万円 \times \frac{建物の時価5,000万円}{土地・建物の時価1億5,000万円} = 4,000万円$$

そのため，消費税額は，税率10％とすると，次の計算で求められます。

$$株式の時価（建物対応分）4,000万円 \times \frac{100}{110} \times 10\% = 消費税額363万6,364円$$

（3） 印紙税の取扱い

印紙税については，土地の譲渡契約書も建物の譲渡契約書も課税対象となります。不動産，知的財産権等の現物出資に関する契約書は，印紙税法別表第一「課税物件表」1号の「譲渡に関する契約書」に該当します。**C**では，現物出資の出資金額である1億2,000万円が契約金額となり，10万円[11]の印紙を貼付する必要があります。**➡**1章2.5(2)印紙税額の計算方法

---

11 **A**・**B**の場合と同様に，6万円に軽減されています。**➡**1章2.5(2)印紙税額の計算方法

3.3 事業譲渡等に伴う借地権の譲渡 [法人税]

POINT
- 借地権付きの建物の譲渡においては，借地権譲渡の対価も定めておかないと，無償で譲渡されたものとされ，寄附金として扱われます。
- 事業譲渡においては，事業自体の価値により，承継する資産・負債の合計額と譲渡価格とが一致しないことも珍しくありません。

設例 甲は，丙が所有する土地の上に，建物を建てて旅館業を営んでいましたが，赤字が続いているため，この旅館の建物（時価1億円）を乙に譲渡して，旅館の営業も乙に引き継ぐことにしました。なお，丙の土地上で，建物を所有するための土地使用権（借地権）の時価は，3,000万円とします。

その方法として，A建物の売買契約とするケース，B旅館事業の譲渡契約とするケースを想定します。

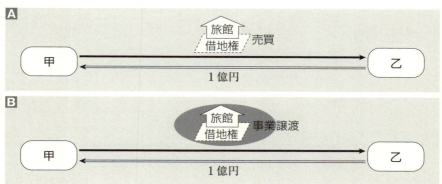

A 第○条（売買）
 1. 甲（売主）は，本件**建物を**乙（買主）**に売り渡し**，乙は，これを買い受ける。
 2. 前項の売買の代金は，1億円とする。
 3. 甲は，甲丙間の本件土地に関する賃貸借契約上の賃借人の地位を乙に移転する。

168　第2章　契約類型別の税務のポイント

> **B**　第○条（事業譲渡）
> 　1．甲（譲渡人）は，本件建物において営む旅館**事業**を乙（譲受人）に
> 　　　**譲渡**し，乙は，これを譲り受ける。
> 　2．前項の譲渡の対価は，1億円とする。

法務の視点

　建物の所有を目的とする借地権（地上権，土地の賃借権）には，借地借家法が適用されます。同法では，借地権の存続期間は最低30年とされ，正当な理由がない限り更新を拒絶できず，これらに反する契約は無効とされる等，賃借人の保護を図っています。このように，一旦，借地権が設定されれば，長期にわたって土地を使用することができるため，借地権自体も取引の対象とされます。借地権付きの土地については，所有者であっても，長期間，直接その土地を使用できない状態となるため，一般的には，借地権付きの土地自体の価格よりも，借地権の価格の方が高くなります。

税務の視点

　借地上の建物の譲渡に際し，借地権の譲渡の対価が授受されない場合，建物の売主から買主に対し，借地権相当額の経済的利益を供与したものとして，処理がされます。

A　建物売買契約の場合

　Aでは，旅館建物が，建物自体の時価である1億円で譲渡されています。借地権については，譲渡の対価に関する記載がありませんが，賃貸借契約上の賃借人の地位が移転されていますので，借地権が無償で譲渡されていることになります。

　このような場合，売主（甲）から買主（乙）に対して，借地権の時価である3,000万円相当の経済的利益を供与したことになります。税務上，売主（甲）は，この3,000万円を甲から乙への寄附金として計上します。寄附金については，損金算入が制限され，その結果，法人税の課税対象となる所得は大きくなります。

一方，買主（乙）は，供与を受けた3,000万円の利益について，受贈益として，収益に計上し，借地権を資産に計上します。**→ 1章3.4 寄附金と受贈益**

B 事業譲渡契約の場合

事業譲渡は，単なる事業用資産の譲渡ではなく，組織化され有機的一体として機能する資産を譲渡するもので，その譲渡対象には，通常，取引関係や雇用関係等の全部または一部も含みます。そのため，事業を譲渡する場合，通常，譲渡金額は，承継する資産の金額（負債も承継する場合はそれを控除した金額）と同じになりません。買収する事業に，強固な販売ルートがあったり，ブランドが確立していたりして，収益を生み出す無形の価値がある場合，譲渡金額は，承継する資産から負債を控除した金額を上回ることになります。この超過額は超過収益力（いわゆる「のれん」）と言われますが，「資産調整勘定」として資産に計上し，5年間（60ヶ月）にわたり月割りで減額し，その減額した金額を損金に算入します[1]（法法62の8 Ⅳ・Ⅴ）。

$$\text{資産調整勘定}\atop\text{の当初計上額} \times \frac{\text{事業年度の月数}}{\text{償却期間60ヶ月}} = \text{各事業年度の}\atop\text{損金算入額}$$

逆に，**B**のように，赤字の事業を譲渡する場合，譲渡価格が，承継する資産から負債を控除した金額を下回ることもあります。このような場合には，その差額は「負債調整勘定」として計上されます（法法62の8 Ⅲ）。この「負債調整勘定」は，いわば「負ののれん」の性質であると考えられます。この負債調整勘定は，当初計上した額を5年間（60ヶ月）にわたって月割で減額し，その減額した金額を益金に算入します（法法62の8 Ⅶ・Ⅷ）。**→ 2章3.1 事業譲渡と株式譲渡の違い**

$$\text{負債調整勘定}\atop\text{の当初計上額} \times \frac{\text{事業年度の月数}}{\text{償却期間60ヶ月}} = \text{各事業年度の}\atop\text{益金算入額}$$

Bでは，乙は，甲から旅館建物と借地権を含む旅館事業を1億円で譲り受けており，負債の引き継ぎはありません。「承継した1億円の建物と時価3,000万

1　2006年の税制改正以前は，無形減価償却資産である「営業権」として扱われていました。現在，法人税法では，「営業権」とは，独立した資産として取引される慣習のある営業権（法令123の10 Ⅰ ③）のみを指し，営業権は5年間で償却されます。

170 第2章 契約類型別の税務のポイント

円の借地権の合計1億3,000万円」と「事業譲渡対価1億円」との差額3,000万円は，負債調整勘定として計上され，5年間にわたって，次の計算式で算出した600万円ずつが各事業年度の益金の額に算入されます[2]。

資産1億3,000万円 − 事業譲渡価格1億円 ＝ 負債調整勘定3,000万円

$$負債調整勘定3,000万円 \times \frac{事業年度の月数12ヶ月}{償却期間60ヶ月} = 600万円$$

なお，**B**では，譲渡価格自体は，合理的な価格であることを前提としています。譲渡価格自体が，時価より低額である場合については，➡**2章1.4 時価より低額での譲渡**。

また，甲と乙が同族会社・親族等である場合，甲が譲渡対象の事業に関する税金を滞納すると，乙が代わりに納付する義務（第二次納税義務）を負うことがあります[3]。

2　一般的な減価償却の計算とは異なり，事業年度の途中で事業譲渡が行われた場合でも，月数での按分計算はせず，1年目も1事業年度（12ヶ月）として償却します。

3　事業譲渡後も乙が同様の事業を継続している場合で，甲が譲渡から1年以内の法定納期限の税金を滞納し，滞納処分によっても徴収額が不足する場合（徴収法38，徴基通38条関係，地法11の7）。

3.4 一般的な株式譲渡と自己株式の取得 **171**

3.4 一般的な株式譲渡と自己株式の取得［法人税等］

POINT
◆ 自己株式とその他の株式では，売買したときの税務上の取扱いが大きく異なります。

設例 資本金等3,000万円，発行済株式総数5,000株の株式会社である甲は，乙から，**A**第三者が発行した株式1,000株，または，**B**自己発行の株式1,000株を1,000万円で取得するとします。なお，乙は，過去にこれらの株式を500万円で取得していたとします。

A 第○条（株式の譲渡） 　　1．甲は，乙から**丙の株式**1,000株を譲り受ける。 　　2．前項の譲渡の対価は，1,000万円とする。
B 第○条（株式の取得） 　　1．甲は，乙から**甲の株式**1,000株を取得する。 　　2．前項の取得の対価は，1,000万円とする。

法務の視点

　株式の譲渡も一種の売買契約ですが，自己株式の取得については，会社法上の規制を受けます。自己株式の取得は，株主への金銭の交付を伴うため，配当の場合と同様に，分配可能額を超えて自己株式を取得することは，多くの場合，制限されます（会社法461）。また，株主総会，取締役会決議等の手続が必要となります。

税務の視点

　株式の売買は，他の資産の売買と同様に，売却額と取得価額の差額を譲渡損益として認識する損益取引とされます。ただし，法人が，自己の発行した株式（自己株式）[1]を取得したり，自己株式を処分したりすることは，損益を認識

1　株式会社が保有する自己株式は，一般に「金庫株」と呼ばれることもあります。

172 第2章　契約類型別の税務のポイント

しないで資本金等を増減する資本等取引とされます。**➡1章3.1 資本等取引と損益取引**

　自己株式の取得については，買主である発行法人だけでなく，売主である株主においても，次の表のとおり，第三者発行の株式とは，法人税等の取扱いが異なります。

	買主	売主（株主）	
		個人（所得税）	法人（法人税）
第三者発行株式の譲渡	株式を資産計上	譲渡所得に課税（損益通算なし）	譲渡益に課税（損益通算あり）
自己株式の取得	資本金等・利益積立金から譲渡額を控除	資本金等の払戻部分を超える「みなし配当」分を譲渡額から控除	
		譲渡所得に課税（損益通算なし）	譲渡益に課税（損益通算あり）

A 第三者発行の株式の譲渡の場合

（1）買主（甲）の処理

　Aで売買される株式は，第三者である丙が発行した株式で，一般的な株式の売買です。この場合，買主（甲）は，1,000万円を取得価額[2]として，丙の株式を資産に計上します。

（2）売主（乙）が個人の場合の処理

　売主（乙）は，500万円で取得した株式を1,000万円で譲渡しましたので，その差額500万円が，譲渡所得として所得税が課税されます。

　　　譲渡額1,000万円 － 取得価額500万円 ＝ 譲渡所得500万円

　売主（乙）が個人である場合，株式に関する譲渡所得は，他の所得[3]の損益と通算（相殺）できませんので，他の所得と区分した上で，所得税の課税対象

2　購入手数料等，株式の取得に必要な費用があれば加算します。なお，有価証券を取得するために要した通信費，名義書換料の額は，取得価額に含めないことができます（法基通2-3-5）。
3　事業所得，給与所得，不動産所得等（詳細は，**➡1章2.3 所得税の概要**）。

3.4　一般的な株式譲渡と自己株式の取得　**173**

となります。例えば，仮に，乙が個人事業主であって，その事業所得に赤字500万円が生じている場合であっても，株式の譲渡所得500万円と事業所得の赤字500万円を相殺することはできません。

（3）　売主（乙）が法人の場合の処理

　売主（乙）が法人である場合，法人税では，所得税と異なり，所得の区分がありません。事業年度中に生じた全ての損益を合算して，法人税の課税対象となる所得を計算します。

　例えば，乙に株式の譲渡以外の事業で赤字500万円が生じている場合，株式の譲渡益500万円と事業赤字500万円は相殺されることになります。そのため，この場合，株式の譲渡益が発生しても，乙には，この事業年度の法人税の負担は発生しません。

B　自己株式の取得の場合

　Bで売買される株式は，甲が発行した株式（自己株式）ですので，買主・売主の双方とも，第三者発行の株式の譲渡と異なる処理をすることになります。

（1）　買主（甲）の処理

　買主（甲）にとって，自己株式1,000万円の取得は，以前に株主から拠出された資本を，株主に払い戻すことと実質的に同じと考えられますので，税務上の自己資本に相当する資本金等の額（法法2⑯，法令8Ⅰ）及び利益積立金（法法2⑱，法令9Ⅰ）から1,000万円を控除します。

（2）　売主（乙）の処理

　売主（乙）には，株式等の譲渡損益の他，対価の額が，甲の自己株式に対応する資本金等（資本金・資本積立金）の金額を超える場合には，みなし配当が生じます（法法24Ⅰ）。

　みなし配当とは，税法独特の考え方で，自己株式の取得額のうち，資本金等の払戻し部分に相当する金額を超える部分をいいます。

　Bでは，甲は，発行済株式総数5,000株の20％にあたる1,000株を取得します

ので，これに対応する資本金等の額（α）は，資本金等3,000万円の20％である600万円となります。この場合，みなし配当額，譲渡益は，次のように算出されます。

① 譲渡額1,000万円から資本金等の払戻し相当額600万円を控除した400万円がみなし配当（β）の金額となります。

> 譲渡額1,000万円 － 資本金等の払戻し相当額600万円
> ＝みなし配当400万円

② 譲渡損益の計算においては，譲渡額1,000万円からみなし配当400万円を控除した600万円を譲渡の対価とみなします。この600万円から取得価額500万円を控除した100万円が譲渡益となります。

> （譲渡額1,000万円 － みなし配当400万円） － 取得価額500万円
> ＝譲渡益100万円

株式譲渡額1,000万円

資本金等の額（α） 600万円	みなし配当（β） 400万円

譲渡益 100万円	取得価額 500万円

自己株式の譲渡損益については，**A**における取扱いと同じですが，みなし配当については，売主が法人の場合は受取配当等の益金不算入制度[4]，売主が個人の場合は配当控除制度[5]により，所得へ二重に課税されないようになっています。

なお，株式市場において自己株式が取得された場合等，一定の場合には，みなし配当の規定は適用されません（法法24 I ④括弧書）。

また，みなし配当が発生した場合，自己株式を取得した甲は，みなし配当金

---

4 法人が受け取った配当金は，全額を益金の額に算入するのが原則ですが，株式の持株比率に応じて，全額または一定割合を益金の額に算入しないことができます（法法23）。実務上は，法人税の申告書（別表4）で所得から減算する処理を行います。
5 所得税の計算において，受取配当金を配当所得に算入して所得税を計算した上で，課税所得金額に応じて，配当金額の10％または5％を税額控除できます（所法92）。また，住民税についても，同様に，配当金額の2.8％または1.4％を税額控除できます（地法37の4，同314の9）。

額に対して源泉所得税の徴収を行い，翌月10日までに納付する必要があります（所法181Ⅰ）[6]。➡ 1章2.3（4）源泉所得税

6　税率は，非上場株式等の場合は所得税20％（所法182②），上場株式等の場合は15％（措法9の3）です。ただし，2013年から2037年までの間，源泉所得税額の2.1％が復興特別所得税として上乗せされます。

3.5 条件不成立に伴う代金変更 [法人税]

POINT
◆ 株式の譲渡において，特定の条件不成立に伴って代金を修正する際，損害賠償として金銭を受領する場合は益金に算入され，代金の一部返還の場合は取得価額の修正として処理します。

設例 資産等を譲渡する場合に，近い将来の状況によって，譲渡価格を変動させたいというニーズがあります。例えば，事業譲渡や株式譲渡等による企業のM＆Aにおいては，契約締結時点もしくはその直前まで対外的には，M＆Aの事実を開示しないのが一般的です。そのため，取引先との契約関係の継続の可否等，不確定な要素を抱えたまま契約を締結することになります。

ここでは，円滑に事業承継が進むことを前提に，譲渡価格を1億円と算定したが，不確定な特定の条件αが成立しない場合には，譲渡価格を5,000万円に変更することとします。その方法として，🅰条件不成立の場合に，違約金が発生するケース，🅱代金を減額するケースを想定します。

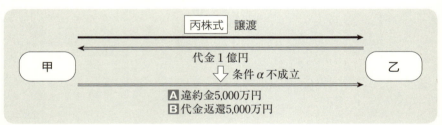

🅰 第○条（譲渡）
甲（譲渡人）は，乙（譲受人）に対し，甲が保有する丙（株式発行会社）の株式を譲渡し，乙は，これを譲り受ける。
第○条（譲渡代金）
前条の譲渡の代金は，1億円とする。
第○条（違約金）
○年○月○日までに，**条件αが成立しない場合，甲は，乙に対し，違約金として，5,000万円を支払う。**

> **B**　第○条（譲渡）
> 　　　甲（譲渡人）は，乙（譲受人）に対し，甲が保有する丙（株式発行
> 　　　会社）の株式を譲渡し，乙は，これを譲り受ける。
> 　　第○条（譲渡代金）
> 　　　前条の譲渡の代金は，１億円とする。ただし，○年○月○日までに，
> 　　　**条件αが成立しない場合，代金は，5,000万円に減額される**ものとし，
> 　　　甲は乙に差額を返金するものとする。

■ 法務の視点

　Aは，条件αを成立させることを甲の契約上の義務とし，これに違反した場合に，甲が違約金を支払うという内容です。譲渡代金自体は，１億円で確定しているのですが，条件αが成立しない場合には，それによる損害を補てんする趣旨です。条件αについて，甲が「表明，保証する」という表現を用いる場合もあります。

　違約金の性質は，損害賠償額の予定と推定されますので（民法420Ⅲ），条件αが成立しないことに関する損害賠償額は，5,000万円に固定され，それ以上に損害が発生しても賠償を請求できないのが原則です[1]。

　一方，**B**は，条件αが成立しない場合には，譲渡代金自体を変更する趣旨です。

　この場合，差額の返金は，少なくとも形式上は違約金ではありませんので（契約の解釈として違約金の趣旨と解する余地も皆無ではありませんが），**A**の場合とは異なり，損害賠償額への影響はないのが原則です。つまり，別途，損害賠償を請求することも可能です。

■ 税務の視点

　譲渡を受けた株式については，その売買価格が取得価額[2]とされ（法令119

1　「違約金を超える損害賠償を妨げない」ことが契約上で明示されている場合に，その合意の有効性を認めた裁判例があります（大阪高判平成22年８月24日判例地方自治341号18頁）。
2　購入手数料等，株式の取得に必要な費用があれば加算します。なお，有価証券を取得するために要した通信費，名義書換料の額は，取得価額に含めないことができます（法基通２-３-５）。

Ⅰ①），取得価額を帳簿価額として資産に計上されます。株式の売買によるM&Aでは，対象企業の企業価値を算定した上で，株式の売買価格を合意しますが，売買の時点で将来の営業状況や財務状況に大きな不確定要素がある場合等，懸念材料がある場合には，売買の当事者間で条件を設定することがあります。売買契約を締結して目的物を引渡した後に，金銭のやりとりが発生する場合，その方法により，次の表のとおり，金銭のやりとりが発生した事業年度の損益とする場合，株式の取得価額の修正として処理する場合，があります。

	株式の取得価額	収益の計上
違約金	変更なし	あり
代金減額	代金減額分を減額	なし

A 条件不成立の場合の違約金

Aは，特定の条件α（例えば，売買契約締結日前に発生した懸念事項が解消されること）が成立せず，株式の発行会社（丙）に損失が発生した場合，譲渡人（甲）が新たに丙の株主となる譲受人（乙）に対して違約金を支払うことにより，その損害を補填する契約です。

乙は，この契約に基づき，甲から違約金5,000万円の支払を受けた場合，その違約金の額について，違約金の発生が確定した事業年度，または，実際に支払を受けた事業年度の収益として認識し，益金に算入することになります（法基通2-1-43）。

B 条件不成立の場合の売買価格変更

Bにおいて，条件αが成立しなかった場合の売買代金の一部返金については，「売買契約締結時点では発生が不確実であった事象に起因して株式の価値が減少したことにより生じた損失に対する一種の補填」であるとの考え方もあります。しかし，**B**は，株式の売買時点において，株式の発行会社（丙）の予想利益・既存債権の不履行の見込額等の不確定要素について当事者間で合意をすることができなかったことから，このような丙の懸念材料が解消されることを前提条件として売買価額を設定し，その前提条件が満たされなかった場合には，

売買代金を減額するという条件が付けられたものです。このような条件は，原則として，当事者間で自由に決定できるものであり，譲受人（乙）が譲渡人（甲）から受領した金銭は，売買契約に基づいて算出された株式代金の一部返還額であると考えられます[3]。

　そのため，乙は，譲渡を受けた株式の取得価額を 1 億円から5,000万円に修正することになり，5,000万円を損害の補填金として益金に算入する必要はありません。

3　国税不服審判所裁決平成18年 9 月 8 日裁決事例集72巻325頁参照。

180　第2章　契約類型別の税務のポイント

3.6　事業譲渡直後の従業員賞与の支給［法人税］

POINT

◆　事業譲渡契約において，賞与支払債務を引き継ぐことになっていないにもかかわらず，従業員を引き継いだ会社が，譲渡前の勤務に対する賞与を支給した場合，寄附金と認定されることがあります。

設例　甲から乙へ事業を譲渡するにあたり，乙は，その事業に従事していた甲の従業員の雇用を引き継ぎました。事業譲渡契約において，承継対象となった債務の中には，従業員に対する賞与の支払債務は，含まれていません。しかし，事業譲渡から1ヶ月後に，乙の賞与支給時期となったため，乙は，甲から引き継いだ従業員に対しても賞与を支給しました。

　甲の就業規則に，賞与の支給基準について，**A**定められているケース，**B**定められていないケースを想定します。

> **A**　＜甲社　就業規則＞
> 　第〇条（賞与）
> 　　会社は，毎年，**6月及び12月に，賞与規程に定める基準により，賞与を支給する。**

> **B**　＜甲社　就業規則＞
> 　第〇条（賞与）
> 　　会社は，6月1日または12月1日に在籍する従業員に対して，**会社の業績及び従業員の業務成績を勘案して，賞与を支給することがある。**

▌法務の視点

　賞与とは，定期的に，または，臨時に，企業の業績や労働者の勤務成績等に応じて支給されるもので，予め支払額が確定されていないものをいいます。会社は，従業員に対して，当然に賞与の支払義務を負うわけではありません。ただし，**A**のように，就業規則等に支給基準が定められている場合等には，それにしたがって，賞与を支給する義務を負います。

　なお，定期的に支給され，支給額が確定しているものは，法的には，賞与と

はみなされません[1]。例えば，年俸制の場合に，年俸を16分割して，毎月定額を支給する他に，半期ごとに2ヶ月分ずつを「賞与」の名目で支給する場合，名目にかかわらず，賞与とはみなされません。

税務の視点

上記「法務の視点」のとおり，従業員の賞与は，企業がその業績，従業員の勤務成績等に応じて，企業の裁量で支給するもので，従業員が法律上の権利として，賞与の支給を請求できるものではありません。そのため，賞与は，原則として，実際に支払われた年度の費用として認識し，損金に算入されます。

ただし，就業規則や労働契約書等において，賞与の支給対象期間，支給時期，算定基準等の定めがあり，事業年度末までに各従業員に支給金額を通知し，翌事業年度の開始から1ヶ月以内に支払っている場合は，支給額が確定しているものとして，通知した事業年度の未払費用として認識し，損金に算入する[2]ことができます（法令72の3）[3]。

A 譲渡会社（甲）が賞与の負担義務を負う場合

Aでは，譲渡会社（甲）の就業規則・賞与規程[4]で，賞与の支給対象期間，支給時期，算定基準が定められています。そのため，甲は，賞与の対象となる勤務期間の経過に伴い，事業譲渡の時点で，従業員に対する賞与の支払債務を負っていたものと考えられます。

甲乙間の事業譲渡契約においては，甲の賞与支払債務は，乙に引き継がれる対象に含まれていませんので，この債務額は，事業譲渡の対価に反映されていません。それにもかかわらず，甲が従業員に対して賞与を支給せず，事業譲渡の直後に，乙が，甲から引き継いだ従業員に対して，賞与を支給したとすれば，甲が支払うべき賞与を乙が肩代わりしたものと認められます。

1　昭和22年9月13日発基17号「労働基準法の施行に関する件」
2　役員兼従業員に対する賞与については，従業員としての職務に対する賞与で，他の従業員と同時期に支給したものに限って，損金に算入できます（法令70③）。
3　会計上は，債務が確定していなくても，当期の勤務期間に対応する金額を見積もって「賞与引当金」として費用に計上します。
4　法的には，このような賞与規程も，就業規則の一部と考えます。

182　第2章　契約類型別の税務のポイント

　そのため，乙が支給した賞与は，事業譲渡後の乙での勤務に対する賞与と認められる部分を除いて，乙から甲への経済的利益の供与と考えられ，寄附金として扱われます。乙は，寄附金となる部分について，損金への算入が制限され（法法37Ⅰ），その結果，法人税の課税対象となる所得が大きくなります。➡
1章3.4 寄附金と受贈益

B　譲渡会社（甲）が賞与の負担義務を負わない場合

　Bでは，譲渡会社（甲）の就業規則には，賞与の支給対象期間，支給時期，算定基準等の定めはありません。そのため，甲は，従業員に対する賞与の支払債務を負っていたものとは言えません。また，甲乙間の事業譲渡契約において，賞与支払債務は，乙に引き継がれる対象に含まれていません。

　つまり，乙が事業譲渡による従業員の引継から間もない時期に賞与を支給したとしても，その賞与は，事業譲渡前の甲における勤務には関係ないものと言えます。そのため，乙は，その賞与の全額について，支給した事業年度の費用として認識し，損金に算入することができます。

4.1　転貸における用途　**183**

4 賃貸借契約

4.1　転貸における用途［消費税］

POINT
◆　賃貸借契約では，契約書で用途が明確になっているかどうかで消費税の取扱いが大きく異なることがあります。

設例　乙（賃借人）は，甲（賃貸人）から賃借している建物を自ら使用せず，第三者に転貸することとし，転貸について甲の承諾を得るとします。この際，転借人による用途が，甲乙間の契約上，**A**明記されているケース，**B**明記されていないケースを想定します。

| 甲
（賃貸人） | 賃貸
用途:老人ホーム → | 乙
（賃借人·転貸人） | 転貸 →
A用途:老人ホーム
B用途変更可 | 転借人 |

A　第○条（賃貸）
　1．甲（賃貸人）は，乙（賃借人）に対し，本件建物を賃貸する。
　2．乙は，本件建物を介護付有料老人ホームとして使用するものとする。
　3．乙は，事前に甲の書面による承諾を得た場合，本件建物を第三者に対し，**前項の用途に限定して**，転貸することができる。

B　第○条（賃貸）
　1．甲（賃貸人）は，乙（賃借人）に対し，本件建物を賃貸する。
　2．乙は，本件建物を介護付有料老人ホームとして使用するものとする。
　3．乙は，事前に甲の書面による承諾を得た場合，本件建物を第三者に対し，転貸することができる。
　4．前項の場合，乙は，甲と協議の上，第2項の**用途を変更することができる**。

4.1
賃貸借

法務の視点

　転貸借は，元の賃貸借（設例では，甲乙間の賃貸借）をベースとして成立するものです。そのため，元の賃貸借に制約条件が付いている場合には，その条件は，通常，転貸借にも適用されることになります。

　契約条項🅰においては，仮に第3項に「前項の用途に限定して」という文言がなかったとしても，第2項で用途が限定されている以上，第3項における転貸後の用途も「介護付有料老人ホーム」に限定されるものと考えられます。

　また，契約条項🅱では，転貸の際に，「甲と協議の上で」用途を変更できることとされています。この趣旨が，「甲の承諾」まで求めるものかどうかは，解釈の余地がありますが，一般的には，上記の原則に即して考えると，「協議をして甲が承諾した場合に変更できる」と考えるのが自然な解釈と言えるでしょう。なお，契約文言の解釈は，契約締結当時の諸事情を前提とし，当事者の合理的意思を推定して行いますので，事情によっては，上記とは異なる解釈もあり得ます。

税務の視点

　消費税法では，国内において事業者が行った資産の譲渡・貸付，役務の提供が課税対象となりますが（消法4Ⅰ），資産の譲渡・貸付，役務の提供であっても，政策上の理由等から，一定の取引については非課税とされています。住宅の賃貸については，一時的な賃貸等を除き，非課税とされます（消法6，別表一⑬）。ただし，非課税とされるには，契約書等により，住宅として使用されることが明らかである必要があります（消法6，別表一⑬括弧書）。

　また，賃借人が自ら使用せず，転貸する場合も，同様に，契約書等により，住宅として使用されることが明らかな場合に限って，非課税となります（消基通6-13-7）。

賃貸借・転貸借物件の用途	消費税の取扱い
契約書等で住宅に限定	非課税
契約書等に記載なし	課税対象

A　転貸後の用途が明記されている場合

　契約条項Aでは，用途が介護付有料老人ホームに限定されています。

　介護付有料老人ホームには，一般的に，入居者が住宅として使用する部分と，その他の用途に使用する部分があります。このように，1つの建物に，住宅と住宅以外の部分が混在する場合であっても，床面積の比率等で適切に按分されている場合には，住宅部分だけを非課税として扱うことができます。介護付有料老人ホームは，入居者が介護等のサービスを受けながら日常生活を営む場です。そのため，「住宅」に該当する部分とは，入居者の「個室」等の純粋な居住スペースに限らず，入居者が日常生活を送るのに必要な介護者の事務室，宿直室，厨房等の施設を含みます[1]。

　契約条項Aでは，賃借人（乙）が自ら建物を使用する場合についても，第三者に転貸する場合についても，用途が介護付有料老人ホームに限定されることが明記されていますので，住宅に該当する部分については非課税の取引となり，消費税は課税されません。この場合，賃借人（乙）から賃貸人（甲）に払う賃料だけでなく，転借人から転貸人（乙）に支払う賃料も，基本的に，住宅に該当する部分については非課税となります。

　なお，入居者が介護付有料老人ホームの経営者に支払う介護等のサービスの対価は，消費税の課税対象となります[2]。

B　転貸後の用途が明記されていない場合

（1）　転貸後の用途が明記された承諾書等がある場合

　契約条項Bでは，転貸の際，協議の上で用途を変更できることとなっており，転貸後は，介護付有料老人ホーム以外に使用される可能性があります。

　賃貸人（甲）が転貸を承諾することについて承諾書等が作成される場合には，この承諾書等も契約書に準ずる文書と考えることができます。承諾書等に，転貸後の用途も介護付有料老人ホームに限定する旨が記載されていれば，甲乙間の契約上，転貸後も介護付有料老人ホームとして使用されることが明らかであ

1　国税不服審判所裁決平成22年6月25日裁決事例集79巻参照。
2　介護保険法に基づく各種サービス費は，非課税です（消法別表一⑦イ，消令14の2，消基通6−7−1〜6−7−4）。

186 第2章 契約類型別の税務のポイント

ると言えます。

そのため，**A**と同様に，住宅に該当する部分については，甲乙間の賃貸借も，乙と転借人間の転貸借も，非課税の取引となります。

なお，甲乙間で合意した書面により，用途を住宅以外に変更した場合，甲乙間の賃貸借は，消費税の課税対象となります（消基通6-13-8）。

（2） 転貸後の用途が明記された承諾書等がない場合

転貸の際に承諾書等が作成されない場合，または，作成されても転貸後の用途に関する記載がない場合，甲乙間の契約では，転貸後の用途が介護付有料老人ホームに限定されていることが明らかではないとされ，消費税の課税対象となる可能性があります。

ただし，甲乙間の取引が非課税とならない場合であっても，転貸人（乙）と転借人との転貸借契約書等において，用途を介護付有料老人ホームに限定する旨が明記されていれば，乙と転借人間の取引は非課税となります。

なお，課税取引か非課税取引かの違いは，個別の取引に影響を与えるだけでなく，消費税申告額の計算の基準となる課税売上割合[3]を変動させ，これに伴って仕入控除税額[4]も変動させて，消費税申告額の計算全体に影響を及ぼすこともあり得ます。

---

3 ➡ 1章3.5(1)税金が発生しない場合の類型
4 ➡ 1章2.4(2)消費税額の計算方法

4.2 駐車場の賃貸借 ［消費税］

POINT
- ◆ 駐車場設備を設置した土地の賃貸借は，消費税の課税対象です。
- ◆ 駐車場設備がなく管理もされていない駐車場用地の賃貸借は，非課税取引です。

設例 甲（賃貸人）は，所有する土地について，使用目的を駐車場に限定して，乙（賃借人）に賃貸するものとします。この土地は，現在は更地ですが，駐車場としての設備を設置する予定です。この設備を A 甲（賃貸人）が設置するケース， B 乙（賃借人）が設置するケースを想定します。

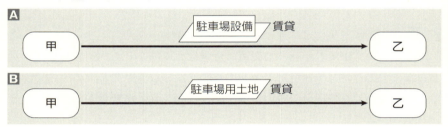

A	第○条（賃貸借） 1．甲（賃貸人）は，乙（賃借人）に対し，本件土地を賃貸する。 2．本件土地の使用目的は，駐車場とする。 3．**駐車場設備の設置**にかかる費用は，**甲**の負担とする。 第○条（契約期間） 　本契約の有効期間は，本契約締結日から2年間とする。
B	第○条（賃貸借） 1．甲（賃貸人）は，乙（賃借人）に対し，本件土地を賃貸する。 2．本件土地の使用目的は，駐車場とする。 3．**駐車場設備の設置**にかかる費用は，**乙**の負担とする。 第○条（契約期間） 　本契約の有効期間は，本契約締結日から2年間とする。

188　第2章　契約類型別の税務のポイント

法務の視点

　駐車場の利用に関する契約の法的性質は，契約条項**A**・**B**のように，特定の土地やその一区画を利用者が専用するような場合，賃貸借契約であると解されます。また，駐車場管理者が車両の鍵を預かって管理するような契約であれば，車両の寄託契約と解されます。

　賃貸借契約が終了する場合，賃借人は，目的物を原状に回復して返還する義務を負います。**B**では，賃借人（乙）が駐車場設備を設置した場合，契約終了時に，乙の費用負担でこれを撤去するのが原則です。一方，**A**において，賃貸人（甲）が駐車場設備を設置した上で賃貸したと言える場合には，その設備が設置された状態が「原状」ですので，契約終了時に，賃借人（乙）がこの設備を撤去する必要はありません。

税務の視点

　国内において事業者が行った資産の貸付は，原則として，消費税の課税対象となります。ただし，課税対象としてなじまない取引や政策上の理由で課税することが適当でない取引については，非課税とされ，消費税が課税されません（消法6Ⅰ）。

　駐車場の賃貸については，その実態等によって，次の表のとおり，消費税の取扱いが異なります。

貸付期間	賃貸対象	駐車場の態様	消費税の取扱い
1ヶ月未満	－	－	課税対象
1ヶ月以上	駐車場のみ	地面の整備，フェンス・区画・建物等を設置	課税対象
		駐車車両の管理あり	課税対象
		更地（整備なし），管理なし	非課税
	住宅と駐車場が一体	1戸建住宅の敷地内	非課税
		集合住宅の駐車場で一定の要件を満たすもの	非課税
		その他	課税対象

右上: 4.2　駐車場の賃貸借　**189**

A　賃貸人が駐車場設備を設置して土地を賃貸する場合

「土地の貸付」は，「消費」と捉えることになじまない性格の取引であるため，非課税とされています（消法別表一①）。ただし，次の2つのケースについては，例外的に課税対象となります（消令8）。

①　貸付期間が1ヶ月未満の場合

②　駐車場その他の施設の利用に伴って土地が使用される場合

駐車場について，上記②に該当するのは，具体的には，駐車場等の用途に応じた地面の整備，フェンス・区画・建物の設置等をする場合です（消基通6-1-5（注）1）[1]。なお，これらの整備・設置等をしていない場合でも，駐車車両の管理をしているときには，上記②と同様の取扱いとなり，課税対象になります。

こうした違いがあるのは，賃貸人自身が駐車場その他の施設を設置して土地を貸し出す場合，「土地の貸付」というよりも，「駐車場施設の貸付」と捉えられるため，「消費」としての性格を認めて，消費税が課税される趣旨です。

契約条項Aは，一見すると，土地の賃貸借契約ですが，実態としては，賃貸人（甲）が，本件土地に駐車場設備を設置した上で，賃借人（乙）に，駐車場として賃貸する取引と言えます。そのため，上記②に該当し，「駐車場施設の貸付」として消費税が課税されます。

B　駐車場用地を更地で賃貸し賃借人が設備を設置する場合

契約条項Bでは，賃貸人（甲）は，本件土地に駐車場設備を設置しないまま更地の状態で賃貸し，賃借人（乙）が自己負担で駐車場設備を設置することとなっています。また，賃貸借期間も2年間で，1ヶ月以上であるため，Bの取引は，「土地の貸付」として非課税となり，消費税は課税されません。

なお，住宅の貸付についても，非課税の取引とされていますが（消法6Ⅰ，別表一⑬），住宅と駐車場があわせて賃貸借される場合，次の①または②に該当するときには，駐車場を含む全体が「住宅の貸付」として，非課税となります（消基通6-13-3）。

右側縦書き: 4.2　賃貸借

1　国税不服審判所裁決平成22年3月2日裁決事例集79巻参照。

190　第2章　契約類型別の税務のポイント

① 一戸建て住宅の同じ敷地内に駐車場がある場合
② 集合住宅の駐車場で次の（a）〜（c）の全てに該当する場合
　（a）入居者について1戸あたり1台分以上の駐車スペースが確保されている場合
　（b）自動車の保有の有無にかかわらず割り当てられる場合
　（c）住宅の賃料とは別に駐車場使用料等がない場合

4.3 権利金・保証金・賃料 [法人税・消費税・印紙税]

POINT

◆ 土地の賃貸借契約締結の際に権利金を授受しない場合，賃貸人から賃借人への贈与があったものとして課税される場合があります。

◆ 賃貸借契約における保証金のうち，償却等により返還されないことが確定している部分については，権利金と同様に扱われます。

◆ 土地の賃貸借契約における権利金，保証金，賃料には，消費税は課税されません。

◆ 土地の賃貸借契約書の印紙税は，権利金等の賃借権設定の対価を契約金額として計算し，賃料等は契約金額に含まれません。

設例 甲（賃貸人）は，乙（賃借人）に，所有する土地[1]（時価1億5,000万円）を10年間の定期借地契約により，賃貸します。この際，次のケースを想定します。

A 権利金あり・保証金の償却なし・地代年払い
B 権利金なし・保証金の償却なし・地代年払い
C 権利金なし・保証金20％償却　　・地代年払い
D 権利金なし・保証金の償却なし・地代前払い＋年払い

1　この地域では，土地の賃貸借に際し，権利金を授受する取引慣行があるものとします（法令137参照）。

A 第○条（権利金）
　　　乙（賃借人）は，甲（賃貸人）に対し，**権利金5,000万円**を支払う。
第○条（保証金等）
　　1．乙（賃借人）は，甲（賃貸人）に対し，**保証金2,000万円**を預託する。
　　2．甲は，本件土地の明渡し後，保証金を乙に返還する。
　　3．乙は，本契約終了時に，甲に立退料を請求しないものとする。
第○条（地代）
　　　乙は，地代年額600万円を毎年○月末までに甲に支払う。

B 第○条（保証金等）
　　1．乙（賃借人）は，甲（賃貸人）に対し，**保証金2,000万円**を預託する。
　　2．甲は，本件土地の明渡し後，保証金を乙に返還する。
　　3．乙は，本契約終了時に，甲に立退料を請求しないものとする。
第○条（地代）
　　　乙は，地代年額600万円を毎年○月末までに甲に支払う。

C 第○条（保証金等）
　　1．乙（賃借人）は，甲（賃貸人）に対し，**保証金2,000万円**を預託する。
　　2．甲は，本件土地の明渡し後，保証金の**20％を償却**した上で，乙に返
　　　還する。
　　3．乙は，本契約終了時に，甲に立退料を請求しないものとする。
第○条（地代）
　　　乙は，地代年額600万円を毎年○月末までに甲に支払う。

D 第○条（保証金）
　　1．乙（賃借人）は，甲（賃貸人）に対し，**保証金400万円**を預託する。
　　2．甲は，本件土地の明渡し後，保証金を乙に返還する。
　　3．乙は，本契約終了時に，甲に立退料を請求しないものとする。
第○条（地代）
　　1．乙は，**前払地代5,000万円**を一括で甲に支払い，契約期間中，年額
　　　500万円ずつを地代の一部に均等に充当する。
　　2．本件土地の地代は，年額600万円とし，乙は前項の充当分を控除し
　　　た年額100万円を毎年○月末までに甲に支払う。
　　3．本契約が，契約期間の途中で終了する場合，第1項の前払地代を日
　　　割り計算により精算する。

4.3　権利金・保証金・賃料　**193**

法務の視点

　賃貸借契約における保証金・敷金等は，賃借人の賃貸人に対する債務の担保として，賃借人から賃貸人に預けるものです。そのため，契約が終了し，債務の精算後の保証金は，賃借人に返還されることとなります。ただし，この一部を返還しない旨を契約で定めておくことがあり，これを「保証金の償却[2]」，「敷引き」等と呼びます。

　なお，賃貸人が事業者，賃借人が消費者である居住用建物の賃貸借契約において，敷引きの金額が高過ぎるときには，消費者契約法10条により無効になると判断した判例[3]があります。

税務の視点

　法人税法では，地上権または土地の賃借権を「借地権」と呼びます（法令137）。土地の賃貸借契約の締結に伴い，権利金等の名目で，借地権設定の対価を支払った場合，その金額を取得価額[4]とし，借地権を無形固定資産として計上します。土地の賃貸借契約締結の際，保証金・敷金等の名目で受領したものであっても，返還しないことが確定している金額は，基本的に，借地権設定の対価として扱われます。

　賃貸借契約に基づいて受領する賃料は，前受けの金額を除き，契約上の支払日の属する事業年度で，収益として認識され，益金に算入されます（法基通2-1-29）。

　また，消費税法上，土地自体や土地の使用収益に関する権利（地上権，土地の賃借権，地役権，永小作権等）（消基通6-1-2）の譲渡・貸付[5]の対価は，非課税とされています（消法6，別表一①，消令8）。土地賃貸借における権

2　減価償却や繰延資産の「償却」とは，異なる概念として用いられます。
3　最判平成23年3月24日民集65巻2号903頁。
4　①手数料等の費用，②整地費用，③建物等の増改築にあたって，土地所有者に支払う費用，④土地上の建物等を取得した際に，建物等の代金に含まれる借地権の対価，⑤借地権付建物を取得した場合で，取得後概ね1年以内に建物の取壊しが明らかなときの建物の帳簿価額・取壊費用も含まれます（法基通7-3-6・7-3-8）。
5　土地の貸付期間が1ヶ月未満の場合や駐車場等の施設の利用に伴って土地が使用される場合は除きます。（➡ **2章4.2 駐車場の賃貸借**）

194　第2章　契約類型別の税務のポイント

利金も，賃借権の設定の対価ですので，非課税となり，消費税は課税されません。なお，契約終了後に賃借人へ返還されることが予定されている保証金については，賃借権設定の対価でも，土地の貸付の対価でもありませんので，そもそも，消費税の課税対象とはなりません。

　土地の賃貸借に伴って授受される対価等の取扱いは，次のとおりです。

	法人税法上の収益・費用計上	印紙税法上の契約金額	消費税の取扱い
権利金	賃貸人は収益計上 賃借人は資産計上，契約終了時に一括費用計上 （相当の地代でない場合，権利金の贈与認定の可能性あり）	該当する	非課税
保証金（償却される部分）			
保証金（償却されない部分）	賃貸人は収益計上なし（負債計上） 賃借人は資産計上	該当しない	不課税
賃料	時の経過に応じて収益・費用計上	該当しない	非課税

A　権利金あり・保証金の償却なし

（1）　法人税の取扱い

①　権利金

（a）賃貸人（甲）の処理

　土地の賃貸借契約の締結に際して，権利金・礼金等の名目で，賃借人が賃貸人に支払う金銭は，借地権設定の対価であって，賃貸人が賃借人に返還する必要のないものです。Aで，賃借人（乙）が賃貸人（甲）に支払う権利金5,000万円は，賃貸借契約が締結された時点において，返還する必要がないことが確定しています。そこで，甲は，契約締結の時点で，5,000万円を収益として計上することになります。

　また，建物・構築物の所有を目的として借地権を設定する場合，権利金が土地の時価の2分の1以上のときは，土地の帳簿価額の一部が損金に算入されます（法令138Ⅰ）。このような状態は，土地の一部を売却したしたのと同様だと考え，「譲渡収入＝権利金，譲渡原価＝土地の帳簿価額の減額」とみなして処

理をするものです。

（b）賃借人（乙）の処理

賃借人（乙）は，賃貸人（甲）に支払う権利金5,000万円を取得価額[6]として，借地権を資産に計上します。借地権は，土地自体と同様に，時の経過によって価値が減少するわけではないため，減価償却はされず[7]，契約終了時に，5,000万円全額を費用として認識し損金に算入します。

なお，建物の賃貸借契約の場合は，権利金を繰延資産として計上し，償却します（➡ **2章4.5 賃借物件引継に伴う前賃借人等への支払 C**）。

② 保証金

A では，乙から甲に保証金2,000万円が支払われます。この保証金は，賃貸借契約が終了する時点において，乙の甲に対する残債務がなければ，全額が返還されることが予定されています。そのため，甲，乙それぞれの益金・損金には算入されず，この保証金について，税務上の影響はありません。

③ 地代

乙が甲に支払う地代は，土地の利用（時の経過）に応じて，甲では収益として，乙では費用として計上されます。この点は，**B**・**C**・**D** においても，同様です。

（2） 印紙税の取扱い

土地の賃貸借契約書は，印法別表一「課税物件表」1号の2の文書（地上権・土地の賃借権の設定に関する契約書）に該当します[8]。この場合の契約金額は，土地の賃借権の設定等に際して，権利金等の名目で，賃借人が賃貸人に支払い，返還されることが予定されていない金額です。そのため，契約終了後に返還される保証金・敷金等や使用収益の対価として支払う賃料は契約金額に

6　前掲注4
7　➡ **1章3.3（2）減価償却**
8　1989年4月1日以降に作成された建物の賃貸借契約書については，印紙税の対象とはなりません。

196　第2章　契約類型別の税務のポイント

は含みません（印基通23Ⅱ）。

　Aにおいて，乙が契約時に甲に支払う権利金5,000万円は，賃借権の設定に際して支払われ，契約終了後に返還されることが予定されていないため，この5,000万円が契約金額となります。保証金2,000万円は，契約終了後に全額が甲に返還されることが予定されており，地代年額600万円は，土地の使用収益の対価であるため，いずれも，契約金額には含みません。そのため，**A**では，2万円の印紙を貼付する必要があります。**➡ 1章2.5(2)印紙税額の計算方法**

B 権利金なし・保証金の償却なし

（1）　法人税の取扱い

① 権利金

（a）賃貸人（甲）の処理

　Bでは，権利金が支払われていません。このような場合，地代が相当かどうかにより，取扱いが異なります。

　賃貸人は，権利金と賃料によって収益を上げますので，地代の額は，本来，権利金の有無や多寡によって，相場が変わってくるはずです。この相場のことを「相当の地代」といい，土地の更地の時価[9]（権利金[10]がある場合はその額を控除）の6％程度とされています（法基通13-1-2，平成元年3月30日付直法2-2通達）。

　例えば，**A**では，相当の地代は，次のとおり600万円となり，実際の地代と相当の地代が同額です。

　　（更地の時価1億5,000万円 － 権利金5,000万円）× 6％
　　　＝相当の地代600万円

　Bでは，相当の地代は，次のとおり900万円となり，実際の地代600万円が相当の地代を下回ります。

　　更地の時価1億5,000万円 × 6％＝相当の地代900万円

9　課税上の弊害がない場合には，①近隣の類似の土地公示価格から算出した価格，②相続税評価額，③相続税評価額の過去3年間の平均額を使うこともできます（法基通13-1-2（注））。この算定額を使う場合には，控除する権利金等の額にも「算定額／時価」の割合を乗じます。

10　権利金以外の名目で，特別の経済的な利益があるときはその額も含みます（法基通13-1-2）。

4.3 権利金・保証金・賃料 **197**

　このような場合，次の計算による権利金5,000万円が，甲から乙へ贈与され
たものとして扱われます（法基通13-1-3）[11]。

$$\boxed{更地の時価 1 億5,000万円} \times \left(1 - \frac{実際の地代600万円}{相当の地代900万円}\right) = \boxed{権利金5,000万円}$$

　その結果，甲は，5,000万円を寄附金[12]として計上しますが，寄附金は，損金
算入が制限されるため，法人税の課税対象となる所得が大きくなります。➡

1章3.4 寄附金と受贈益

　ただし，次の場合には，権利金の贈与は認定されません。

（ア）通常，権利金を授受する取引慣行がない場合（法令137）

（イ）土地の使用が通常，権利金の授受を伴わない場合（物品置場，駐車場，
　　　仮営業所・仮店舗等の簡易な建物の敷地等）（法基通13-1-5）

（ウ）契約書で将来借地を無償で返還する旨が定められ，賃貸人・賃借人の連
　　　名で，税務署長に，無償返還の届出が提出されている場合（法基通13-1
　　　-7）

　契約条項**B**では，乙は，契約終了時に立退料を請求せず，無償で甲に土地を
返還することが定められています。そのため，無償返還の届出をすれば，権利
金の贈与が認定されるのを避けることができます。ただし，この場合，相当の
地代900万円と実際の地代600万円との差額300万円については，各事業年度に
おいて，甲から乙に贈与があったものとして扱われ，寄附金として計上されま
す（法基通13-1-7）。

$$\boxed{相当の地代900万円} - \boxed{実際の地代600万円} = \boxed{寄附金300万円}$$

（b）賃借人（乙）の処理

　贈与を受けたものとされる権利金5,000万円は，受贈益に計上され，法人税
の課税対象となります。同時に，5,000万円を取得価額[13]として，借地権を資産

11　土地の賃貸借契約終了に伴い，相応の立退料等を受領しない場合にも，本来の立退料相当
額が，賃借人から賃貸人に贈与されたものとして課税されます。ただし，①無償返還の届出が
提出されている場合，②土地の使用目的が物品置場・駐車場等の場合，③借地上の建物の老朽
化等により借地権が消滅する場合等は，除きます。

12　賃借人が，甲の役員の場合は役員報酬，甲の従業員の場合は給与（賞与），取引先等の関係
者の場合は交際費に計上します。➡ **2章1.4 時価より低額での譲渡**

13　前掲注4

に計上します。

　また，上記①（ａ）（ウ）の無償返還の届出を提出すれば，権利金の贈与は認定されませんが，相当の地代900万円と実際の地代600万円との差額300万円は受贈益に計上されます。ただし，同時に，実際には支払っていない300万円を含む900万円の地代が，費用として認識されるため，法人税の課税対象となる所得額への影響はありません。

② 保証金・地代

　Aと同様です。

（２） 印紙税の取扱い

　Bにおける保証金2,000万円は，契約終了後に全額が甲に返還されることが予定されています。返還が予定されている保証金は，印紙税法上，契約金額には含みません。また，**A**と同様に，地代年額600万円も，契約金額には含みません。そのため，**B**では，契約金額の記載のない文書として，200円の印紙を貼付することになります。**➡ 1章2.5（2）印紙税額の計算方法**

　なお，法人税の処理において，権利金の贈与の認定を受けたとしても，印紙税の契約金額は，契約書上の記載内容に基づいて決定するのが原則ですので，影響はありません。**➡ 1章2.5（2）印紙税額の計算方法**

C 権利金なし・保証金の償却あり

（１） 法人税の取扱い

① 権利金・保証金

（ａ） 賃貸人（甲）の処理

　Cでは，賃借人（乙）が賃貸人（甲）に支払う保証金2,000万円について，賃貸借契約が終了する時点で，20％に相当する400万円が償却されることとなっています。つまり，保証金のうち1,600万円しか返還が予定されておらず，償却される400万円については，賃貸借契約締結時点で，甲から乙に返還されないことが確定します。この400万円は，**A**の権利金と同じ性質のものと考えられるため，甲は，確定した収入として，契約を締結した事業年度で，収益と

して計上します[14]。

この400万円を権利金として扱うと，相当の地代は，次のとおり，876万円となります

> （更地の時価 1 億5,000万円 － 権利金400万円）× 6 ％ ＝ 相当の地代876万円

そうすると，これに応じた権利金は，次の計算による4,726万273円となります。

$$\text{更地の時価 1 億5,000万円} \times \left(1 - \frac{\text{実際の地代600万円}}{\text{相当の地代876万円}} \right)$$

$$= \text{権利金4,726万273円}$$

この4,726万273円と権利金として扱われる400万円の差額4,326万273円が，甲から乙へ贈与されたものとして扱われます（法基通13‐1‐3）。この4,326万273円は，寄附金として計上されますが，寄附金は，損金算入が制限されるため，法人税の課税対象となる所得が大きくなります。**➡ 1章3.4 寄附金と受贈益**

B（1）①（a）（ウ）の無償返還の届出をすれば，**B**と同様に，権利金の贈与は認定されませんが，相当の地代876万円と実際の地代600万円との差額276万円については，各事業年度において，甲から乙に贈与があったものとして扱われ，寄附金として計上されます（法基通13‐1‐7）。

> 相当の地代876万円 － 実際の地代600万円 ＝ 寄附金276万円

（b）賃借人（乙）の処理

贈与を受けたものとされる4,326万273円は，受贈益に計上され，法人税の課税対象となります。この額に，保証金のうち権利金として扱われる400万円を加えた4,726万273円を取得価額[15]として，借地権を資産に計上します。

---

14 変更契約を締結し，契約当初に遡って「中途解約の場合にのみ保証金の一部を返還しない」とした場合，返還の要否は，中途解約の有無で決定し，契約締結時では未確定となるため，甲は，当初，益金に算入した金額を修正します。ただし，事業年度経過後に，所得計算の基礎となった事実を変更する事由が発生した場合，その事由が発生した事業年度の損益として認識し，過去の事業年度にまで遡って修正はしません。変更契約締結までに，事業年度をまたいでいた場合，当初の事業年度の損益は修正せず，変更契約を締結した事業年度で修正します（国税不服審判所裁決昭和63年 4 月 8 日裁決事例集35巻87頁参照）。

15 前掲注 4

また，無償返還の届出が提出されている場合，相当の地代876万円と実際の地代600万円との差額276万円が受贈益に計上されますが，**B**と同様に，法人税の課税対象となる所得額への影響はありません。

② 地　代

A・**B**と同様です。

（2）　印紙税の取扱い

Cにおける保証金2,000万円は，賃借権の設定に際して賃借人（乙）から賃貸人（甲）に支払われるという点では，**A**・**B**と同様です。このうち，80％に相当する1,600万円は，契約終了後に，甲への返還が予定されており，名目通り保証金の性質のものですが，20％に相当する400万円は，甲への返還が予定されておらず，権利金と同じ性質のものと言えます。そのため，**C**では，返還が予定されていない400万円が契約金額となります。また，**A**・**B**と同様に，地代年額600万円は，契約金額には含みません。そのため，**C**では，2,000円の印紙を貼付することになります。**➡ 1章2.5（2）印紙税額の計算方法**

D　権利金なし・保証金の償却なし・前払賃料あり

（1）　法人税の取扱い

① 権利金

Dでは，地代の前払分5,000万円と年払い分100万円×10年を合わせた総額は，6,000万円となり，保証金の償却分も含めて，権利金に当たる金銭が授受されていません。この状態は**B**と同様であるため，**D**の相当の地代も**B**と同額となり，権利金に関する処理は，**B**と同じです。

② 保証金

Dでは，地代総額の6分の5が前払いされていますので，将来の地代の未払い等を担保する目的である保証金についても，**A**〜**C**と比べて相応に低額な400万円となっています。このように，金額は異なりますが，処理の方法は，保証金の償却がない**A**・**B**と同様で，税務上の影響はありません。

③　地　代

Dでは，**A**と同様に，契約締結時に，乙から甲に，一時金として5,000万円が支払われています。ただし，権利金と前払地代では，処理の方法が異なります。

定期借地契約の締結時に支払われる一時金について，次の（a）〜（c）に該当する場合，地代の前払いとして処理することができます[16]。

（a）一時金が前払地代であり，契約期間の全部または最初の一定期間にわたって，地代に均等に充当されること等を定めた契約書を締結すること

（b）契約期間中，（a）の契約書を保管すること

（c）取引の実態も，（a）の契約内容に沿っていること

Dでは，上記の取扱いに従うと，前払地代5,000万円について，賃貸人（甲）は「前受収益」として，賃借人（乙）は「前払費用」として計上します。その後，これらから1年ごとに500万円ずつ取崩し，甲は収益として認識して益金に算入し，乙は費用として認識して損金に算入します。

この場合，甲にとっては，権利金が契約締結時に全額が収益計上されるのと比べて，収益の計上時期が遅くなります。また，乙にとっては，権利金が契約終了時に一括で費用計上されるのと比べて，費用計上の時期が早まります。

➡ 1章3.2(1)計上年度が異なる影響

（2）　印紙税の取扱い

Dでは，**A**〜**C**と同様に，全額が返還される予定の保証金400万円と地代（前払5,000万円＋年額100万円）は，契約金額には含みません。そのため，**D**では，契約金額の記載のない文書として，200円の印紙を貼付することになります。**➡** 1章2.5(2)印紙税額の計算方法

16　平成17年1月7日国税庁課税部長文書回答（国土交通省土地・水資源局長からの照会「定期借地権の賃料の一部又は全部を前払いとして一括して授受した場合における税務上の取扱いについて」に対する回答）

4.4　減価償却期間と除却損計上時期［法人税］

POINT
◆ 契約スキームを変更することにより、費用計上の時期が変わり、税法が定める償却資産の使用可能期間（法定耐用年数）と実際に使用する期間の不一致を補正できる場合があります。

設例　甲は、所有する土地上に、30年前に3億円で建設した建物を所有しています。今回、甲は、乙に10年間限定で、この建物を使ってもらい、10年後には、この建物を取り壊そうと考えています。また、乙から甲に支払う対価は、総額で1億2,000万円とします。

その方法として、A 10年間で賃料総額1億2,000万円の定期借家契約を締結するケース、B 借地権付の建物を1億円の分割払いで売却し、その借地権の条件として、10年間で賃料総額2,000万円の定期借地契約を締結するケースを想定します。

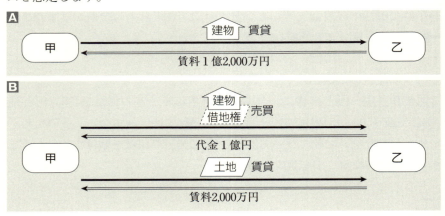

A　第○条（賃貸借）
1. 甲及び乙は、本件建物について、借地借家法第38条に定める**定期借家契約**を締結する。
2. 賃貸借期間は、○年○月○日より10年間とし、乙は、本契約が更新されず、賃貸借期間満了と同時に本件建物が解体されることを承諾

する。

3. **賃料は，年額1,200万円**とする。

B 第○条（売買）

1. 甲は，乙に対し，本件土地の**借地権**（以下「本件借地権」という。）**及び本件土地上の本件建物を代金1億円で売り渡し**，乙は，これを買い受ける。

2. 乙は，前項の**売買代金を1,000万円ずつ10回に分割して**，甲に支払う。

第○条（賃貸借）

1. 本件借地権は，借地借家法第22条に定める**定期借地**権であり，賃貸借期間は，○年○月○日より10年間とし，更新されないものとする。

2. 乙は，賃貸借期間満了までに，本件建物を解体し，本件建物を甲に明け渡す。なお，解体費用は，甲の負担とする。

3. **賃料は，年額200万円**とする。

法務の視点

契約条項Aは，本件建物の定期借家契約です。一般の賃貸借契約では，賃借人の保護のために，契約期間が満了しても，多くの場合に契約を更新することができますが，定期借家契約は，更新しない前提の契約です。

契約条項Bは，本件建物の売買契約と本件土地の定期借地契約です。定期借地契約も，契約を更新しない前提の契約です。

Aでは，10年間の賃料の総額は1億2,000万円で，Bでは，売買代金1億円と10年間の地代をあわせた総額は1億2,000万円となり，両者の総額は同じです。

10年間，乙が本件建物を使用でき，10年後に本件建物を解体するという点でも，両者は同じです。ただし，10年間，乙が本件建物の所有者か賃借人かによって，用途，転貸等に制限があるかどうか，建物の修繕費や固定資産税等をどちらが負担するかといった点に，違いが生じます。

税務の視点

事業のために用いられる建物，建物附属設備，機械装置，器具備品，車両運搬具等の資産は，税務上，減価償却資産と呼ばれます。その取得のために支出した金額は，取得時に全額を費用として計上できず，減価償却によって，複数

204　第 2 章　契約類型別の税務のポイント

年度にわたって費用に計上します（**➡** 1 章3.3（ 2 ）減価償却）。この期間は，「減価償却資産の耐用年数等に関する省令」の別表に定められており，法定耐用年数と呼ばれます[1]。

　ただし，法定耐用年数は，実際の使用期間にかかわらず，資産の種類ごとに一律に決められています。そのため，法定耐用年数が想定している資産の利用状況と実際の利用状況が異なり，設例のように法定耐用年数に達する前に使えなくなって，取り壊してしまうこともあります。このような場合は，その時点で，残存帳簿価額（未償却の価額）の全額を費用として計上します。

Ａ　本件建物の定期借家契約の場合

　Ａでは，法定耐用年数が50年間[2]としますと，減価償却資産（建物）の取得のために支出した金額（建設費等）を減価償却の計算によって，50年間にわたって費用化します。建物の帳簿価額は，年々，減価償却により減少していきますが，50年間経たないうちに，建物を取り壊す場合には，残存価額（未償却残高）があります。建物を取り壊す際には，建物という資産が消滅しますので，帳簿上も資産から削除します。これを資産の除却といいますが，法定耐用年数が経過しないうちに除却する場合，未償却残高がありますので，この全額をその年度で費用として計上します。この費用のことを「除却損」といいます。つまり，減価償却の計算を実際の利用年数に応じて修正していることになります。

　この建物の取得価額 3 億円について，法定耐用年数50年で，定額法により減価償却すると， 1 年間の減価償却費は，600万円となります[3]。

$$\frac{取得価額 3 億円}{法定耐用年数50年} = 1 年間の減価償却費600万円$$

1　法定耐用年数と実際の耐用年数との間に乖離がある場合，国税局長の承認を受けると，耐用年数を短縮できますが，短縮が認められなかった事例として，国税不服審判所裁決平成16年10月22日裁決事例集68巻125頁参照。
2　鉄筋鉄骨コンクリート造または鉄骨コンクリート造の事務所用建物の法定耐用年数は，50年です。（耐令別表 1 「機械及び装置以外の有形減価償却資産の耐用年数表」）
3　2007年 3 月31日以前に取得した有形固定資産については，残存価額を10％として計算していたため， 1 年間の減価償却費は，取得価額 3 億円×（ 1 －残存価額10％）÷法定耐用年数50年＝540万円となります。

4.4 減価償却期間と除却損計上時期 **205**

　減価償却は，資産を事業に使用し始めてから開始しますが，その時点から30年経過時点での残存帳簿価額は，1億2,000万円，40年経過時点での残存帳簿価額は，6,000万円です。各事業年度の家賃収入，減価償却費，損益の推移は，次の表のとおりです。

	家賃収入	減価償却費	建物簿価	損益
31年目	1,200万円	−600万円		600万円
32年目	1,200万円	−600万円		600万円
：	：	：		：
40年目	1,200万円	−600万円		600万円
小計	1億2,000万円	−6,000万円		6,000万円
建物取壊			−6,000万円	−6,000万円
合計	1億2,000万円	−6,000万円	−6,000万円	±0円

B　本件建物の売買と本件土地の定期借地契約の場合

　Bでは，建物を売却する際の譲渡損益の計算において，残存価額が費用として計上されます。そのため，**A**のように，契約締結時点から10年間にわたって減価償却費を計上した後に，建物を取り壊した時に除却損として計上するのに比べ，費用化される時期を早めることができます。各事業年度の地代収入，売却収入，損益の推移は次のとおりです。

	地代収入	売却収入	建物簿価	損益
31年目	200万円	1億円	−1億2,000万円	−1,800万円
32年目	200万円			200万円
：	：			：
40年目	200万円			200万円
小計	2,000万円	1億円	−1億2,000万円	±0円
建物取壊			0万円	0万円
合計	2,000万円	1億円	−1億2,000万円	±0円

206 第2章 契約類型別の税務のポイント

　ただし，**B**では，**A**と異なり，建物の売買にともなって，買主乙が，次の税金を負担することになりますので，売却価格や地代の決定にあたっては注意が必要です。

取得時	登録免許税	不動産の所有権移転登記，所有権保存登記，抵当権設定登記等の際に課されます[4]。 売買においては，売主（登記義務者）と買主（登記権利者）が共同で登記申請を行うため，両者が連帯して納付義務を負います（登法3）。実務上は，売買契約において，所有権移転登記にかかる登録免許税は買主が負担することを定めるのが一般的です。
	不動産取得税	不動産を売買，贈与，交換，新築・増改築等により取得した場合に課されます[5]。 不動産の取得者（売買の場合は買主）が納付義務を負います（地法73の2Ⅰ）。
所有期間中	固定資産税 都市計画税	不動産等の所有者に対して課されます。**➡1章 2.6 固定資産税の概要** 年初における登記名義人が納付義務を負います（地法343Ⅱ）。実務上は，年途中で売買する場合，各当事者の所有期間に応じて，負担額を按分して精算するのが一般的です。

4　土地・建物の売買に伴う所有権移転登記の場合，税率は，原則として，不動産の価格の2％です（土地について2017年3月末までに登記する場合は1.5％に軽減）。不動産の価格は，固定資産台帳（**➡1章2.6(2)固定資産税額の計算方法**）等を基に決定します。
5　2018年3月末までに取得した不動産に対する税率は，土地・住宅用建物が3％（宅地は半額に軽減），住宅以外の建物が4％です。

4.5 賃借物件引継に伴う前賃借人等への支払 [法人税]

POINT
◆ 賃借物件を引き継ぐ際に，前の賃借人に金銭を支払う場合，その方法によって，費用化できる時期が異なります。

設例 甲は，飲食店をオープンするにあたり，店舗物件を丙から賃借していた乙に100万円を支払い，その賃借物件と設備一式を含めて，いわゆる「居抜き」で店舗を引き継ぎます。その際，🅐引っ越し代・営業補償等を支払うケース，🅑乙から事業譲渡を受けるケース，🅒乙からその物件を転借するケースを想定します。

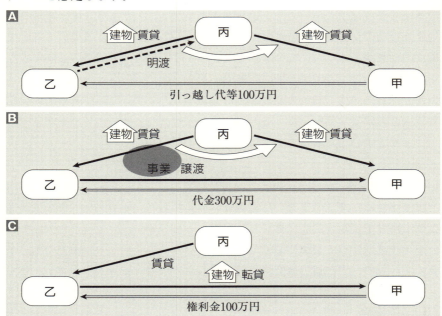

🅐 第○条（退去）
　1. 乙は，○年○月○日までに，本物件を退去する。
　2. 甲は，乙が早期に本物件を退去する費用の補填のために，引っ越し

208 第2章 契約類型別の税務のポイント

> 　　　代，**営業補償等**として，乙に100万円を支払う。
> **B**　第○条（事業譲渡）
> 　　1．乙は，甲に対し，本物件における飲食事業を譲渡し，甲は，これを
> 　　　譲り受ける。
> 　　2．甲は，前項の**事業譲渡の対価**として，300万円を乙に支払う。
> **C**　第○条（転貸借）
> 　　1．乙は，丙から賃借する本物件を甲に**転貸**する。
> 　　2．甲は，**権利金**として，100万円を乙に支払う。

法務の視点

（1）　立退料

　賃貸借契約が終了する際，賃借人が退去する費用や賃借人がその物件で営業できなくなる補償の趣旨で，立退料が支払われることがあります。立退料は，通常，賃貸人から賃借人に対して支払われるもので，特に，賃貸人の都合で早期に契約を終了させたい場合等に支払われます。**A**は，賃貸人の意向ではなく，新たにこの物件を賃借する甲の意向で，乙を早期に退去させたいということで，甲が立退料と同様の趣旨の金銭を乙に支払うものです。なお，基本的に，乙と賃貸人との賃貸借契約を終了し，甲と賃貸人が新たに賃貸借契約を締結することになりますので，賃貸人の承諾が必要です。

（2）　事業譲渡

　事業譲渡は，特定の事業のための資産，契約関係，雇用関係，債権債務等の全部または重要な一部を一体として譲渡するものです。

　事業譲渡に伴って，契約関係を引き継ぐためには，契約の相手方の承諾が必要です。**B**で，甲が賃貸借契約を引き継ぐためには，賃貸人の承諾が必要です。

（3）　転貸借

　転貸借は，賃借している物件をさらに，第三者に賃貸するものです。転貸借には，賃貸人の承諾が必要です（民法612Ⅰ）。

税務の視点

支出の効果が１年以上に及ぶ費用は，その全額を支出した年度の費用として計上することはできず，複数年度にわたって費用化（償却）する必要があります[1]。このような費用を繰延資産といいます（法法2㉔）。**➡1章3.3(3)繰延資産**

また，事業譲渡において，設備や無形の資産等自体の価値を超える収益力（いわゆる「のれん」）に対価を支払う場合，その金額は，法人税法上，資産調整勘定（法法62の 8 ）に計上されます。**➡2章3.1 事業譲渡と株式譲渡の違い**

繰延資産，資産調整勘定の償却期間は，次の表のとおりです。なお，繰延資産は，その支出の内容により，償却期間が異なります。

種類		償却期間
繰延資産 （賃貸借の権利金・立退料）	賃貸借期間が 5 年未満で更新料支払が必要な場合	賃貸借期間
	その他の場合	5 年
資産調整勘定		5 年

A 退去費用等の補填として支払った場合

Aにおいて，引っ越し代，営業補償等として，甲が前の賃借人である乙に支払った100万円は，実質的に立退料に当たり，繰延資産である「資産を賃借し又は使用するために支出する権利金，立ちのき料その他の費用」（法令14Ⅰ⑥ロ）に当たります。

前の賃借人に支払った金銭（契約，慣習等によって明渡時に借家権として転売できるものは除きます。）について，税務上，年度ごとに償却できる限度額は，次の計算により算出されます。

$$償却限度額 = \frac{建物賃借の権利金・}{立退料等（支払額）} \times \frac{償却する事業年度の月数}{賃借期間（月数）}$$

ただし，上記の賃借期間は，次のとおりです。

---

1 支出額が20万円未満の場合は，例外的に，支出した年度で全額を損金に算入できます（法令134）。

① 賃借期間が５年未満で，契約更新時に再び権利金等の支払が必要なことが明らかな場合は，契約上の賃貸借期間

② 上記①以外の場合は，５年

　Aのケースで，乙と賃貸人（丙）間の賃貸借契約の契約期間が２年間で，契約更新時に更新料を支払う定めがあるとすると，甲が乙に支払った100万円は，繰延資産として，賃借期間である２年間で償却することになります（法基通８−２−３）。

　また，繰延資産の償却は，支出の効果が発生する時点から開始されますので，立退料については，新たな賃貸借契約が開始されたときから償却が開始されます。**A**のケースで，甲が賃貸人（丙）と賃貸借契約を開始したのが，甲の事業年度の開始日から６ヶ月後だとすると，１年目は契約開始から事業年度末までの期間６ヶ月で償却します。この場合の事業年度ごとの償却額は，次のとおりです。

事業年度	償却限度額
１年目	100万円×（６ヶ月／24ヶ月）＝25万円
２年目	100万円×（12ヶ月／24ヶ月）＝50万円
３年目	100万円×（12ヶ月／24ヶ月）＝50万円 ＞ 未償却残高25万円

　３年目の償却計算による金額50万円は，１〜２年目の償却後の残高25万円を上回るので，３年目は，未償却残高25万円が償却限度額となります。

B　事業譲渡により店舗を居抜きで譲り受けた場合

　Bでは，事業譲渡に伴い，甲が居抜きで店舗設備を譲り受けています。この際，乙から取得した店舗設備一式の有形固定資産の評価額が200万円とすると，乙に支払った事業譲渡の対価300万円からこの200万円を引いた残額100万円は，資産調整勘定として計上されます。この100万円は，引き継いだ店舗に関する賃貸借契約期間の長短にかかわらず，５年で均等償却します（法法62の８）[2]。

➡ **2章3.1 事業譲渡と株式譲渡の違い，3.3 事業譲渡等に伴う借地権の譲渡**

2　一般的な減価償却の計算とは異なり，事業年度の途中で事業譲渡が行われた場合でも，月数での按分計算はせず，１年目も１事業年度（12ヶ月）として償却します。

事業年度	償却限度額
1 年目	100万円×（12ヶ月／60ヶ月）＝20万円
2 年目	100万円×（12ヶ月／60ヶ月）＝20万円
3 年目	100万円×（12ヶ月／60ヶ月）＝20万円
4 年目	100万円×（12ヶ月／60ヶ月）＝20万円
5 年目	100万円×（12ヶ月／60ヶ月）＝20万円

C 店舗物件を転貸する場合

Cでは，乙と賃貸人（丙）との賃貸借契約は残したまま，甲が乙から店舗物件を転借しています。

甲と乙との転貸借契約の締結の際，甲から乙に支払う権利金100万円は，Aと同様に，繰延資産である「資産を賃借し又は使用するために支出する権利金，立ちのき料その他の費用」に当たります。

甲乙間の契約期間は，通常，乙丙間の契約期間2年間より長くなることはありません。そのため，甲乙間の契約で，契約更新時に更新料を支払う定めがある場合，権利金100万円は，繰延資産として，甲乙間の賃借期間で償却することになります。

212　第2章　契約類型別の税務のポイント

4.6　リース取引［法人税・消費税］

POINT
◆　実質的に中途解約できないファイナンス・リース取引については，売買があったものと扱われ，リース資産として計上した後，減価償却されます。
◆　契約期間中の解約が可能なオペレーティング・リース取引については，賃貸借として扱われ，資産には計上されません。
◆　消費税についても，上記に沿った取扱いとなります。

設例　甲（リース会社）は，耐用年数10年の機械を乙（ユーザー）にリースします。**A**中途解約の場合に残期間分のリース料を支払う義務があり，リース期間満了後に，所有権が移転するケース，**B**移転しないケース，**C**残期間分のリース料の支払なく中途解約可能なケースを想定します。

A　第○条（リース）
　　　甲（リース会社）は，乙（ユーザー）に対し，本件機械をリースする。
　第○条（契約期間）
　1．リース期間は，10年間とする。
　2．**リース期間満了後，本件機械の所有権は，無償で甲から乙に移転する**ものとする。
　第○条（解除）
　　　乙は，**契約期間中に本契約を解除する場合，残期間分のリース料金を一括で甲に支払う**ものとする。

B　第○条（リース）
　　　甲（リース会社）は，乙（ユーザー）に対し，本件機械をリースする。
　第○条（契約期間）
　1．リース期間は，10年間とする。
　2．**リース期間満了後，乙は，直ちに本件機械を甲に返却する**ものとする。
　第○条（解除）
　　　乙は，**契約期間中に本契約を解除する場合，残期間分のリース料金**

4.6 リース取引 **213**

を一括で甲に支払うものとする。

C 第○条（リース）

甲（リース会社）は，乙（ユーザー）に対し，本件機械をリースする。

第○条（契約期間）

1．リース期間は，10年間とする。

2．**リース期間満了後**，乙は，直ちに本件機械を甲に**返却する**ものとする。

第○条（解除）

乙は，３ヶ月以上前に甲に**書面で通知することにより，本契約を解除することができる。**

法務の視点

リース契約は，形式上は，一種の賃貸借契約ですが，資産の調達資金をリース会社が融通するという金融的側面があります。

リース期間終了後の処理，中途解約の可否等については，様々な契約条件のものがあります。

税務の視点

税法上のリース取引とは，次の①及び②に該当するもので（法法64の２Ⅲ），これは，一般に，ファイナンス・リースと呼ばれます。

① リース期間の途中で解約ができないか，中途解約の場合にはリース代金の残額のほぼ全額を違約金として支払う

② ユーザーがリース資産に関する経済的な利益を実質的に享受でき，その使用に必要な費用を実質的に負担する（フルペイアウト）

リース取引により固定資産を取得した場合には，売買により固定資産を取得した場合と同様に扱われ，リース資産として資産に計上されるのが原則です（法法64の２Ⅰ）。ただし，一般的な固定資産とは，減価償却の方法が異なる場合があります。

リース契約についての税務上の取扱いは，原則として，次の表のとおりです。

契約形態	法人税		消費税
	基本的な取扱い	費用計上	仕入税額控除
所有権移転ファイナンス・リース	売買とみなして資産計上	同種資産と同じ方法で減価償却	初年度でリース料総額にかかる消費税額を控除
所有権移転外ファイナンス・リース	売買とみなして資産計上	リース期間定額法で減価償却	初年度でリース料総額にかかる消費税額を控除
オペレーティング・リース	賃貸借（資産計上なし）	リース料を費用として計上	毎年度のリース料にかかる消費税額を控除

A 所有権移転ファイナンス・リース

（1） 法人税の取扱い

次の①～⑤のいずれかに該当するものは，所有権が移転するリース取引とされ，それ以外のリース取引が所有権移転外リース取引と定義されています（法令48の2Ⅴ⑤）。

① リース期間の途中または終了時に，リース資産が無償または実質的に無償に近い対価で，ユーザーに譲渡される。

② リース期間終了時に，実質的に無償に近い対価[1]で，再リースできる（法基通7-6の2-1）。

③ ユーザーが，リース期間の途中または終了時に，リース資産を著しく有利な価額で買い取る権利がある。

④ 特注の機械装置のように，リース資産が，その使用可能期間中，特定のユーザーによってのみ使用されると見込まれる，または，建築用足場材のようにリース資産の識別が困難である。

⑤ リース期間[2]が，リース資産の法定耐用年数の70％（法定耐用年数が10年以上の場合は60％）未満である（法基通7-6の2-7）[3]。

1　当初のリース料金の12分の1程度では，「実質的に無償に近い」とは言えないとされています。

契約条項**A**では，契約期間途中での解約の場合は，残期間分のリース料金を支払うこととなっており，フルペイアウトであれば，税法上のリース取引に該当します。また，リース期間満了後に，リース資産の所有権が，リース会社（甲）からユーザー（乙）に無償で移転しますので，上記①に該当します。

このような所有権移転リース取引により取得した資産については，売買により取得したものと扱われ，同種の資産について，ユーザー（乙）が選定している償却方法（定率法，定額法等[4]）により，減価償却されます。

（2）消費税の取扱い

事業年度ごとの消費税の申告額は，基本的に，売上に伴って受領した消費税から仕入等で支払った消費税を控除して計算します。これを仕入税額控除と呼びます。**➡ 1章2.4 消費税の概要**

所有権移転ファイナンス・リースでは，上記のとおり，資産の譲渡を受けたものとして扱われます。そのため，消費税についても，リース契約を締結した事業年度において，リース料総額にかかる消費税の全額について，一括して仕入税額控除の処理をすることになります。つまり，リース期間中に支払うリース料総額を，その資産の購入代金とみなして，処理をするということです。

B 所有権移転外ファイナンス・リース

（1） 法人税の取扱い

Bは，**A**と同様に，税法上のリース取引に該当します。また，リース期間満了後は，リース資産をユーザー（乙）からリース会社（甲）に返却することとなっており，リース資産が甲以外も利用できるものであれば，上記**A**（1）①〜⑤のいずれにも該当しません。

このような所有権移転外リース取引により取得した資産については，売買により取得したものと扱われますが，リース期間中に一定の金額を償却するリー

2　再リースをすることが明らかな場合には，その期間を含みます。（法基通7-6の2-7（注）2）

3　ユーザーの法人税の負担を著しく軽減することになると認められるものに限ります。

4　**➡ 1章3.3（2）減価償却**

ス期間定額法により，減価償却されます（法令48の2Ⅰ⑥）。この場合，月額固定のリース料であれば，各年度の償却限度額は，その年度に支払ったリース料と同額になります。

　また，このようなリース資産については，圧縮記帳[5]（法法47，措法65の7等），特別償却（措法42の5，42の6等），少額減価償却資産の損金算入[6]（法令133），一括償却資産の損金算入[6]（法令133の2）といった制度は適用されません。

　なお，中小企業については，所有権移転外ファイナンス・リースの場合でも，賃貸借の取引（下記**C**）と同様に処理することも許容されています[7]。

（2）　消費税の取扱い

　消費税の取扱いについては，所有権移転ファイナンス・リースの場合（上記**A**）と同様です。ただし，消費税についても，中小企業については，賃貸借の取引（下記**C**）と同様に処理することも許容されています。

C　オペレーティング・リース

（1）　法人税の取扱い

　Cでは，3ヶ月前の通知で契約を解除できることとなっており，違約金の支払いも不要であれば，税法上のリース取引に該当しません。

　このようなオペレーティング・リース取引については，賃貸借として扱われます。リース物件は，資産には計上されず，リース料が費用として計上されます。

（2）　消費税の取扱い

　消費税についても，通常の賃貸借と同様に扱われます。事業年度ごとに，支払ったリース料にかかる消費税を仕入税額控除する処理となります。

5　➡ 2章7.5 損害賠償と圧縮記帳
6　➡ 1章3.3（2）減価償却
7　日本公認会計士協会・日本税理士会連合会・日本商工会議所・企業会計基準委員会「中小企業の会計に関する指針」74-3（最終改正平成27年4月21日）参照。なお，この処理を選択した場合は，リース契約1件当たりのリース料総額が300万円以下のもの（企業会計基準委員会「企業会計基準適用指針第16号　リース取引に関する会計基準の適用指針」75（4））を除き，未経過リース料の期末残高を会社法に基づく計算書類に注記する必要があります。

5.1 債務承認弁済契約 **217**

5 消費貸借契約

5.1 債務承認弁済契約［印紙税］

POINT

◆ 金銭消費貸借契約を原契約とする債務承認弁済契約において，原契約書を明示しない場合，新たな金銭消費貸借の契約金額として，印紙の貼付が必要になります。

設例 甲は，乙に1億円を貸し付けましたが，約定の期日までに弁済されなかったため，残債務を承認し，新たな支払期日を合意する契約を締結するとします。契約書上に，**A**原契約の記載があるケース，**B**原契約の記載がないケースを想定します。

A 第○条（債務承認）

　　乙（借主）は，甲（貸主）に対し，本日現在，**○年○月○日付金銭消費貸借契約書に基づき**甲が乙に貸し付けた1億円の残金6,000万円及びこれに対する△年△月△日から支払済まで年6分の割合による遅延損害金の支払債務を負っていることを承認する。

第○条（弁済）

　　乙は，前項の残金及び遅延損害金を□年□月□日までに，甲に支払う。

B 第○条（債務承認）

　　乙（借主）は，甲（貸主）に対し，本日現在，甲が乙に貸し付けた1億円の残金6,000万円及びこれに対する△年△月△日から支払済まで年6分の割合による遅延損害金の支払債務を負っていることを承認する。

第○条（弁済）

　　乙は，前項の残金及び遅延損害金を□年□月□日までに，甲に支払う。

5.1
消費貸借

218 第2章 契約類型別の税務のポイント

法務の視点

　既に締結されている金銭消費貸借契約について，約定通りに返済が行われない場合，債務承認弁済契約書を締結することがあります。この契約は，①その時点での残債務の額を相互に確認して，残額に関する争いを未然に防止し，②その債務を債務者が承認することにより時効を中断させ，③新たな弁済方法（支払時期）を合意するという意味を持ちます。

　契約条項**A**では，元の金銭消費貸借契約が特定されていますが，契約条項**B**では，設例の1億円以外にも甲乙間で金銭消費貸借がある場合，どの金銭消費貸借についてのものか特定できないおそれがあります。特定できなければ，どの債権債務について時効を中断したのかも不明確になってしまいますので，契約条項**A**のような記載方法で特定すべきです。

税務の視点

　債務承認弁済契約書は，原契約である金銭消費貸借契約書と同じく，印法別表一「課税物件表」1号の3の文書（消費貸借に関する契約書）に該当します（印法通則5）。この場合における契約金額については，次の表のとおり，原契約の締結状況等で決まり，印紙税の取扱いが異なります。

債務承認弁済契約における原契約の記載	原契約における契約金額の記載	債務承認弁済契約の印紙税法上の契約金額
あり	あり	記載なし
あり	なし	残債務の金額
なし	－	残債務の金額

A　契約金額の記載のある原契約が表示されている場合

　契約条項**A**では，貸付金額を1億円とする原契約書が作成されていることが明らかです。このような場合，既に締結された消費貸借契約について，残債額6,000万円を確認し，支払期限を変更するものであって，契約金額（貸付額）を変更するものではありません。また，契約条項**A**に記載された金額1億円は，原契約書に記載された契約金額を引用しただけで，新たに契約した金額ではあ

りません。そのため，契約金額の記載のない文書（印法別表一「課税物件表」
１号の３）となり，200円の印紙の貼付が必要です。 **➡ 1章2.5(２)印紙税額の**
計算方法

　契約条項**A**に「１億円」の記載がなくても，原契約に契約金額「１億円」が
記載されていれば，同様の取扱いとなります。ただし，原契約書に契約金額の
記載がない場合には，6,000万円の消費貸借契約書として，６万円印紙の貼付
が必要になりますが，金銭消費貸借契約書が作成されたのに金額が記載されな
いという事態は，かなり例外的なケースと言えるでしょう。

B 原契約が作成されたか不明の場合

　契約条項**B**の文言からは，契約金額が記載された原契約書が作成されたか不
明です。この場合の「原契約書」とは，「金銭消費貸借契約書」のように必ず
しも当事者双方が署名または記名・押印した形式である必要はなく，債務者が
債権者に差し入れる「借用書」等も含みます。

　①原契約書が作成されていない場合（口頭や電子メール等で合意した場合），
②作成されていたとしても債務承認弁済契約書からはその作成が明らかでない
場合，③原契約書に契約金額の記載がない場合には，債務承認弁済契約書で承
認される債務の金額は，単なる既存の債務の承認金額とは言えず，新たな契約
金額を証明するものと考えられます。つまり，文面上は，債務承認の金額とし
て記載されていても，契約金額の記載のある金銭消費貸借契約書として扱われ
ます。

　そのため，契約条項**B**は，契約金額6,000万円の記載がある消費貸借契約書
（印法別表一「課税物件表」１号の３の文書）とされ，６万円の印紙の貼付が
必要です。 **➡ 1章2.5(２)印紙税額の計算方法**

　なお，債務承認弁済契約書は，しばしば，強制執行が可能な「債務名義」と
するために，公正証書により作成されます。この場合，公証人が保管する公正
証書の「原本」は，上記と同様に扱われますが，契約当事者に交付される「正
本」については，印紙の貼付は不要です（印基通22）。

　また，請負契約等に基づく既存の代金支払債務に関する債務承認弁済契約書
については， **➡ 2章5.2 準消費貸借契約と債務承認弁済契約。**

220　第2章　契約類型別の税務のポイント

5.2　準消費貸借契約と債務承認弁済契約 ［印紙税］

POINT
◆　請負等の未払代金を回収しようとする場合，準消費貸借契約とするか，債務承認弁済契約とするかによって，印紙税の課税対象となるか否かが異なります。

設例　甲（請負人）は，乙（注文者）との間で代金6,000万円の請負契約を締結し，目的物を引き渡しましたが，支払期限を過ぎても，乙からの支払がありません。そこで，乙と協議の上，分割での支払を認め，**A**準消費貸借契約または**B**債務承認弁済契約を締結することにしました。

A　第○条（準消費貸借）
　　　　甲及び乙は，○年○月○日付請負契約に基づく乙の甲に対する**未払代金債務6,000万円を消費貸借の目的とする**ことを合意する。
　　第○条（弁済）
　　　　乙は，前項の債務を分割して，△年△月から□年□月まで毎月末限り，1,000万円ずつ甲に支払う。

B　第○条（債務承認）
　　　　乙は，甲に対し，本日現在，○年○月○日付請負契約に基づく**未払代金6,000万円の支払債務を負っていることを承認する。**
　　第○条（弁済）
　　　　乙は，前項の債務を分割して，△年△月から□年□月まで毎月末限り，1,000万円ずつ甲に支払う。

法務の視点

　特定の債務を消費貸借の目的とする契約を準消費貸借契約と言います（民法588）。同じ当事者間で複数の債権債務がある場合に，それを1本にまとめる場合等にも用いられます。

　A・**B**は，いずれも未払の請負代金について，分割払いで弁済することを合意するもので，その実質的な効果は同じと考えられます。

5.2　準消費貸借契約と債務承認弁済契約　　**221**

税務の視点

　未回収の債権債務について，弁済方法を合意する場合，準消費貸借契約か，債務承認弁済契約かによって，次の表のとおり，印紙税の取扱いが異なります。

契約の内容	印紙税法上の契約金額
準消費貸借契約	記載された金額
債務承認弁済契約（原契約の記載あり）	記載なし

A　準消費貸借契約の場合

　契約条項**A**は，請負代金債務6,000万円を消費貸借の目的とすることを合意する準消費貸借契約です。

　印紙税法においては，準消費貸借契約書は，一般的な消費貸借契約と同様に扱われます。そのため，契約条項**A**は，契約金額6,000万円の文書（印法別表一「課税物件表」1号の3）となり，6万円の印紙を貼付する必要があります。

➡ 1章2.5(2)印紙税額の計算方法

B　債務承認弁済契約の場合

　契約条項**B**は，6,000万円の請負代金債務を承認し，弁済を約束する債務承認弁済契約です。

　契約条項**B**では，契約金額を6,000万円として作成された原契約書を引用しており，支払期限を変更するものに過ぎませんので，契約金額の記載のない印法別表一「課税物件表」2号の文書（原契約と同じ種類の文書）となり，200円の印紙を貼付することになります。➡ 1章2.5(2)印紙税額の計算方法

　債務承認弁済契約に関する印紙税の取扱いについては，➡ 2章5.1 債務承認弁済契約。

5.3 利子収入の計上時期 ［法人税］

POINT
◆ 金融・保険業者以外が，金銭の貸付をする場合，利子の支払期限を1年ごととすれば，利子の収益計上時期を遅らせることができます。

設例 甲（メーカー）は，決算日の半年前に，取引先の乙に対し，1,000万円を3年間，年30万円の利子で貸し付けます。この際，利子を🅰3年後の返済時に支払うケース，🅱1年ごとに支払うケースを想定します。

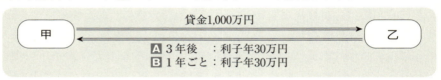

🅰 第○条（貸付）
　1．甲（貸主）は，乙（借主）に対し，1,000万円を貸し付け，乙は，これを受領した。
　2．乙は，本契約締結の **3年後** までに，前項の貸付金を甲に返済する。
　3．乙は，**前項の返済時** に，年額30万円の利子を甲に支払う。

🅱 第○条（貸付）
　1．甲（貸主）は，乙（借主）に対し，1,000万円を貸し付け，乙は，これを受領した。
　2．乙は，本契約締結の3年後までに，前項の貸付金を甲に返済する。
　3．乙は，本契約締結から **1年ごと** に，年額30万円の利子を甲に支払う。

法務の視点

契約条項🅰と🅱は，利子の支払期限が異なるのみです。法務的な視点からは，一般的には，債権の回収時期は早い方が，貸し倒れのリスクが低くなるという点で望ましいと言えます。

5.3 利子収入の計上時期　**223**

税務の視点

　貸付金等の利子については，原則として，その利子の計算期間の経過に応じた金額を収益に計上します。例外として，主な事業が金融[1]・保険業でない法人は，貸付金等の利子の支払期日が１年以内の一定期間ごとに到来する場合，その支払期日の事業年度の収益とすることもできます（法基通2-1-24）。ただし，この例外処理を採用する場合には，継続的に行う必要があります。

主な事業	利子の支払期日	収益計上時期
金融・保険	－	利子計算期間の経過に応じて
その他	一定期間ごとでない	利子計算期間の経過に応じて
	１年超の一定期間ごと	利子計算期間の経過に応じて
	１年以内の一定期間ごと	原則：利子計算期間の経過に応じて 例外：支払期日の事業年度

A　利子の支払期日が３年後の場合

　Aでは，利子の支払期日が３年後で，貸付日から１年を超えるため，原則どおり，時の経過とともに，次の表のとおり，利子を収益に計上します。

年度	収益計上
貸付をした年度	半年分の利子15万円
翌年度	１年分の利子30万円
翌々年度	１年分の利子30万円
返済の年度（利子支払期限到来）	半年分の利子15万円

B　利子の支払期日が１年ごとの場合

　Bでは，利子の支払期日が１年ごとに到来するため，**A**と同様の処理の他，次の表のとおり，利子の支払期日が到来する時に，収益として計上することもできます。

1　割賦購入あっせん業・債権買取業も金融業に当たるとしたものとして，国税不服審判所裁決昭和60年３月29日裁決事例集29巻64頁。

年度	収益計上
貸付をした年度	－
翌年度　　　（1回目の利子支払期限到来）	1年分の利子30万円
翌々年度　　（2回目の利子支払期限到来）	1年分の利子30万円
返済の年度（3回目の利子支払期限到来）	1年分の利子30万円

　収益計上される合計額は，**A**と同額になりますが，利子の支払期日を1年ごとに設定した**B**の方が，利子の収益計上の時期が遅くなります。収益計上の時期の違いによる影響については，**➡ 1章3.2（1）計上年度が異なる影響**。

　ただし，借入により調達した資金を運用目的で貸し付けた場合等，借入金と貸付金がひも付いている関係にある場合は，借入金の支払利子と運用資産から生じる利子を対応させて計上する必要があり，運用資産から生じる利子については，原則どおり，**A**と同様に，時の経過に応じて収益計上しなければなりません（法基通2-1-24（注）1）。

　なお，**A**，**B**ともに，利子が約定どおりに支払われているかどうかにかかわらず，各年度で収益を計上するのが原則です。

　例外的な処理については，**➡ 2章5.4 低利率・無利子での資金供与と寄附金**。

5.4 低利率・無利子での資金供与と寄附金 ［法人税］

POINT
- 通常より低利率での貸付は，合理的な再建計画に基づくものである等といった相当な理由がない限り，通常の利子との差額が寄附金とされます。
- 寄附金のうち，一定額（100％親子会社間では全額）は，損金算入できず，法人税の課税対象である所得が大きくなります。

設例 甲（親会社）は，資金不足に陥っている乙（子会社）に対し，1億円を貸し付けます。**A**年利0.1％のケース，**B**年利2％のケース，**C**他の債権者と協議・策定した再建計画に基づき無利子で貸し付けるケースを想定します。

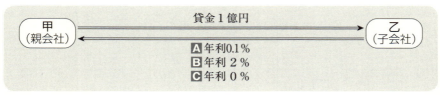

A	第○条（貸付） 1．甲（貸主）は，乙（借主）に対し，1億円を貸し付け，乙は，これを受領した。 2．利子は，**年利0.1％**とする。
B	第○条（貸付） 1．甲（貸主）は，乙（借主）に対し，1億円を貸し付け，乙は，これを受領した。 2．利子は，**年利2％**とする。
C	第○条（貸付） 1．甲（貸主）は，甲，乙（借主）及びα銀行が合意した「乙社経営改善計画書」に基づき，乙に対し，1億円を貸し付け，乙は，これを受領した。 2．前項の貸付は，**無利子**とする。

法務の視点

契約内容については，契約自由の原則により，基本的に，契約当事者が自由に合意することができます。一方当事者に不利な条件であっても，公序良俗に反する等の特殊な事情がない限り，契約は有効に成立します。

税務の視点

通常の利率より低い利子や無利子で貸付を行った場合，次の表のとおり，通常とは異なる処理がされます。

	相当な理由	貸主の利子の処理	借主の利子の処理
通常の利率の利子	－	利子を収益計上	利子を費用計上
通常より低い利率の利子	あり（再建計画等）	利子を収益計上	利子を費用計上
	なし	利子を収益計上 通常の利子との差額を寄附金に計上	利子を費用計上 通常の利子との差額を受贈益に計上
無利子	あり（再建計画等）	－	－
	なし	通常の利子の額を寄附金に計上	通常の利子の額を受贈益に計上

寄附金は，損金算入が制限され，その結果，法人税の課税対象となる所得が大きくなります。➡ **1章3.4 寄附金と受贈益**

また，利子の計上時期については，次のとおり，債務者の状態に応じて，例外的な取扱いが認められています。

	利子の収益計上時期
原則	利子の計算期間の経過に応じて収益に計上
債務超過により支払を督促しても利子が未収である等の事情がある場合	原則的な処理の他，利子の回収時に収益に計上することも可

A　通常より低い利率での貸付

Aでは，甲は，資金不足の子会社乙に対して，通常の利率[1]より低い年利0.1％で１億円を貸し付けています。このような場合，**C**のように，合理的な再建計画に基づくもの等でない限り，通常の利率（ここでは２％とします。）による利子と契約上の年利0.1％の利子の差額は，甲から乙への経済的利益の供与として，寄附金とされます。**A**の場合，１年当たりの寄附金は，２％の利子200万円と0.1％の利子10万円との差額である年間190万円となります。仮に，無利子であれば，200万円が寄附金とされます。

> 通常の利率の利子（年間）200万円 － 契約上の利子（年間）10万円
> ＝寄附金（年間）190万円

甲は，寄附金のうち，資本金・所得額等を基準に算定した一定の額（法令73）を超える分については，損金に算入できません。また，甲と乙が100％の親子会社である場合，甲は，寄附金の全額を損金に算入できません（法法37Ⅱ）。このように，損金算入が制限される結果，法人税の課税対象となる甲の所得は，大きくなります。

また，乙は，甲の寄附金に対応して，寄附金と同額の受贈益を計上します。ただし，これとバランスをとるため，同時に，（実際には支払っていなくても）同額の支払利子が費用に認識され，±０円となるため，課税に影響はありません。また，甲と乙が100％の親子会社である場合，甲が寄附金の全額を損金算入できない反面，この寄附金に対応する乙の受贈益については，益金に算入しません（法法25の２）。

なお，当初，通常の利率で契約を締結した後に，利率を下げたり，利子の支払を免除したりした場合も，上記と同様に，通常の利率による利子との差額が，寄附金として扱われます。

B　通常の利率での貸付

Bは，通常の利率の貸付ですが，乙からの利子の支払が滞っているとします。

貸付金の利子は，利子の計算期間の経過に応じて，収益に計上するのが原則

1　甲の市場調達利率や特例基準割合利率（前々年10月から前年９月までの銀行の新規の短期貸出約定平均金利を基に財務大臣が告示する割合に，年１％の割合を加算した割合）（措法93）。

です。例えば，1年ごとに利子を支払う契約であれば，その1年の経過ごとに，収益に計上します。しかし，次の①〜⑤のような事情により，利子回収の見込みが低い場合には，利子の計算期間の経過に応じて，利子収入を計上すると，実情との乖離が著しいため，実際に利子を回収した時点で，収益として計上することもできます（法基通2-1-25）。

① 債務超過等の相当の理由により，支払を督促しても，一定期間の利子が未収となっていること
② 更生手続の開始
③ 債務超過が相当期間継続し，事業好転の見通しがないこと
④ 天災事故，経済事情の急変等により多大の損失を蒙ったこと
⑤ 更生計画認可の決定，債権者集会の協議決定等により貸付金の全部または相当部分について概ね2年以上棚上げされること

　🅱️において，上記のような事情が認められれば，利子の計算期間の経過に応じて，各事業年度で利子を未収の収益として計上しなかったとしても，直ちに，乙に対する経済的利益の供与として，寄附金に該当するわけではありません[2]。

🅲 再建計画に基づく無利子での貸付

　無利子や通常よりも低い利率での貸付をした場合や債権放棄等をした場合においても，業績不振の子会社等の倒産を防止するためにやむを得ないもので，合理的な再建計画に基づくものである等，相当な理由があるときは，供与する経済的利益の額は，寄附金とはされません（法基通9-4-2）。

　🅲では，甲は，金融機関等の債権者と協議し，策定した再建計画に基づき，無利子で1億円を乙に貸し付けています。そのため，上記のような相当な理由が認められれば，この利子免除により，乙に供与する経済的利益の額は，寄附金に該当しないことになります。

　合理的な再建計画かどうかについては，支援額の合理性，支援者による再建管理の有無，支援者の範囲の相当性，支援割合の合理性等について，総合的に判断しますが，例えば，利害の対立する複数の支援者の合意により策定された再建計画は，原則として，合理的なものと判断されます（法基通9-4-2）。

2　国税不服審判所裁決昭和56年10月14日裁決事例集23巻154頁参照。

5.5 劣後特約等の同族会社間取引 [法人税]

POINT
- ◆ 親会社・兄弟会社等の同族会社間の取引において，経済合理性が認められない場合，税務上，否認されて，寄附金として認定される場合があります。
- ◆ そのため，同族会社間でも，独立した第三者との取引条件に準じて，経済合理性の認められる取引内容としておく必要があります。

設例 甲（親会社）は，乙（子会社）に対して，10年以上の期間，5億円を貸し付けます。A年15％の利子で，弁済期は10年後に協議して決定するケース，B銀行も関与した経営改善計画に基づき，年5％の利子で，弁済期は10年後とするケースを想定します。

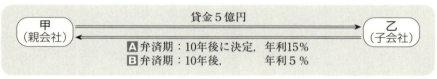

A 第〇条（貸付）
　1．甲（貸主）は，乙（借主）に対し，5億円を貸し付け，乙は，これを受領した。
　2．乙は，毎年，前項の元金に対し，**年15％の利子を甲に支払う**。
第〇条（弁済期等）
　1．前条第1項の元金の**弁済期は，本契約締結から10年経過後に，甲乙協議の上，決定**する。
　2．乙は，甲に対し，剰余金の配当として5億円を支払う。

B 第〇条（貸付）
　1．甲（貸主）は，乙（借主）に対し，5億円を貸し付け，乙は，これを受領した。
　2．乙は，毎年，前項の元金に対し，**年5％の利子を甲に支払う**。
第〇条（劣後特約）
　1．乙は，甲，乙及びα銀行が合意した「乙社経営改善計画書」に基づき，乙が当該計画書に定める他の消費貸借債務を完済する10年後に，前条第1項の元金を一括して返済する。

230　第2章　契約類型別の税務のポイント

> 2．乙は，本契約に定める他，前項の計画書にしたがう。

法務の視点

　金銭消費貸借契約等において，他の債務が弁済された後に弁済するという条件が付されることがあり，このような特約は，「劣後特約」と呼ばれます。劣後特約は，社債発行の際に付けられる場合もあり，このような社債は劣後債と呼ばれます。

　契約条項**A**・**B**は，甲に不利な条件となっていますが，利息制限法等の強行規定に反しない限り，契約自由の原則により，契約は有効に成立します。

税務の視点

　税務上の観点から，**A**と**B**の最大の違いは，劣後特約等の条件が付いた金銭消費貸借契約を締結することに，経済合理性が認められるかどうかです。

　法人税では，理論上，会社が営利を目的とした合理的行動をとることを前提としています。そのため，契約自由の原則の下で私法上は有効に成立した契約であっても，親子会社等の同族会社[1]間で行った契約等で，法人税の負担を不当に減少させると認められる場合，税務署長が指定する方法により，所得計算が修正されます（法法132Ⅰ）。これは，同族会社では，会社の意思決定が少数の株主等の意図により左右され，租税回避[2]を容易に行えるため，このような事態を是正し，租税負担の公平を図ろうとする趣旨であると考えられます。

　経済合理性が認められるかどうかにより，次の表のとおり，利子に関する処理が異なります。

1　3人以下の株主（親族等の関係者を含みます。）で，その会社の株式の議決権の50％超を保有する会社をいいます（法法2⑩）。
2　➡1章1 税務と契約書（2）

経済合理性	甲（親会社）の処理	乙（子会社）の処理
あり	契約上の利子を益金算入	契約上の利子を損金算入
なし	通常の利子を益金算入 超過部分は受贈益として計上 （完全親子会社の場合，益金には不算入）	通常の利子を損金算入 超過部分は寄附金として計上 （損金算入は制限）

A 10年経過後に弁済期を協議する場合

Aでは，乙が，10年以上の長期間，弁済期未定で，甲から5億円の資金を借り入れて確保すると同時に，剰余金の配当（会社法453）として同額の5億円を甲に還流しており，経済的には不自然な取引にも見えます。この契約内容にしたがって処理すると，年利15％による利子7,500万円が乙の損金に算入され，甲の益金にも同額が算入されることとなります。

税務当局から，一連の行為が，乙の税負担の軽減，または，甲の利益確保のみを目的とした行為と認定されてしまうと，同族会社の行為・計算として，Aの取引は，否認されます[3]。そうすると，契約内容にしたがった税務処理が否定され，通常の利率[4]による所得計算に修正されることになります[5]。この場合，通常の利率を越える部分（通常の利率を2％と仮定すると，年1,000万円を超える6,500万円の部分）は，乙から甲への寄附金と認定されます。

寄附金については，資本金・所得額等を基準に算定した一定の額（法令73）を超える分は，損金に算入できません。また，100％の親子会社間では，寄附金支出の全額を損金に算入できず（法法37Ⅱ），これに対応して受領した会社側が計上する受贈益は益金に算入しません（法法25の2）。**➡ 1章3.4 寄附金と受贈益**

3　国税不服審判所裁決平成19年7月23日裁決事例集74巻197頁参照。
4　甲の市場調達利率や特例基準割合利率（前々年10月から前年9月までの銀行の新規の短期貸出約定平均金利を基に財務大臣が告示する割合に，年1％の割合を加算した割合）（措法93）。
5　2001年の税制改正により，合併や会社分割等の組織再編についても，同旨の否認規定が設けられていますが，上記の規定と異なり，適用対象は同族会社に限定されていません（法法132の2）。

Aにおいて，乙が甲の100％子会社だとすると，税務当局により，通常の利率（2％と仮定）に修正された場合，乙は，年6,500万円の寄附金を損金に算入できません。その結果，法人税の課税対象となる所得が大きくなります。甲は，乙の寄附金に対応する6,500万円について，受贈益に計上しますが，益金には算入されません。

また，そもそも金銭消費貸借取引自体に経済合理性がないと判断される可能性もあります。この場合，乙は，利子全額の年7,500万円が寄附金とされ，甲も受領した7,500万円全額が受贈益として認定されます。

B　他の債務を完済した10年後を弁済期とする場合

Bは，乙（子会社）の経営改善を目的とした甲（親会社）からの資金援助であり，この改善計画には第三者である乙の取引銀行αも深く関与していることもうかがわれます。このような状況において，甲が，他の債権者に劣る特約条項を付すことは，親会社の社会的責任として十分に考えられるものです。また，5％という利率も，通常の利率に劣後特約リスク数％を上乗せした妥当な範囲のものであり，経済合理性が認められます。したがって，**A**のように，同族会社の行為・計算として否認されることはなく，契約条項**B**の内容にしたがって，法人税法上の所得計算をすることが認められるものと考えられます。つまり，乙は，年利5％による利子2,500万円を損金に算入し，甲も，同額を益金に算入することとなります。

6 ライセンス契約

6.1 ノウハウ提供の対価の償却 ［法人税］

POINT
- ノウハウの頭金の支払時期と金額が同じであっても，契約の有効期間の違いによって，税務上認められる費用計上額が変わります。

設例 甲は，同業種のメーカー乙に対して，製品αの製造技術に関するノウハウを6年間程度，提供します。対価は，6年間で総額6,000万円＋製品αの売上額の5％とします。

ここでは，次の4つのケースを想定します。

Ⓐ 初期費用6,000万円（一括払い）＋売上の5％，　　契約期間6年間
Ⓑ 初期費用6,000万円（年払い）　＋売上の5％，　　契約期間6年間
Ⓒ 初期費用3,000万円＋更新料3,000万円＋売上の5％，契約期間3年間
Ⓓ 初期費用1,000万円＋更新料1,000万円＋売上の5％，契約期間1年間

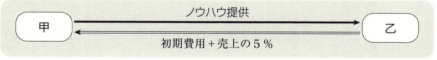

Ⓐ　第○条（対価）
　1．ノウハウ提供の対価は，次のとおりとする。
　　（1）**初期費用　6,000万円**
　　（2）製品αの売上額の5％
　2．乙は，初期費用を○月末までに，**一括**で甲に支払う。
　第○条（契約期間）
　1．本契約の有効期間は，本契約締結から**6年間**とする。
　2．前項の期間満了の1ヶ月前までに，甲または乙から相手方に対し契約を更新しない旨の通知がない場合，本契約は，1年間更新されるものとし，以後も同様とする。

B 第○条（対価）

1. ノウハウ提供の対価は，次のとおりとする。

（1）**初期費用　6,000万円**

（2）製品αの売上額の5％

2. 乙は，初期費用を毎年○月末までに，**1,000万円ずつ分割**して，甲に支払う。

第○条（契約期間）

1. 本契約の有効期間は，本契約締結から**6年間**とする。

2. 前項の期間満了の1ヶ月前までに，甲または乙から相手方に対し契約を更新しない旨の通知がない場合，本契約は，1年間更新されるものとし，以後も同様とする。

C 第○条（対価）

1. ノウハウ提供の対価は，次のとおりとする。

（1）**初期費用　3,000万円**

（2）製品αの売上額の5％

2. 乙は，初期費用を毎年○月末までに，**1,000万円ずつ分割**して，甲に支払う。

第○条（契約期間）

1. 本契約の有効期間は，本契約締結から**3年間**とする。

2. 乙は，次項にしたがって，**更新料3,000万円**を支払うことにより，本契約を3年間更新できるものとし，以後も同様とする。

3. 乙は，前項の更新後，更新料を毎年○月末までに，**1,000万円ずつ分割**して，甲に支払う。

D 第○条（対価）

1. ノウハウ提供の対価は，次のとおりとする。

（1）**初期費用　1,000万円**

（2）製品αの売上額の5％

第○条（契約期間）

1. 本契約の有効期間は，**1年間**とする。

2. 乙は，前項の期間満了の1ヶ月前までに，**更新料1,000万円**を支払うことにより，本契約を1年間更新できるものとし，以後も同様とする。

6.1　ノウハウ提供の対価の償却　**235**

法務の視点

　契約期間の長短や更新の有無については，最低限，どの程度の期間，契約が継続すべきか，契約終了を選択できるタイミングがいつ頃到来するのが望ましいかといった観点から，契約内容や相手方との関係を考慮し，検討する必要があります。

　例えば，ノウハウ提供を受ける乙の立場で考えると，ノウハウを蓄積するには複数年は必要であるといった事情があれば，最低限，その期間は，当初の契約期間として確保した方が無難と言えるでしょう。自動更新であっても，更新されない可能性も当然ありますので，将来的に契約終了を希望する可能性が高いのは当方か先方かといった点を踏まえて，契約期間や更新条件を検討することになります。

税務の視点

　支出の効果が１年以上に及ぶ費用は，その全額を支出した年度の費用として計上することはできず，複数年度にわたって費用化（償却）します[1]。このような費用を繰延資産といいます（法法2㉔）。**➡ 1章3.3(３)繰延資産**

　ノウハウ提供，その他の知的財産権のライセンスに関する頭金は，複数年にわたって使用するノウハウの対価ですので，繰延資産である「役務の提供を受けるために支出する権利金その他の費用」に当たります（法令14 I ⑥ハ）。

　ノウハウの頭金について，年度ごとに償却できる限度額は，支出の効果が及ぶ期間を基礎として，次の計算により算出されます（法法32①，法令64 I ②）。

$$償却限度額 ＝ ノウハウの頭金（支払額）\times \frac{償却する事業年度の月数}{支出の効果が及ぶ期間（月数）}$$

A　契約期間６年・一括払いの場合

　ノウハウの頭金の償却期間は，５年（契約期間が５年未満で，更新料が必要なことが明らかな場合は，契約期間の年数）です（法基通8-2-3）。この償却期間は，支出の効果が及ぶ標準的な期間として，原則一律に定められている

1　支出額が20万円未満の場合は，支出した年度で全額を損金算入できます（法令134）。

236 第2章 契約類型別の税務のポイント

ため，**C**のような場合を除いて，必ずしも契約期間とは一致しません。

Aでは，乙は，頭金（初期費用）6,000万円を支払っていますので，これを繰延資産として，次の表のとおり，5年間で償却することになります。

事業年度	償却限度額
1年目	6,000万円×（12ヶ月／60ヶ月）＝1,200万円
2年目	6,000万円×（12ヶ月／60ヶ月）＝1,200万円
3年目	6,000万円×（12ヶ月／60ヶ月）＝1,200万円
4年目	6,000万円×（12ヶ月／60ヶ月）＝1,200万円
5年目	6,000万円×（12ヶ月／60ヶ月）＝1,200万円

また，売上額の5％の対価については，その事業年度ごとに発生するもので，「支出の効果が1年以上に及ぶ費用」ではありませんので，各事業年度において，発生した全額を費用として計上します。

B 契約期間6年・年払いの場合

Bでは，頭金6,000万円を6年の契約期間において，毎年1,000万円ずつ分割で支払うこととなっています。

ノウハウの頭金を分割で支払う場合，短期間（概ね3年以内）の分割の場合を除き，総額が確定していても，未払分も含めた総額を繰延資産に計上して償却することはできません（法基通8-3-3）。**B**では，分割の期間が6年に及び，短期間（概ね3年以内）ではありませんので，契約時に，契約金額の総額6,000万円を未払分も含めて繰延資産に計上して償却する処理はできません。

そのため，乙は，頭金を分割で支払うごとに，繰延資産として計上し，支払累計額について，5年間で償却することになります。ただし，償却限度額の関係で，本来の償却期間である5年を経過しても未償却残高がある場合は，それがゼロになるまで償却することができます。なお，未償却残高がゼロになる前に，契約が終了した場合は，その時点で，残高全額を費用として計上できます（法基通8-3-6）。各事業年度における償却限度額について，その時点の支払累計額を基礎として計算すると，次の表のとおりになります。

6.1 ノウハウ提供の対価の償却　**237**

事業年度	償却限度額
1年目	1,000万円×（12ヶ月／60ヶ月）＝ 200万円
2年目	2,000万円×（12ヶ月／60ヶ月）＝ 400万円
3年目	3,000万円×（12ヶ月／60ヶ月）＝ 600万円
4年目	4,000万円×（12ヶ月／60ヶ月）＝ 800万円
5年目	5,000万円×（12ヶ月／60ヶ月）＝1,000万円
6年目	6,000万円×（12ヶ月／60ヶ月）＝1,200万円
7年目	6,000万円×（12ヶ月／60ヶ月）＝1,200万円
8年目	6,000万円×（12ヶ月／60ヶ月）＝1,200万円 ＞ 未償却残高600万円

　契約が更新された場合，6年目と7年目の償却限度額は，それぞれ1,200万円で，8年目で，頭金6,000万円の未償却残高はゼロとなります。8年目の償却計算による金額1,200万円は，1～7年目の償却後の残高600万円を上回るので，8年目は，600万円を償却することになります。

　なお，ノウハウ提供の頭金を長期間で分割払いする場合，償却限度額は，毎年新たなノウハウに関する契約の頭金として1,000万円を支出し，年度ごとの支出金額をそれぞれ5年間で償却する場合と比較して，6年目以降の償却費が多くなる点に注意が必要です。

C 契約期間3年・年払い（更新料あり）の場合

　ノウハウの頭金の償却期間は，原則として5年ですが，契約期間が5年未満で，契約更新時に一時金・頭金を支払うことが明らかな場合，契約期間の年数が償却期間となります（法基通8-2-3）。Cでは，契約期間は3年で，契約を更新する場合は，更新料を支払うこととなっています。そのため，Cでは，頭金を契約期間である3年で償却することができます。なお，更新料も，更新後の期間に対する「頭金」と考えられるため，同様の処理ができます。

　また，頭金を分割で支払う場合，原則として，未払分も含めた総額を繰延資産に計上して償却することはできません。ただし，分割払いの期間が概ね3年以内の短期間である場合，例外的に，未払分も含めた総額を繰延資産として処

238　第2章　契約類型別の税務のポイント

理することができます（法基通8-3-3但書）。**C**では，頭金3,000万円を3年の契約期間において，毎年1,000万円ずつ分割で支払う条件で，更新料についても同様の条件となっています。そのため，乙は，未払分を含む頭金全額3,000万円について，1年目から繰延資産として償却することができ，各事業年度の償却限度額は，次の表のとおりになります。

事業年度	償却限度額
1年目	3,000万円×（12ヶ月／36ヶ月）＝1,000万円
2年目	3,000万円×（12ヶ月／36ヶ月）＝1,000万円
3年目	3,000万円×（12ヶ月／36ヶ月）＝1,000万円
更新後1年目	3,000万円×（12ヶ月／36ヶ月）＝1,000万円
更新後2年目	3,000万円×（12ヶ月／36ヶ月）＝1,000万円
更新後3年目	3,000万円×（12ヶ月／36ヶ月）＝1,000万円

D　契約期間1年（更新料あり）の場合

Dは，契約期間が1年であるため，その対価は，「支出の効果が1年以上に及ぶ費用」である繰延資産とはなりません。そのため，対価の全額をその事業年度の費用とすることができ，契約が更新されるごとに，毎年度1,000万円が費用として計上されることになります。

6.2 外国企業とのライセンス契約 [所得税・消費税]

POINT
- ◆ 外国法人に，使用料，配当，利子等を支払う場合，原則として，源泉徴収が必要です。
- ◆ ただし，相手方が新租税条約を締結している国・地域の法人で，その適用を受ける場合は，源泉徴収は不要です。
- ◆ 外国法人に対する知的財産権のライセンスについては，消費税は，免税となります。

設例 甲（日本法人）は，米国法人またはその関連会社との間で，特許のライセンス，ノウハウの提供に関する契約を締結します。

A甲が米国法人の日本子会社（乙）からライセンスを受けるケース，**B**甲が米国法人（丙）からライセンスを受けるケース，**C**甲が米国法人（丙）に対しライセンスするケースを想定します。

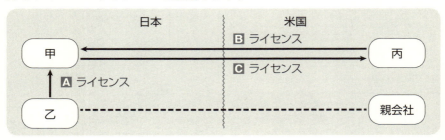

A	第○条（許諾等） 乙（**外資系日本法人**）は，甲（**日本法人**）に対し，本特許の通常実施権を許諾し，これに関連するノウハウを提供する。
B	第○条（許諾等） 丙（**米国法人**）は，甲（**日本法人**）に対し，本特許の通常実施権を許諾し，これに関連するノウハウを提供する。
C	第○条（許諾等） 甲（**日本法人**）は，丙（**米国法人**）に対し，本特許の通常実施権を許諾し，これに関連するノウハウを提供する。

法務の視点

特許権の効力は，登録を受けた国ごとにしか及びません。そのため，外国法人が保有する特許について，ライセンスを受けて日本国内で使用する場合，その外国法人が日本でも特許の登録を受けていることが前提となります。

税務の視点

外国法人[1]に対して，日本国内の事業・資産等に関する対価等を支払う場合，その対価等は，外国法人の「国内所得」となり，日本での課税対象となります。

外国法人が，日本国内に，事務所，代理人等の「恒久的施設」（PE: Permanent Establishment）を置いている場合には，国内所得については，外国法人自身が申告して法人税を納付します。このような恒久的施設を持たない外国法人については，支払う側（外国法人の契約の相手方等）が，源泉徴収して税金を納付する必要があります（➡ 1章2.3（4）源泉所得税）。このような源泉徴収の対象となる所得を「国内源泉所得」といいます。国内源泉所得にかかる税金は，源泉所得税と呼ばれ，所得税法で規定されています。法人の所得に

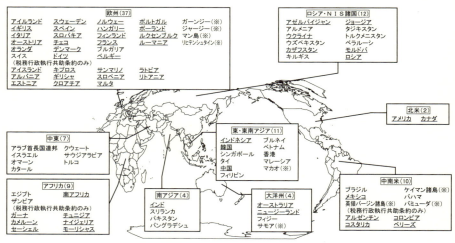

（出典：財務省Webサイト「我が国の租税条約ネットワーク」[2]）

---

1 国内に，直近1年以上，生活の本拠がない個人も同様です。
2 2016年2月1日現在，65の国・地域と租税条約が，10の国・地域（地図中の※）と情報交換協定が，57の国（地図中の下線）と税務行政執行共助条約が締結されています。

かかる税金であっても，法人税ではなく，所得税となります（所法161，164）。

ただし，外国法人の本国と日本国内での二重課税を防止するために，多くの国・地域との間で租税条約が締結されており，上記の原則が修正されています（所法162）。

また，知的財産権のライセンス契約は，「資産の貸付」として，基本的に，消費税の課税対象となる取引です。外国企業等とのライセンス契約に関する基本的な税務上の取扱いは，次のとおりです。

ライセンス	源泉所得税の取扱い	消費税の取扱い
国内法人→国内法人	源泉徴収は不要	課税
外国法人→国内法人	原則，源泉徴収が必要 租税条約が適用される場合は不要	不課税
国内法人→外国法人	源泉徴収は不要	免税

A 外資系日本法人からライセンスを受ける

Aでは，甲（日本法人）は，米国企業の日本法人である乙との間で，ライセンス契約を締結し，乙の親会社である米国企業が保有する特許の実施許諾，ノウハウの提供を受けて，製品を製造・販売しています。

知的財産権のライセンスについて，消費税の課税対象となる「国内で行われた取引」かどうかは，次の場所が国内かどうかにより，判断されます（消令6Ⅰ⑤・⑦）。 →2.12 外国法人に対する国内外での役務提供等

知的財産権の種類	場所
特許権，実用新案権，意匠権，商標権，回路配置利用権，育成者権	権利の登録をした機関の所在地 （複数の国で登録をしている場合は，ライセンサーの住所地）
著作権，特別の技術による生産方式等	ライセンサーの住所地

Aにおいては，許諾の対象となる特許は，米国法人が保有しており，米国・日本で登録されているものと考えられます。また，乙から提供されるノウハウは，上記の「特別の技術による生産方式」に当たると考えられます。そのため，

Aの取引が，消費税の課税対象である国内の取引かどうかは，ライセンサーである乙の住所地で判定することになります。乙自体は，国内の法人であるため，**A**の取引は，国内の取引として，消費税が課税されます。

B　米国法人からライセンスを受ける

（1）　源泉所得税の取扱い

Bでは，甲（日本法人）は，外国法人である丙との間で，ライセンス契約を締結し，丙が保有する特許の実施許諾，ノウハウの提供を受けて，製品を製造・販売しています。

この特許の実施許諾等の対価（ロイヤリティ）は，「工業所有権その他の技術に関する権利，特別の技術による生産方式若しくはこれらに準ずるものの使用料又はその譲渡による対価」として，丙の「国内源泉所得」となります（所法161Ⅶ）。そのため，丙が日本国内に事務所等の恒久的施設を持たない場合，支払の際に所得税を源泉徴収し，徴収月の翌月10日までに，税務署に納付しなければならないのが原則です（所法212Ⅰ）。

なお，甲は，丙の特許により製造した製品の一部を甲の海外販売子会社を通じて海外で販売し，販売台数や販売額を基準に算定したロイヤリティを丙に支払っているとします。ロイヤリティが国内源泉所得となるのは，そのロイヤリティが国内の業務に関するものである場合ですが（所法161Ⅶ），上記のようなケースでも，甲は，販売地域が海外か国内かに関係なく，外国法人の国内源泉所得として，所得税を源泉徴収して，納付しなければなりません。なぜなら，このロイヤリティは，①国内販売分と輸出分を区別せずに一律に販売台数・販売額を基準として算定されており，②製造後，流通におかれた最初の段階で支払義務が生じるとすると，販売段階における特許の使用に着目したものではなく，特許の根源的使用である製造段階における使用に着目して支払われるものと言えるからです。そのため，製造を国内で行っている以上，輸出分に対するものも含めて，ロイヤリティの全額が，日本国内で本件特許権が使用されたことの対価と考えられます。一方，製造も海外の子会社で行っている場合には，このロイヤリティは，国内の業務に関するものではありませんので，国内源泉所得に該当しないことになります（所基通161-21）。

また，外国法人である丙は，丙の所在地における法人所得税の申告において，日本国内での所得を含めて法人所得税を計算します。この結果，ロイヤリティが国内源泉所得に当たる場合には，同一の所得に対して所在地と源泉地で二重の課税が発生することになります。これを解消するため，所在地の法人所得税の納付にあたり，日本国で源泉徴収された税額を控除することになります（外国税額控除）。

（2）　租税条約

しかし，丙は，米国法人ですので，日米間で締結された「所得に対する租税に関する二重課税の回避及び脱税の防止のための日本国政府とアメリカ合衆国政府との間の条約」[3]（以下「新租税条約」といいます。）の適用対象となり，上記（1）の原則が修正されます。この条約では，使用料，配当，利子等について，源泉地国（Bでは日本）における税の減免が規定されています。旧条約では，特許使用料について，源泉地国における税率の上限（限度税率）は，10％とされていましたが，日米新租税条約では，特許使用料について，一律免税とされ，源泉徴収する必要がなくなりました。

Bにおいても，丙が，新租税条約を締結している米国に所在する法人ですので，丙の国内所得については，免税となります[4]。

（3）　消費税の取扱い

Bの取引が，消費税の課税対象となる国内の取引かどうかは，Aと同様に，ライセンサーである丙の住所地で判定することになります。丙は，米国法人ですので，その住所地は，国外であり，Bの取引は，国外の取引として，消費税の課税対象とはなりません（不課税）。

---

[3]　2004年3月30日に発効し，源泉所得税については2004年7月1日から適用されています。

[4]　ただし，日米新租税条約の適用を受けるには，最初にその支払を受ける日の前日までに，源泉徴収義務者である甲を経由して，甲の納税地の所轄税務署長に，届出書と必要書類（特典条項に関する付表と添付書類）を提出する必要があります。

244　第2章　契約類型別の税務のポイント

C 米国法人にライセンスする場合

　Cでは，甲（日本法人）は，外国法人である丙に対し，甲が保有する特許の実施を許諾し，ノウハウを提供しています。

　Cの取引が，消費税の課税対象となる国内の取引かどうかは，**A**・**B**と同様に，ライセンサーである甲の住所地で判定することになります。甲は，日本法人ですので，国内の取引ということになります。

　ただし，本来，消費税の課税対象となる国内の取引であっても，外国法人に対する役務提供等については，一定の要件を満たせば，0％の税率が適用され，消費税は免税となります。外国法人に対する知的財産権のライセンスについても，これに該当し（消法7Ⅰ⑤，消令17Ⅱ⑥），要件を満たすことを証明できれば，免税となります（消基通7-1-1）。なお，ライセンスの場合は，役務提供の場合と異なり，外国法人の日本事務所等が関与しているか否かは関係なく免税となります。**➡2章2.12 外国法人に対する国内外での役務提供等**

　Cでは，ライセンシーの丙は，外国法人ですので，免税となり，丙が消費税を支払う必要はありません。

6.3 海外の関連会社との取引価格（移転価格）［法人税］

POINT
◆ 海外のグループ会社との取引価格が，独立した企業間の価格と乖離している場合，その差額は寄附金として課税されます。

設例 甲は，50％以上を出資する海外の現地法人乙との間で，ソフトウェアのライセンス契約を締結します。独立した企業間であれば年額1,000万円のロイヤリティが相当であるところ，🅰甲が乙から年額300万円のロイヤリティを受領するケース，🅱甲が乙に年額3,000万円のロイヤリティを支払うケースを想定します。

🅰 第○条（利用許諾）
　1．甲（親会社）は，乙（海外現地法人）に対し，本件ソフトウェアの利用を許諾する。
　2．乙は，甲に対し，前項の許諾にかかるロイヤリティとして，年額300万円を支払う。

🅱 第○条（利用許諾）
　1．乙（海外現地法人）は，甲（親会社）に対し，本件ソフトウェアの利用を許諾する。
　2．甲は，乙に対し，前項の許諾にかかるロイヤリティとして，年額3,000万円を支払う。

法務の視点

契約内容については，契約自由の原則により，基本的に，契約当事者が自由

246 第2章　契約類型別の税務のポイント

に合意することができます。取引価格が，時価から乖離していても，それが当事者間で合意した価格であれば，有効な契約です。

税務の視点

　法人間において，時価よりも高額または低額な取引が行われた場合，取引価額と時価との差額のうち，実質的に経済的利益の供与と認められる金額は，寄附金に計上されます（法法37Ⅶ・Ⅷ）。

　特に，外国法人と親子関係[1]・兄弟関係[2]，実質的支配関係[3]等の関係（措令39の12Ⅰ）にある場合，その法人（国外関連者）との間の資産の売買，役務提供等の取引（以下「国外関連取引」といいます。）は，「移転価格税制」の対象となります。

　この税制では，国外関連取引が次の①または②に該当する場合，独立した企業間において同様の状況下で取引された場合に成立すると認められる価格（独立企業間価格）で，取引が行われたものとみなして法人税の処理がされます（措法66の4Ⅰ）。

　① 国外関連者から受領する対価が独立企業間価格に満たない場合
　② 国外関連者に支払う対価が独立企業間価格を超える場合

Ａ　国外関連者から受領する対価＜独立企業間価格の場合

　乙は，甲が発行済株式の50％以上を出資する外国法人ですので，甲の国外関連者に該当し，Ａの取引は，国外関連取引として，移転価格税制の対象となります。

　Ａでは，独立企業間価格1,000万円で取引されたものとみなされます。その結果，法人税の課税対象となる甲の所得は，取引価格300万円を収益として処理した場合と比べて，差額700万円の分だけ大きくなります[4]。また，差額700

1　2つの法人の一方が，他方の法人の発行済株式等の50％以上の株式等を直接または間接に保有する関係。
2　2つの法人が，同一の者によって，各々の発行済株式等の50％以上の株式等を直接または間接に保有される関係。
3　法人の役員の2分の1以上または代表者が，他の法人の役員・使用人を兼務する等して，いずれかの法人が他方の法人の事業の方針の全部または一部について実質的に決定できる関係。

6.3 海外の関連会社との取引価格（移転価格） **247**

万円のうち，甲から乙への経済的利益の供与と認められる部分については，寄附金[5]に計上されますが，国外関連者に対する寄附金は，その全額について，損金に算入することができません（措法66の4Ⅲ）。

（1） 独立企業間価格の算定方法

独立企業間価格の算定方法には，次のようなものがあります。

基本三法（措法66の4Ⅱ①イ～ハ）	
独立価格比準法	独立した第三者間で，同種の商品等を同様の状況（取引段階，取引数量等）下で取引する場合の対価の額を採用。
再販売価格基準法	国外関連取引の買手が，独立した第三者に対して商品等を再販売する価格から，通常の利益率（独立した第三者間の取引における利益率）による粗利額を控除して算出。
原価基準法	国外関連取引の売手による製造・調達等の原価に，通常の利益率（独立した第三者間の取引における利益率）による粗利額を加算して算出。

基本三法に準ずる方法（措法66の4Ⅱ①ニ）		

その他政令で定める方法（措法66の4Ⅱ①ニ，措令39の12Ⅷ）		
利益分割法	両当事者が国外関連取引で得る利益の総額について，次の基準で各当事者に配分して算出。	
	比較利益分割法	独立した第三者間の類似の状況下での取引における割合を用いて配分。
	寄与度利益分割法	各当事者による利益発生への寄与度を推測できる要因に応じて配分。
	残余利益分割法	両当事者が，無形資産を活用する等して独自の機能を果たしている場合に，①基本的利益を配分した上，②基本的利益以外の残余利益（独自の機能により発生した部分）について，残余利益発生への寄与度を推測できる要因（無形資産の価額等）に応じて配分。

4　この差額700万円については，寄附金に該当しない場合であっても，損金に算入することはできません（措法66の4Ⅳ）。

5　➡1章3.4 寄附金と受贈益

248 第2章 契約類型別の税務のポイント

取引単位営業利益法	国外関連取引の一方当事者と類似する企業の営業利益率と比較して算出。

（2） 算定方法の選択

　独立企業間価格の算定には，独立価格比準法，再販売価格基準法，原価基準法の基本三法のいずれかを用いるのが原則です。基本三法を用いることができない場合に限り，他の方法を用いることができます。各算定方法は，次のような観点から選択されます[6]（措法66の4Ⅱ，措通66の4（2）-1，66の4（3）-3）。

① 国外関連取引における商品等の種類・役務の内容等
② 国外関連取引において各当事者が果たす機能
③ 上記①・②に対する算定方法の適合性
④ 各算定方法の長所・短所
⑤ 比較する取引における商品等の種類・役務の内容，契約条件等
⑥ 国外関連取引と比較する取引との類似性の程度
⑦ 算定方法を適用するために必要な情報の入手可能性
⑧ 市場の状況，各当事者の事業戦略

　Aにおいて，「同種」の無形資産で，かつ，使用許諾の時期・期間，独占的許諾か非独占的許諾かといった条件が「同様」の取引事例が把握できない等の理由で，基本三法を用いることができない場合には，利益分割法等の他の方法を用いることになります。利益分割法を選択する場合，**A**では，ソフトウェアという重要な無形資産が存在しますので，残余利益分割法を用いることとなります。

B 国外関連者に支払う対価＞独立企業間価格の場合

　Aと同様に，乙（海外現地法人）は，甲の国外関連者に該当し，**B**の取引は，国外関連取引として，移転価格税制の対象となります。
　Bでは，独立企業間価格1,000万円で取引されたとみなされます。甲は，取

6　国税不服審判所裁決平成22年6月28日裁決事例集79巻参照。

引価格3,000万円のうち，独立企業間価格1,000万円を超える2,000万円について
は，損金に算入することができず（措法66の4Ⅲ），その分，法人税の課税対
象となる所得が大きくなります。また，差額2,000万円のうち，甲から乙への
経済的利益の供与と認められる部分は，寄附金[7]に計上されますが，国外関連
者に対する寄附金は，その全額について，損金に算入することができません
（措法66の4Ⅲ）。

---

7 → 1章3.4 寄附金と受贈益

7 和解契約

7.1 和解金の損金計上時期 ［法人税］

POINT
◆ 和解金については，一般的な費用と同様に，債務が確定した時点で損金として処理されます。
◆ その時点は，和解金の実質にしたがって判断する必要があります。

設例 甲が乙所有の土地を不法に占有していた事案について，甲が乙に，この土地を明け渡し，分割で解決金を支払うことにより，和解します。なお，甲は，明渡まで，一定期間の猶予を望んでいます。
　明渡により，解決金の一部が **A** 免除されるケース，**B** 免除されないケースを想定します。

A 第〇条（解決金）
　1．甲は，本件土地を権原なく占有していたことを認め，乙に対し，解決金として，1,200万円を支払う。
　2．甲は，前項の解決金を次のとおり分割して乙に支払う。
　　（1）本和解契約締結日から10日以内に600万円
　　（2）本和解契約締結の月から5年後まで毎月末日限り10万円
第〇条（明渡）
　1．乙は，本件土地の明渡を5年間猶予し，甲は，本和解契約締結日から5年以内に，本件土地を乙に明け渡す。
　2．甲が，前項の明渡期限より前に，本件土地を乙に**明け渡した場合**，乙は，当該明渡日において前条第2項第2号の支払期限が到来していない**解決金の残金について，支払を免除**する。

> **B**　第○条（解決金）
> 　　1．甲は，本件土地を権原なく占有していたことを認め，乙に対し，解
> 　　　決金として，1,200万円を支払う。
> 　　2．甲は，前項の解決金を本和解契約締結の月から5年後まで毎月末日
> 　　　限り20万円ずつ分割して乙に支払う。
> 　第○条（明渡）
> 　　甲は，本和解契約締結日から1ヶ月以内に，本件土地を乙に明け渡
> 　す。

法務の視点

　不動産を不法に占有されたことによる損害は，占有期間中の賃料相当額を基礎として算出されることがよくあります。

　和解により，土地等を明け渡す場合において，一定期間，明渡が猶予されたときは，それまでの間，一種の賃貸借ないしは使用貸借の関係が成立することになります。このような場合，和解成立と同時，または，その直後に，賃貸借契約等が締結されることもありますが，簡易的な内容であれば和解の内容に盛り込まれることもあります。契約条項**A**は，このような内容を想定したものと考えられます。

　また，将来発生する条件によって解決金の支払額を変動させる場合，「条件の成立ごとに新たに債務を発生させる」のではなく，「一旦，全額の債務を発生させた上で，条件成立により，残額を免除する」方式をとるのが一般的です。例えば，**A**であれば，「明渡まで毎月10万円の債務が発生する」のではなく「最初に1,200万円の債務を発生させた上で，明渡時に残債務を消滅させる」こととなっています。これは，途中で，和解契約が履行されない場合，期限の利益を喪失させて，その時点での残債務について，強制執行ができるようにするためです。

税務の視点

　この設例においては，甲が支払う解決金をいつの時点で損金に算入するべきかが問題となります。

　この点について，法人の損金に算入する費用は，償却費等の特殊なルールが

あるもの[1]を除き，事業年度の末日までに債務が確定したものに限られます（法法22Ⅲ）。次の３つの全ての要件が満たされたときに，債務が確定したものとされます（法基通２-２-12）。　→ 1章3.2(２)②損金の算入時期

① その費用に関する債務が成立している
② その債務に基づいて，具体的な給付をすべき原因となる事実が発生している
③ 金額を合理的に算定できる

A　明渡により解決金残金が免除される場合

Aの和解内容は，乙が本件土地の明渡を５年間猶予し，甲が解決金のうち600万円を10日以内に，残金を５年間の分割で支払うものですが，早期に明け渡した場合には，解決金の分割払いも不要となる点に特徴があります。

このような特徴を考えると，和解直後に支払う600万円は，それまでの不法占有に対する損害金であり，明渡まで支払う月10万円の分割金は，猶予期間中に発生する賃料相当額の性質のものと考えられます。

裁判上または裁判外での和解成立により，甲が乙に解決金を支払う債務は成立していますので，上記要件①は，満たされています。一方，上記要件②の「具体的な給付をすべき原因となる事実」は，実質的には，「明渡が未了であること」すなわち「甲が本件土地を占有していること」となるため，支払期日が到来していない分割金については，いまだ債務が確定しているとは言えません。そのため，会計処理上は和解が成立した時点で1,200万円全額を費用に計上しますが，法人税の処理では，支払期日が到来するごとに費用として認識し損金に算入されます。

B　解決金の一部免除がない場合

Bの和解内容は，甲が本件土地を明け渡し，解決金1,200万円を分割で支払うというもので，Aのような解決金の一部免除については，定められていません。そのため，Bは，単純に，過去の本件土地の所有権侵害についての損害賠

1　→ 1章3.3 減価償却と繰延資産

償金を分割で払うものと考えられます。

　そうすると，裁判上または裁判外での和解成立は，上記要件①における債務を成立させる事実であると同時に，上記要件②における「具体的な給付をすべき原因となる事実」でもあります。そのため，和解成立の時点で，上記①～③の３要件全てを満たすことになり，和解が成立した事業年度において，1,200万円全額が，損金に算入されます。

　なお，解決金の性質は，その前提となった紛争で争われた権利関係，それに関する経緯等によって，広範・多岐にわたり，その実質については，複合的な内容が混在している場合が少なからずあります。そのため，和解調書や和解契約書等から，その実質的な内容を判断する際には，その前提を十分に検討する必要があります。

7.2 瑕疵による代金減額・損害賠償と債務免除 ［法人税］

POINT
◆ 和解に基づき支払を免除された場合，その理由によって課税されることがあります。

設例 甲（注文者）は，建設業者である乙（請負人）に対し，代金5,000万円で建物の建設を依頼し，工事が完成しましたが，代金が未払いとなっていたところ，代金の扱いについて和解契約を締結することにしました。

瑕疵があった場合の**A**工事代金の減額・**B**損害賠償，**C**瑕疵等の理由によらない債務免除を想定します。

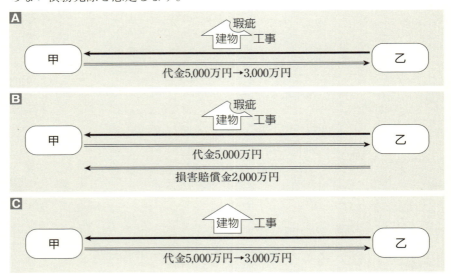

A 第○条（代金の減額）
　1．乙は，本件建物に**瑕疵があったことを認め**，甲及び乙は，本件建物の建設**代金を3,000万円に減額**することを合意する。
　2．甲は，前項の代金を本契約締結後10日以内に，乙に支払う。

B 第○条（損害賠償）
　1．乙は，本件建物に**瑕疵があったことを認め**，甲に対する**損害賠償金**

として2,000万円を支払う。

　　2．甲は，本件建物の建設代金5,000万円から前項の損害賠償金2,000万円を控除した3,000万円を本契約締結後10日以内に，乙に支払う。

C 　第〇条（代金の支払）

　　1．甲は，乙に対し，本件建物の建設**代金として5,000万円の支払債務があることを認め**，本契約締結後10日以内に，3,000万円を支払う。

　　2．乙は，前項にしたがって支払がなされることを条件に，**残代金2,000万円の支払を免除**する。

法務の視点

　Aと**B**は，いずれも建物に瑕疵があることを前提とする和解で，経済的な条件は同じです。**A**と**B**の違いは，法的には，代金の遅延損害金の計算に影響を及ぼしますが，和解の場合には，遅延損害金は請求しないこととするのが一般的ですので，実質的な違いはありません。また，裁判上の和解等では，両者が歩み寄りやすくして和解の成立を進めるため，あえて瑕疵がある等の理由を記載せず，単に，「解決金として支払う」といった表現が用いられることもしばしばあります。

　Cは，瑕疵等はなく正常に工事が完了していることを前提とした和解です。契約書等の証拠がそろっていれば，訴訟をしても乙が勝訴する可能性が高い状況と言えます。ただし，乙が勝訴しても，相手方（甲）が任意に支払をしない場合，強制執行の手続が必要となり，執行する対象の財産がないときは，実際には回収できません。そこで，甲の財政状況等により，全額の回収が見込めない場合，早期に代金の一部だけでも確実に回収するために，**C**のような和解を選択することも考えられます。

税務の視点

　請負契約の代金支払について紛争となり，和解により，支払額を減額する場合，その理由により，次の表のとおり，税務上の取扱いが異なります。

256 第2章 契約類型別の税務のポイント

	注文者の処理	請負人の処理
瑕疵を理由とする 代金変更・損害賠償	建物の取得価額を減額	収益額を減額
支払能力を考慮した 債務免除	債務免除益を計上 建物の取得価額は変更なし	免除額を寄附金として計上 一定の場合には貸倒損失と して費用計上 （収益額は変更なし）

A 瑕疵に基づく工事代金の減額の場合

（1） 注文者（甲）の処理

Aでは，建築工事の瑕疵に基づいて工事代金を5,000万円から3,000万円に減額する旨を合意しています。注文者（甲）は，この減額分2,000万円を本件工事代金の値引きとして，請負人（乙）に対する未払金5,000万円から2,000万円を減額し，建物の取得価額も2,000万円を減額して3,000万円とする処理を行います[1]。

工事代金としての支出額が減少しましたので，その分，将来的に，建物の減価償却[2]により費用化される額も減少することになります。

（2） 請負人（乙）の処理

請負人（乙）は，工事代金の値引きとして，売上額5,000万円から2,000万円を減額し，未収金も2,000万円減額して3,000万円に修正します。

そのため，法人税の課税対象となる所得も，2,000万円減少することになります。

B 瑕疵に基づく損害賠償の場合

（1） 注文者（甲）の処理

Bでは，建物の瑕疵を理由に損害賠償金2,000万円を受領しています。この

---

1 建物等を取得した事業年度と値引き等があった事業年度が異なる場合の処理については，法基通7-3-17の2を参照。

2 → 1章3.3（2）減価償却

場合,「損害賠償金」という名目であっても,建物の取得価額の修正として扱われます。そのため,注文者(甲)は,**A**と同様に,未払金と建物の取得価額を5,000万円から2,000万円減額して3,000万円に修正します。

(2) 請負人(乙)の処理

請負人(乙)の処理についても,工事代金の値引きとして処理する**A**の場合と同様になり,工事代金の収益と未収金を5,000万円から2,000万円減額して3,000万円に修正します。

C 支払能力を考慮した債務免除の場合

(1) 注文者(甲)の処理

Cでは,本来,工事代金を減額すべき理由はないものの,甲の財務状況が悪化したため,注文者(甲)の支払能力を考慮して,支払の一部を免除する旨を合意しています。甲は,この支払免除によって,2,000万円の経済的利益を受けることになりますので,これを債務免除益として,債務免除を受けた事業年度の収益に計上します[3]。なお,建物の価値に変わりはありませんので,実際には代金を3,000万円しか支払っていないとしても,建物の取得価額は,5,000万円のままです。

(2) 請負人(乙)の処理

乙(請負人)は,契約にしたがって工事を完成させていますので,本来,代金を減額する理由はなく,税務上は,本来の代金5,000万円を収益と考えます。しかし,乙は,実際には,2,000万円の支払を免除し,3,000万円しか受領しませんので,この2,000万円については,乙から甲に経済的利益の供与があったものとして,寄附金に計上します(法法37Ⅶ)。寄附金については,損金算入が制限され,その結果,法人税の課税対象となる所得は大きくなります。

➡ 1章3.4 寄附金と受贈益

ただし,債務免除した金銭債権について,次のような事情が認められる場合

---

3 国税不服審判所裁決平成15年2月12日裁決事例集65巻329頁参照。

には，寄附金として扱うのではなく，貸倒損失として，次の金額を損金に算入することができます（法基通9-6-1～9-6-3）。

① 法律上の貸倒れ

法的整理等によりカットされた次の債権額

（a）会社更生法，金融機関等の更生手続の特例等に関する法律，会社法，民事再生法の規定によりカットされる金額

（b）法令に基づかない私的債務整理手続における債権者集会の協議決定，行政機関・金融機関等のあっせんによる協議で，合理的な基準によってカットされる金額

（c）債務者の債務超過の状態が相当期間継続し，金銭債権の弁済を受けることができない場合に，債務者に対して，書面で明らかにした債務免除額

② 事実上の貸倒れ

債務者の資産状況，支払能力等から全額が回収できないことが明らかになった場合の債権額（担保物があるときは，担保物を処分した後）

③ 形式上の貸倒れ

次の場合において売掛債権（貸付金等は含みません）から備忘価額を控除した残額

（a）継続的な取引を行っていた債務者の資産状況，支払能力等が悪化したため，債務者との取引を停止した場合に，取引停止時と最後の弁済時等のうち最も遅い時から1年以上経過したとき（売掛債権について担保物のある場合は除きます。）

（b）同一地域の債務者に対する売掛債権の総額が取立費用より少なく，支払を督促しても弁済がない場合

7.3 代物弁済 [法人税・消費税・印紙税]

POINT
◆ 代物弁済の目的物の時価と消滅する債務額の差額は，寄附金・受贈益として課税対象になります。

設例 乙（債務者）が甲（債権者）に対して負う債務額に争いがありましたが，乙は，一定額の債務の存在を認めることとしました。しかし，乙には，その債務をすぐに弁済する資金がないため，代わりに，乙所有の不動産（時価5,000万円）を甲に譲渡することとしました。なお，乙における不動産の帳簿価額は3,000万円であるとします。

乙が認める債務額が，🅐5,000万円のケース，🅑3,000万円（不動産との差額の精算あり）のケース，🅒3,000万円（不動産との差額の精算なし）のケース，🅓7,000万円のケースを想定します。

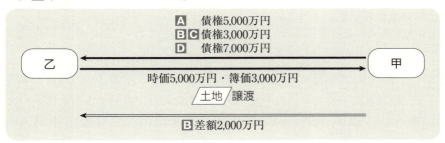

🅐 第○条（代物弁済）
　1．乙（債務者）は，甲（債権者）に対し，**5,000万円**の債務を負っていることを確認する。
　2．乙は，前項の債務の弁済に代えて，本件不動産を甲に譲渡する。

🅑 第○条（代物弁済）
　1．乙（債務者）は，甲（債権者）に対し，**3,000万円**の債務を負っていることを確認する。
　2．乙は，前項の債務の弁済に代えて，本件不動産を甲に譲渡する。
　第○条（精算）
　　　甲は，前条第1項の債務と本件不動産の**差額**として，**2,000万円**を

260　第2章　契約類型別の税務のポイント

乙に支払う。
C　第○条（代物弁済）
　　1．乙（債務者）は，甲（債権者）に対し，**3,000万円**の債務を負って
　　　いることを確認する。
　　2．乙は，前項の債務の弁済に代えて，本件不動産を甲に譲渡する。
　第○条（代物弁済）
　　1．乙（債務者）は，甲（債権者）に対し，**7,000万円**の債務を負って
　　　いることを確認する。
　　2．乙は，前項の債務の弁済に代えて，本件不動産を甲に譲渡する。

法務の視点

　代物弁済とは，債務者が，債権者の承諾を得て，本来の弁済に代えて，他の物件等を債権者に給付することをいいます（民法482）。例えば，**A**〜**D**のように，金銭債務を弁済する資金がないために，代わりに所有する不動産を譲渡するような場合です。代物弁済には，本来の弁済と同様に，債権・債務を消滅させる効力があります。

税務の視点

　代物弁済とは，税務上も，法的な考え方と同様に，債務者が債権者の承諾を得て，約定されていた弁済の手段に代えて他の給付で弁済することをいいます（消基通5-1-4）。代物弁済については，譲渡する資産と消滅する債権・債務とが対価関係にあるため，債権・債務額と同額の代金で資産を売買した場合と同様の処理をします。

　代物弁済により取得した資産は，その資産の時価等を取得価額[1]として，資産に計上されます（法令54Ⅰ⑥）。

　また，代物弁済による資産の譲渡も，消費税の課税対象となる「資産の譲渡等」（消法2Ⅰ⑧）に該当します。ただし，この不動産が土地である場合には，消費税は非課税となります（消法6，別表一①）。

　不動産譲渡を内容とする代物弁済契約書は，印法別表一「課税物件表」1号

1　資産を事業に使用するために直接必要な費用があれば加算するのが原則ですが（法令54Ⅰ），加算しなくてもよい費用もあります（法基通7-3-3の2）。

7.3 代物弁済　**261**

の文書に該当します。

A　目的物の時価＝債権・債務額の場合

（1）　法人税の取扱い

①　債権者（甲）の処理

Aでは，債権者（甲）は，債務者（乙）から，5,000万円の債務の弁済を受ける代わりに，時価5,000万の不動産の譲渡を受けています。消滅する債権・債務額と不動産の時価は，同等の価値ですので，甲は，5,000万円[2]を取得価額として，不動産を固定資産に計上します。

②　債務者（乙）の処理

債務者（乙）は，消滅する債務額5,000万円を不動産の譲渡収入として，不動産の帳簿価額[3]・譲渡費用の合計額との差額を譲渡損益（プラスなら譲渡益，マイナスなら譲渡損）に計上します。**A**では，譲渡費用はかかっていないとすると，次のとおり，2,000万円の譲渡益が計上されます。

消滅する債務額5,000万円 － 不動産の帳簿価額3,000万円 ＝ 譲渡益2,000万円

これは，不動産を代金5,000万円で売却した場合と同様の処理になります。

（2）　消費税の取扱い

Aでは，非課税となる土地の譲渡でなければ，5,000万円が，資産の譲渡の対価として，消費税の課税対象となります。

（3）　印紙税の取扱い

代物弁済契約書については，原則として，消滅する債権・債務額を「契約金額」として，印紙税額を決定します。

2　前掲注1

3　土地については取得価額，建物については取得価額から減価償却費の累計額を控除した後の現在の帳簿上の価額。

4　この場合，2014年4月1日から2018年3月31日までに作成された不動産譲渡契約書については，1万円に軽減されています。**→ 1章2.5（2）印紙税額の計算方法**

Aでは，消滅する債権・債務の金額は5,000万円ですので，2万円[4]の印紙を貼付する必要があります。**➡ 1章2.5（2）印紙税額の計算方法**

B 目的物の時価＞債権・債務額の場合（差額の精算あり）

（1） 法人税の取扱い

① 債権者（甲）の処理

　Bでは，債権者（甲）は，債務者（乙）から，3,000万円の債務の弁済を受ける代わりに，時価5,000万の不動産の譲渡を受けています。不動産の時価が債務額を上回る差額2,000万円については，甲が乙に現金を支払うことで精算しています。

　そのため，消滅する債権・債務額3,000万円と支払額2,000万円の合計5,000万円を不動産の取得の対価と考え，5,000万円[5]を取得価額として，不動産を固定資産に計上します。

② 債務者（乙）の処理

　債務者（乙）は，消滅する債務額3,000万円と甲から支払を受ける2,000万円との合計5,000万円を不動産の譲渡収入として，不動産の帳簿価額・譲渡費用の合計額との差額を譲渡損益に計上します。**B**では，譲渡費用はかかっていないとすると，次のとおり，2,000万円の譲渡益が計上されます。

　　消滅する債務額3,000万円 ＋ 精算額2,000万円 － 不動産の帳簿価額3,000万円
　　＝譲渡益2,000万円

　これは，不動産を代金5,000万円で売却した場合と同様の処理になります。

（2） 消費税の取扱い

　Bでは，非課税となる土地の譲渡でなければ，消滅する債権・債務額3,000万円と甲から乙への精算額2,000万円の合計5,000万円が，資産の譲渡の対価として，消費税の課税対象となります。

5　前掲注1

7.3 代物弁済　**263**

（3）　印紙税の取扱い

Bのように，代物弁済の目的物の価額が，消滅する債務額を上回り，その差額が債権者から債務者に支払われる場合，消滅する債権・債務額とその差額の合計額を契約金額として，印紙額を決定します（印基通23（1）ハ）。

Bでは，消滅する債権・債務額3,000万円と甲から乙への精算額2,000万円の合計5,000万円が契約金額となります。そのため，**A**と同様に，2万円[6]の印紙を貼付する必要があります。　**➡ 1章2.5（2）印紙税額の計算方法**

C　目的物の時価＞債権・債務額の場合（差額の精算なし）

（1）　法人税の取扱い
①　債権者（甲）の処理

代物弁済の目的物の時価が，消滅する債権・債務額を上回る場合で，その差額を精算しないときには，債権者は，本来の弁済の範囲を超えて，債務者から経済的利益の供与を受けたことになります。

Cでは，債権者（甲）は，債務者（乙）から，3,000万円の債務の弁済を受ける代わりに，時価5,000万の不動産の譲渡を受けており，その差額2,000万円は精算されていません。そのため，差額2,000万円については，実質的に経済的利益の供与を受けたものとして，受贈益として計上され，法人税の課税対象となります。

　　　　不動産の時価5,000万円 － 消滅する債務額3,000万円 ＝ 受贈益2,000万円

また，甲は，不動産の時価相当額5,000万円，すなわち，消滅する債権・債務額3,000万円と受贈益2,000万円の合計額[7]を取得価額として，不動産を固定資産に計上します。

②　債務者（乙）の処理

目的物の時価5,000万円と消滅する債権・債務額3,000万円の差額2,000万円は，実質的に経済的利益の供与を受けたものとされ，寄附金として扱われます（法法37Ⅷ）。

6　前掲注4
7　前掲注1

7.3
和

解

264　第2章　契約類型別の税務のポイント

　　不動産の時価5,000万円 − 消滅する債務額3,000万円 ＝ 寄附金2,000万円

　寄附金は，損金算入が制限されますので，結果的に，法人税の課税対象とな
る所得が大きくなります。**➡ 1章3.4 寄附金と受贈益**

　また，乙は，消滅する債務額3,000万円を不動産の譲渡収入として，不動産
の帳簿価額・譲渡費用の合計額との差額を譲渡損益に計上します。**C**では，譲
渡費用はかかっていないとすると，次のとおり，譲渡損益は0円となります。

　　消滅する債務額3,000万円 − 不動産の帳簿価額3,000万円 ＝ 譲渡損益0万円

　これは，不動産を代金3,000万円で売却した場合と同様の処理になります。

（2）　消費税の取扱い

　Cでは，非課税となる土地の譲渡でなければ，消滅する債権・債務額3,000
万円が，資産の譲渡の対価として，消費税の課税対象となります。

（3）　印紙税の取扱い

　Cでは，**B**と異なり，差額の2,000万円を精算しませんので，消滅する債務
額3,000万円を契約金額として，印紙税額を決定します。そのため，2万円[8]の
印紙を貼付する必要があります。**➡ 1章2.5（2）印紙税額の計算方法**

D 目的物の時価＜債権・債務額の場合（差額の精算なし）

（1）　法人税の取扱い

① 債権者（甲）の処理

　代物弁済の目的物の時価が，消滅する債権・債務額を下回る場合，その差額
については，債権者が債務者に対して，債務免除したこととなります。債務免
除した金額については，債務者の資産状況等に応じて貸倒損失として処理でき
る場合を除き，経済的利益を供与したものとされ，寄附金として扱われます。
➡ 2章7.2 瑕疵による代金減額・損害賠償と債務免除

　Dでは，債権者（甲）は，債務者（乙）から，7,000万円の債務の弁済を受
ける代わりに，時価5,000万の不動産の譲渡を受けており，その差額2,000万円

8　前掲注4

は精算されていません。差額2,000万円については，実質的に甲から乙に経済的利益を供与したものとされ，寄附金として計上されます。

消滅する債務額7,000万円 － 不動産の時価5,000万円 ＝ 寄附金2,000万円

寄附金は，損金算入が制限されますので，結果的に，法人税の課税対象となる所得が大きくなります。**➡ 1章3.4 寄附金と受贈益**

また，不当に高額で資産を購入した場合，購入価格のうち実質的に贈与とされる部分は取得価額から控除されます（法基通7-3-1）。甲は，これと同様に，消滅する債権・債務額7,000万円から，経済的利益の供与を受けたものとされる2,000万円を控除し，5,000万円[9]を取得価額として，不動産を固定資産に計上します。

② 債務者（乙）の処理

目的物の時価5,000万円と消滅する債権・債務額7,000万円の差額2,000万円については，乙が甲から債務免除を受けたことになりますので，受贈益（債務免除益）として，収益に計上され，法人税の課税対象となります。

消滅する債務額7,000万円 － 不動産の時価5,000万円 ＝ 債務免除益2,000万円

また，乙は，消滅する債権・債務額7,000万から受贈益2,000万を控除した5,000万円を不動産の譲渡収入として，不動産の帳簿価額・譲渡費用の合計額との差額を譲渡損益に計上します。**D**では，譲渡費用はかかっていないとすると，次のとおり，2,000万円の譲渡益が計上されます。

不動産の時価5,000万円 － 不動産の帳簿価額3,000万円 ＝ 譲渡益2,000万円

これは，不動産を代金5,000万円で売却した場合と同様の処理になります。

（2） 消費税の取扱い

消費税の対象となる金額は，譲渡する資産の時価ではなく，実際の取引における金額です（消法28Ⅰ，消基通10-1-1）。契約書上に，2,000万円を債務免除することが明記されていれば，不動産譲渡に関する契約金額5,000万円が明らかになりますので，この5,000万円が，消費税の課税対象となります。

---

9 前掲注1

266   第2章　契約類型別の税務のポイント

　しかし，契約条項▢だけでは，実質的な対価5,000万円は明らかではありませんので，非課税となる土地の譲渡でなければ，契約上で対価として表示された7,000万円が，消費税の課税対象となります。

（3）　印紙税の取扱い

　上記（2）と同様に，2,000万円の債務免除が明記されていれば，不動産譲渡に関する契約金額を5,000万円として，印紙を貼付することになります。しかし，契約条項▢だけでは，不動産譲渡の契約金額5,000万円が明らかではありませんので，消滅する債務額7,000万円を契約金額として，6万円[10]の印紙を貼付する必要があります。➡1章2.5（2）印紙税額の計算方法

10　この場合，2014年4月1日から2018年3月31日までに作成された不動産譲渡契約書については，3万円に軽減されています。➡1章2.5（2）印紙税額の計算方法

7.4 損害賠償金の実質 [消費税]

POINT

◆ 損害賠償金は，通常，資産の譲渡等の対価に当たらず，消費税は課税されません。ただし，その名目にかかわらず，実質的に資産の譲渡等に当たる場合には，消費税が課税されます。

設例 甲（賃貸人）は，乙（賃借人）に建物を賃貸してきましたが，賃貸借契約の終了に伴い，乙から違約金等を受領することになりました。**A**明渡しが遅れ，賃貸借契約に基づき賃料の倍額の違約金を支払うケース，**B**契約期間途中の解約について，賃貸借契約に基づき賃料6ヶ月分の違約金を支払うケース，**C**解決金を支払い，原状回復費用を免除されるケースを想定します。

A	第○条（違約金） 乙（賃借人）は，本物件の**明渡しが3ヶ月間遅れた**ことに伴い，賃貸借契約書第○条（**違約金**）に基づき，賃料1ヶ月分の倍額に相当する200万円を甲（賃貸人）に支払う。
B	第○条（違約金） 乙（賃借人）は，**契約期間の途中で本賃貸借契約を解約**することに伴い，賃貸借契約書第○条（**違約金**）に基づき，賃料6ヶ月分に相当する違約金600万円を甲（賃貸人）に支払う。
C	第○条（解決金） 1．乙（賃借人）は，甲（賃貸人）に対し，**解決金として600万円を支払う。** 2．甲は，乙の**原状回復義務を免除**する。

法務の視点

違約金の性質は，損害賠償額の予定と推定され（民法420Ⅲ），契約条項**A**・**B**の違約金は，一種の損害賠償金と捉えることができます。

また，「解決金」は，損害賠償金をはじめ，様々な性質のものが考えられます。和解においては，早期の解決のために，あえて金銭の趣旨を明示せずに，

268　第2章　契約類型別の税務のポイント

「解決金」といった名目が用いられることがしばしばあります。

> ### 税務の視点
>
> 　消費税法では，事業として対価を得て行う資産の譲渡・貸付，役務提供（以下「資産の譲渡等」といいます）が，課税対象となります（消法2Ⅰ⑧，4Ⅰ）。
> 　資産に対する損害の発生に伴って受領する損害賠償金については，通常は，資産の譲渡等の対価に当たりません。ただし，損害賠償金が，資産の譲渡等の対価に当たるかどうかは，支払われる金銭の名目にかかわらず，その実質によって判定されます。例えば，次のような損害賠償金は，実質的に，資産の譲渡等の対価に当たり，課税対象となります（消基通5-2-5）。
> （1）製品（棚卸資産）に対する損害賠償金を受け取るかわりに，その損害を受けた製品を加害者に引き渡す場合で，その製品をそのまま，または，軽微な修理を加えれば使用できるとき
> （2）特許権，商標権等の知的財産権の侵害に対する損害賠償金
> （3）賃貸借物件の明渡しが遅れた場合の損害賠償金
> 　なお，賃貸借契約の終了に伴う損害賠償金について，消費税の取扱いはその実質に応じて，次のとおりです。

損害賠償金の性質	消費税の取扱い
原状回復工事費用相当額	課税
賃貸物件の貸付の対価	課税
逸失利益の補填	不課税
その他	実質に応じて個別に判断

Ａ　明渡し遅延に伴う違約金

　Ａでは，賃貸借契約の期間満了後も，賃借人（乙）が立ち退かない場合ですが，賃貸借契約では，このような場合に備えて，通常の賃料以上の違約金が定められていることがあります。この場合に受け取る違約金は，賃借人が正当な権利なく賃貸物件を使用し続けていることに対して受け取る割増賃料の性格であると言えます。そのため，割増分を含む全額が，賃貸借物件の貸付の対価と

考えられ，非課税となる住宅の貸付を除き，消費税が課税されます。

B　中途解約に伴う違約金

Bは，賃借人（乙）が，賃貸借契約の期間途中で，解約する場合です。賃貸借契約では，このような場合に備えて，一定の違約金が定められていることがあります。このような違約金は，賃貸人が賃借人から中途解約されたことに伴って生じる逸失利益を補填するためのものと言えます。そのため，資産の貸付の対価には該当せず，消費税の課税対象とはなりません。

C　合意金の支払による原状回復義務の免除の場合

Cは，賃借人（乙）が退去する際，原状回復の方法や費用等について争いが生じたため，賃借人（乙）が賃貸人（甲）に一定の解決金を支払うかわりに，乙は，原状回復義務を負わないこととするものです。このような解決金が資産の譲渡等の対価に当たるかどうかは，その実質によって判断します。

本来，乙には退去に際して，賃貸借物件を原状に回復する義務がありますが，解決金の支払により，その義務は免除されています。その後，甲が，乙に代わって，実際に原状回復工事を行っても，その費用を甲乙間で精算することは予定されていません。甲が原状回復工事を行う場合，甲は，解決金を原資にして，工事業者に工事代金を支払うことになります。つまり，乙が支払った解決金は，「原状回復工事費用」そのものではありません。しかし，消費税の課税対象となる「役務の提供」とは，対価を得て行われる「便益の提供」等，消費の対象となるサービス提供を広く含みます[1]。Cでは，乙は，甲との合意により，原状回復義務の消滅という「便益」を受けており，乙に代わって甲が原状回復工事を行うことは，甲の乙に対する一種の役務の提供に当たります。そのため，甲が受け取る解決金は，甲から乙に対する役務提供の対価となり，消費税の課税対象となります。

1　国税不服審判所裁決平成21年4月21日裁決事例集77巻495頁参照。

7.5 損害賠償と圧縮記帳 [法人税・消費税]

POINT
◆ 固定資産に対する損害賠償金は，収益として法人税が課税されますが，圧縮記帳によりその課税タイミングを遅らせることができます。
◆ 損害賠償金は，資産の譲渡等と同視できるような場合を除き，原則として，消費税が課税されません。

設例 甲（被害者）は，乙（加害者）が起こした事故により，甲の工場や工場内の商品・機械等が損害を受け，乙から損害賠償金を受領することになりました。甲は，その損害賠償金を元手に，損害を被った資産を再取得します。ここでは，次のとおり，損害賠償金を受領するケースを想定します。
🅰商品（帳簿価格9,000万円）の滅失と逸失利益について1億円の損害賠償金
🅱機械（帳簿価額2,000万円，時価3,000万円）の滅失について3,000万円の損害賠償金
🅲機械（帳簿価額2,000万円，時価3,000万円）と建物（帳簿価額5,000万円，時価7,000万円）の滅失について1億円の損害賠償金

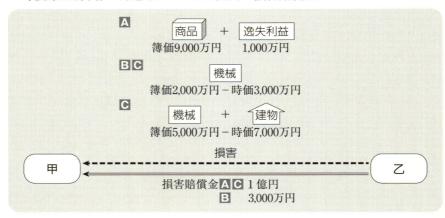

7.5 損害賠償と圧縮記帳 **271**

A	第○条（損害賠償） 　　乙（加害者）は，甲（被害者）の**商品**の滅失に対して，**損害賠償金1億円**を甲に支払う。
B	第○条（損害賠償） 　　乙（加害者）は，甲（被害者）の**機械**（帳簿価額2,000万円，時価3,000万円）の滅失に対して，**損害賠償金3,000万円**を甲に支払う。
C	第○条（損害賠償） 　　乙（加害者）は，甲（被害者）の**機械**（帳簿価額2,000万円，時価3,000万円）及び**建物**（帳簿価額5,000万円，時価7,000万円）の滅失に対して，**損害賠償金1億円**を甲に支払う。

法務の視点

A・**B**・**C**は，損害賠償の対象が異なる他，法的な観点からの違いは，特にありません。

税務の視点

　損害賠償金を受領して固定資産を取得する際，損害賠償金が収益として計上されると，その年度で課税対象となる所得に大きな影響を与えます。このような事態を回避するために，課税を繰り延べる「圧縮記帳」という制度があります。圧縮記帳を利用できるのは，次のような一定の場合です。

① 国庫補助金等を受け取って資産を取得した場合（法法42）
② 保険金，損害賠償金を受け取って資産を取得した場合（法法47）
③ 交換により資産を取得した場合（法法50）　➡ **2章1.10 交換契約における圧縮記帳**
④ 国等による収用があった場合（措法64）
⑤ 特定の資産を買い換えた場合（措法65の7）

A 棚卸資産に対する損害賠償

（1）　被害者（甲）の処理
①　法人税の取扱い
　損害保険金や損害賠償金を受領する場合，その受領が確定した年度（法法22

272　第2章　契約類型別の税務のポイント

Ⅱ）または実際に受領した年度（法基通2-1-43）で収益として認識して益金に算入され，法人税の課税対象となります。また，損害を被った資産の損失についても，損害賠償金で填補される部分については，賠償金の益金算入と同じ年度で計上されます。

事業年度	損害賠償金で填補される部分		損害賠償金で填補されない部分
	賠償金受領	資産の損失	資産の損失
損害発生の年度	−	−	損金算入
賠償金の受領確定の年度または受領の年度	益金算入	損金算入	−

　Aにおいて，甲が乙から受領する損害賠償金1億円は，和解が確定した事業年度（または実際に受領した事業年度）の収益として認識され，益金に算入されます。

　また，損害を被った商品の帳簿価額9,000万円も，同一の事業年度で損失として認識し損金に算入します。差額の1,000万円については，商品の販売機会を失ったことによる逸失利益に対するものですが，この分は所得となり，法人税の課税対象となります。

　　損害賠償金1億円－商品滅失損9,000万円＝所得1,000万円

　なお，**A**では，損害賠償金の対象が固定資産ではなく，棚卸資産[1]である商品であるため，**B**(1)②の圧縮記帳の対象とはなりません（法基通10-5-1(1)）。

②　消費税の取扱い

　損害賠償金は，資産の譲渡等の対価に当たらないため，原則として，消費税の課税対象とはなりません（消法4，消基通5-2-5）。ただし，損害賠償金と引き換えに，損害を受けた商品を加害者に引き渡す場合で，加害者がそのまま，または，軽微な修理を加えることで，その商品を使用できるときは，商品

1　商品，半製品，原材料等の資産（法法2⑳，法令10）。

の販売と同様に考えることができるため、消費税が課税されます（消基通5－2－5（1））。➡2章7.4 損害賠償金の実質

（2） 加害者（乙）の処理
① 法人税の取扱い
　損害賠償金を支払う側は、原則として、和解によって損害賠償金が確定した事業年度で費用として認識し損金に算入します（法法22Ⅲ）。ただし、和解により最終的な賠償金額が確定していない場合であっても、事業年度末までに相手方に申し出た金額を未払金に計上したときは、その金額を損金に算入することができます（法基通2－2－13）。

② 消費税の取扱い
　消費税については、上記（1）②と同様の考え方により、処理します。

B 固定資産に対する損害賠償

（1） 被害者（甲）の処理
① 法人税の原則的な取扱い
　Bの場合、法人税の原則的な処理の考え方は、Aと同様です。ただし、その課税への影響は異なります。
　Aにおいて、仮に、損害賠償金が9,000万円だったとした場合、損失も損害賠償金も9,000万円で同額になります。この場合、損失と収益を同じ年度で計

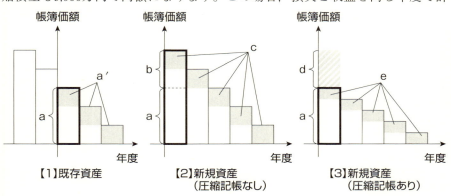

上すれば，法人税の課税対象となる所得に影響を与えることはありません。

　ところが，固定資産については，減価償却により費用化されており，複数年度にわたる処理になるため，事情が異なります。損害を被った既存の資産については，図【1】のとおり，減価償却が進んでおり，本来は，今後，残りの法定耐用年数で，a′の分が費用化される見込みでした。

　しかし，既存の資産が被害を受け，滅失したので，その簿価の分は，a′のように減価償却で費用化されるのではなく，簿価全額（a）を損失として計上することになります。また，既存の資産の替わりに新たに資産を取得する費用（a＋b）を損害賠償金として受領すると，その額は，収益として計上されます。

　そうすると，損害賠償金（a＋b）と既存の資産の損失（a）の差額（b）が所得となり，その分だけ法人税の課税対象となる所得額が増加します[2]。新旧の資産が同等の機能・性質であっても，中古の資産が新しくなって価値が上がり，簿価が上がった分（b），所得が発生するイメージです。

損害賠償金（a＋b）－損失額（a）＝所得（b）

　ただし，簿価上昇分（b）は，新たに取得した資産に対する減価償却の過程ですべて費用化されます（図【2】c）。既存の資産の場合と比べると，簿価が上がった分（b）だけ，減価償却により，費用化される額（c）も増えることになります（a′＋b＝c）。つまり，損害賠償金が確定・受領した年度では，簿価上昇分（b）だけ，所得が増え，その後の減価償却の期間を通じて，その額（b）が費用化されて所得が減ることになります。そのため，費用化が終わるまでの全体の期間で見れば，所得の合計額への影響はありません。

新規資産の簿価（a＋b）＝減価償却費の累計額（c）

　しかし，実際には，損害賠償金が確定・受領した年度で，簿価上昇分（b）を所得として法人税が課税されるため，その年度では納税額が増加してキャッシュが減少し，その後の年度で減価償却を通じて費用化されることで納税額が減少し，キャッシュを回収することになります[3]。つまり，既存の資産を使い続ける場合と比べると，法人税の総額は基本的に変わらないものの，前倒しで払うイメージとなります。そうすると，損害賠償金が確定・受領した年度で，

2　特に，初期段階の費用化が大きい定率法（➡1章3.3(2)減価償却）を採用している場合に顕著です。

7.5　損害賠償と圧縮記帳　**275**

増加する法人税の納付を自己資金で賄えない場合，外部から資金調達を行わなければ，固定資産の再取得が困難になります。

② 圧縮記帳

　上記のように，甲は，自ら意図しない要因によって，資産を再取得する事態になったにもかかわらず，課税の影響を受けることとなります。このような事態を避けるため，損害賠償金により同種の固定資産[4]を一定期間内[5]に再取得する場合，「圧縮記帳」の制度を利用できます（法法47）。圧縮記帳には，課税を繰り延べる効果があり，既存の資産を使い続ける場合と同等に，法人税の納付のタイミングを戻すことができます。

　具体的には，差額分（ b ）を「固定資産圧縮損」として，損金とし（図【3】 d ），その分，新たに取得する資産の簿価を減額して，既存の資産の簿価と同額まで「圧縮」します[6]（法法47，法令85）。この結果，損害賠償金の受領により発生した所得（ b ）と上記の固定資産圧縮損（ d ）が相殺され，損益に影響を与えません。

　　　所得（ b ）＝固定資産圧縮損（ d ）

　その後の年度では，減額された帳簿価額（図【3】 a ）に応じて減価償却（ e ）を行います。そうすると，圧縮記帳を行わなかった場合の減価償却費（ c ）に比べ，圧縮記帳した分（ d ）だけ減価償却費が減少し，結果として所得が増加します。その増加分は，減価償却の期間全体では，固定資産圧縮損（ d ）と同額になります。つまり，新たな資産を取得した年度で，固定資産圧縮損（ d ）を計上できますが，その後の年度の減価償却費は減少（ c − e ）し

3　ただし，損益は法人全体で通算しますので，年度ごとの経営状況等によって，納税額への影響が変わる可能性があります。例えば，受領する損害賠償金を上回る赤字があれば，法人全体では，課税対象となる所得は発生しません。また，赤字の年度であれば，減価償却費が増加しても，所得はゼロのままですので，これに伴って納税額が減ることもありません。

4　同種の固定資産かどうかは，法基通10-5-3を参照。

5　原則として，損害賠償金が確定した事業年度末日から2年以内となりますが，所轄税務署長の承認により期限を延長することも可能です（法法48①）。

6　帳簿価額を減額する方法以外に，引当金などで負債に計上する方法や剰余金処分によって積立金に計上する方法があります。ただし，圧縮記帳の原因によって，適用できない方法もあります。

7.5
和
解

ます。そのため，トータルで見れば，圧縮記帳をしない場合と同様に，既存の資産を使い続ける場合と比べて，ｂの分だけ所得が増加することになります。

資産が新しくなって価値が上昇したことについて，所得が発生した以上，その分は課税対象となりますが，圧縮記帳は，これに対する課税のタイミングを遅らせる制度です。

圧縮記帳により圧縮損として計上できる圧縮限度額は，次のように，算出されます。

損害賠償金3,000万円 － 減失関連経費0円

　　－ 帳簿価額2,000万円 × 損害部分の割合100% ＝ 差益1,000万円

・機械の再取得価額≧（損害賠償金－減失関連経費）の場合

圧縮限度額 ＝ 差益1,000万円 ×

$$\frac{機械の再取得価額3,000万円 （分母の金額が上限）}{損害賠償金3,000万円 － 減失関連経費 0円}$$

　　＝1,000万円

・機械の再取得価額＜（損害賠償金－減失関連経費）の場合

圧縮限度額 ＝ 差益1,000万円 ×

$$\frac{機械の再取得価額}{損害賠償金3,000万円 － 減失関連経費 0円}$$

なお，代替資産を取得しなかった場合は，**A**と同様の処理となります。

③　消費税の取扱い

損害賠償金１億円は，資産の譲渡の対価には当たらないため，消費税は課税されません。なお，受領した損害賠償金で機械を再取得する場合には，「資産の譲渡」を受けることになるため，課税仕入れに該当し，消費税の課税対象となります（消基通11-2-10）。

（2）　加害者（乙）の処理
①　法人税の取扱い

Aと同様に，原則として，和解によって損害賠償金が確定した事業年度の費用として認識し損金に算入します。

7.5 損害賠償と圧縮記帳　**277**

② 消費税の取扱い

Aと同様に，資産の譲渡の対価に当たらないため，消費税は課税されません。

C 固定資産（複数）に対する損害賠償

（1） 被害者（甲）の処理

① 法人税の原則的な取扱い

Bと同様です。

② 圧縮記帳

Cのように，圧縮記帳の対象となる固定資産が複数ある場合，圧縮限度額は個々の固定資産ごとに算定します。複数の固定資産が同時に損害を受けた場合，損害賠償金の内訳として，どの固定資産についていくらかが明示されている場合はその内訳にしたがって計算します。また，契約条項**C**のように，内訳が明示されていない場合，損害を受けた固定資産の時価等，合理的な基準で按分します。

$$損害賠償金1億円 \times \frac{機械の時価3,000万円}{機械の時価3,000万円 + 建物の時価7,000万円}$$

$$= 機械の損害賠償金3,000万円$$

$$損害賠償金1億円 \times \frac{建物の時価7,000万円}{機械の時価3,000万円 + 建物の時価7,000万円}$$

$$= 建物の損害賠償金7,000万円$$

その後の計算については，**B**と同様です。

③ 消費税の取扱い

Bと同様です。

（2） 加害者（乙）の処理

Bと同様です。

7.5
和
解

7.6 著作権侵害に対する損害賠償金 [源泉所得税]

POINT
◆ 著作権侵害に関して外国法人に支払う和解金は，実質的には，著作権のライセンス料等に代わる性質のものとして，著作権の使用料に該当し，所得税の源泉徴収の対象となります。

設例 甲は，乙（外国法人）から，顧客管理のためのソフトウェア開発を受託したところ，これに関連して，乙から損害賠償請求を受けましたが，甲が，乙に解決金を支払う旨の和解が成立しました。
　ここでは，次のケースを想定します。
Ａ 甲が開発したソフトウェアを乙に納品する際，その著作権を乙に譲渡したが，その後，甲がそのソフトウェアを乙に無断で改変して他の顧客に納入したため，乙の著作権を侵害したケース
Ｂ 甲がソフトウェアを開発するにあたり，乙から提供を受けていた乙の顧客情報が，甲の過失により，第三者に漏えいしたケース

Ａ	第○条（解決金） 　　甲は，甲の乙に対する**著作権侵害**について，解決金として，1,000万円を支払う。
Ｂ	第○条（解決金） 　　甲は，甲による乙の**顧客情報の漏えい**について，解決金として，1,000万円を支払う。

7.6 著作権侵害に対する損害賠償金　**279**

法務の視点

　Aは，著作権侵害という一種の不法行為に基づく損害賠償請求，**B**は，ソフトウェア開発請負契約上の債務不履行または不法行為に基づく損害賠償請求の事案です。

　裁判上または裁判外での和解協議において，和解金の支払により紛争を解決しようとする場合，白黒をはっきりさせないために，あえて和解金の性質を明確にしない方が，早期の解決につながることが少なからずあります。そのため，金銭の趣旨を明示せずに，「解決金」といった名目がしばしば用いられます。

税務の視点

　損害賠償金の支払については，その性質により，以下のとおり，税務上の取扱いが異なります。

A　著作権侵害に関する解決金

　所得税法上の「著作権」は，著作権法上の「著作権」と同じ意味で用いられますが，「著作権の使用料」とは，著作物の複製等の利用に対する一切の対価のことを言います（所基通161-23）。この「対価」には，ライセンス料等の対価として支払われるものに限らず，その対価に代わる性質の損害賠償金等（和解金，解決金，支払の遅延損害金等）も含みます（所基通161-6の2）。

　Aでは，甲がソフトウェアに関する乙の著作権を侵害したことに対して，解決金が支払われています。著作権侵害による損害額については，著作権法上，ライセンス料相当額と推定することが認められていますが（著作権法114Ⅲ），**A**の解決金の額も，本件ソフトウェアの単価に使用数を乗じる等，ライセンス料を基礎として算出されたこと等の事情があるとします。そうすると，この解決金については，著作権侵害により生じた損害が，本来，著作権者（乙）が得ていたであろうライセンス料の喪失分であると考えて算出されたものと言えます。つまり，この解決金は，一種の不法行為に基づく損害賠償金ではありますが，著作権者（乙）に対して，ライセンス料相当額として支払われたもので，実質的には，著作物の利用の対価等に代わる性質のものと認められます。

　甲が国内で事業を行っており，乙が外国法人である場合，甲から支払を受け

7.6 和解

る「著作権の使用料」は，国内源泉所得に当たります（所法161⑦ロ）。そのため，著作権の使用料の支払をする甲は，その支払の際，この国内源泉所得について所得税を源泉徴収し，国に納付しなければならないのが原則です（所法212Ⅰ）。ただし，租税条約により，例外的な取扱いが認められる場合もあります。**➡ 2章6.2 外国企業とのライセンス契約**

B 情報漏えいに関する解決金

Bでは，甲が，乙からの委託を受けて，顧客管理のソフトウェアを開発していた際，甲のセキュリティ対策に不備があったため，第三者から不正アクセスを受けて，乙から預かっていた顧客情報が漏えいしました。そこで，甲から乙に対し，情報漏えいによって乙が被った損害を補填する趣旨の解決金が支払われた事案です。損害の内容としては，乙が顧客への謝罪等に必要な費用，乙の信用の低下による損害等が考えられます。

このような損害賠償金は，所得税法161条に列挙されている国内源泉所得に該当しません。外国法人に対して損害賠償金を支払う場合であっても，Bの事例のように，国内源泉所得に当たらなければ，源泉徴収をする必要はありません。

なお，所得税法上，不法行為やその他の突発的な事故により資産に加えられた損害に関する賠償金は，非課税とされます（所法9Ⅰ⑰，所令30②）。Bの事案は，一種の突発的な事故と言えるため，これに伴う解決金については，非課税となり，所得税は課税されませんので，いずれにしても，源泉徴収をする必要はありません。

8.1 契約金額の変更 **281**

8 各契約類型に共通する事項

8.1 契約金額の変更 ［印紙税］

POINT
◆ 契約金額を変更する契約では，変更金額の記載方法によって，印紙税が大幅に異なります。

設例 何らかの事情で，当初締結した契約（不動産等の売買，請負等，印紙の貼付が必要な契約）の金額を変更するとします。

　当初の契約金額1,000万円から100万円増額し，1,100万円に変更する契約を締結する場合に，契約上の記載金額が，**A**増加金額のみ，**B**変更前・変更後の金額，**C**変更後の金額のみのケースを想定します。

A　第○条（契約金額の変更） 　　原契約に定める契約金額を**100万円増額**する。
B　第○条（契約金額の変更） 　　原契約に定める契約金額を**1,000万円から1,100万円に変更**する。
C　第○条（契約金額の変更） 　　原契約に定める契約金額を**1,100万円に変更**する。

法務の視点

　契約条項**A**には，変更後の総額が記載されていませんが，通常は，原契約をあわせて確認することにより，変更後の契約金額が明らかとなります。また，契約条項**C**には，変更前の契約が記載されていませんが，これも原契約を確認すれば明らかです。そのため，法的には，契約条項**A**・**B**・**C**には，実質的な差はありません。

税務の視点

　変更前の契約金額を記載した契約書（原契約）が作成されている場合，変更

8.1
共
通

282 第2章 契約類型別の税務のポイント

契約において，印紙税の計算の基礎となる契約金額は，以下のとおり判定されます（印法通則4ニ）。

A 増減額の記載がある場合

変更契約書に増減金額が記載されている場合，変更契約書に記載された「契約金額」は，次のようになります。

① 増額のときは，増加金額が記載された契約金額

② 減額のときは，契約金額の記載なし

契約条項**A**では，増加金額100万円が明記されていますので，契約金額は100万円となります。そのため，不動産等の売買であれば1,000円[1]，請負であれば200円の印紙を貼付することになります。➡ 1章2.5(2)印紙税額の計算方法

B 増減額が算出できる場合

変更契約書に，増減金額が直接記載されていなくても，変更契約書の記載内容だけで増減金額が算出できる場合，変更契約書の契約金額は，**A**と同様になります。

契約条項**B**では，変更前後の契約金額が記載されており，その差額から100万円が増額されたことが分かりますので，この契約に記載された契約金額は100万円となります。そのため，**A**と同様に，不動産等の売買であれば1,000円[1]，請負であれば200円の印紙を貼付することになります。➡ 1章2.5(2)印紙税額の計算方法

C 変更後の金額のみが分かる場合

変更契約書に変更後の金額のみが記載され，変更契約書だけでは増減金額が明らかでない場合，増額か減額かにかかわらず，変更後の金額が契約金額となります。

契約条項**C**では，変更後の契約金額のみが記載されていますので，この契約書に記載された契約金額は1,100万円となります。そのため，実態は，**A**・**B**

1 　この場合，2014年4月1日から2018年3月31日までに作成された不動産譲渡契約書については，500円に軽減されています。➡ 1章2.5(2)印紙税額の計算方法

と全く同じであるにもかかわらず，不動産等の売買，請負であればともに2万円[2]の印紙を貼付する必要があります。➡️ 1章2.5（2）印紙税額の計算方法

なお，原契約の締結の際に，変更前の契約金額を記載された契約書が作成されていない場合（口頭や電子的な方法で締結した場合等），または，その契約書を作成されたことが明らかでない場合，変更契約書に記載された契約金額は，次のようになります。

① 変更後の金額が記載されているときは，変更後の金額が契約金額
② 増減金額のみが記載されているときは，増額か減額かにかかわらず，その増減金額が契約金額

また，原契約が，そもそも，印紙の貼付が不要な契約である場合は，変更契約についても，印紙の貼付は不要です。

---

2 この場合，2014年4月1日から2018年3月31日までに作成された不動産譲渡契約書，建設工事（建設業法2Ⅰ）の請負契約書については，1万円に軽減されています。➡️ 1章2.5（2）印紙税額の計算方法

284 第2章　契約類型別の税務のポイント

8.2　消費税の表示 ［消費税・印紙税］

POINT
◆　契約金額に消費税額を含むか不明な場合，内税と解釈した裁判例があります。
◆　消費税の記載方法によって，印紙税額（貼付する印紙の額）が異なる場合があります。

設例　甲と乙は，代金5,000万円の請負契約の締結を合意したとします。契約上の代金の表記について，Ａ内税か外税か不明なケース，Ｂ外税で税額が表記されたケース，Ｃ内税で税額が表記されたケース，Ｄ内税・外税の契約金額が併記されたケース，Ｅ内税で税率が表記されたケース，Ｆ内税で税額・税率が表記されていないケースを想定します。

Ａ	第○条（代金） 　　請負代金は，**5,500万円**とする。
Ｂ	第○条（代金） 　　請負代金は，**5,000万円（消費税額500万円は別途）**とする。
Ｃ	第○条（代金） 　　請負代金は，**5,400万円（消費税額500万円を含む）**とする。
Ｄ	第○条（代金） 　　請負代金は，**5,000万円（税込5,500万円）**とする。
Ｅ	第○条（代金） 　　請負代金は，**5,500万円（10％の消費税額を含む）**とする。
Ｆ	第○条（代金） 　　請負代金は，**5,500万円（消費税額を含む）**とする。

法務の視点

　契約書上の文言からその趣旨が明らかでない場合，契約締結当時の諸事情を前提に，当事者の合理的意思を探り解釈するというのが，判例の立場です。
　契約条項Ｂ〜Ｆには，契約金額に消費税額を含むかどうか明記されているのに対し，契約条項Ａでは，契約金額が内税か外税か明記されていません。このように，契約書において，本体価格（税抜価格）と消費税額とが明らかにされ

ていない場合，対価には消費税額を含んでいるものと解釈すべきと判断した裁判例[1]があります。

　例えば，当事者双方が口頭で代金を5,000万円と合意した後に，**A**の契約書が作成されたといった事情があった場合，「5,500万円」との記載は「代金5,000万円＋消費税500万円」を意味するというのが，当事者の合理的意思と解されます。前提となる事情が異なれば，結論が異なってくる可能性もありますが，上記の裁判例があることには，留意しておくべきでしょう。

　なお，一般消費者向けの価格表示は，消費税額を含む「総額表示」が原則として義務付けられていますが（消法63）[2]，事業者間の契約書等は，対象外です。

税務の視点

　印紙税額（貼付する印紙の額）は，契約書等に記載された契約金額によって決まります。不動産等の売買契約書（印法別表一「課税物件表」1号），請負契約書（同2号），金銭・有価証券の受取書（同17号）における記載金額に，消費税額を含むかどうかは，記載方法によって，取扱いが異なります（間消3－2　H1.3.10，改正H16課消3－5「消費税法の改正等に伴う印紙税の取扱いについて」）。なお，設例の場合は，請負契約ですので，2号の文書に該当します。

A　内税か外税かの記載がない場合

　Aは，契約書の文言からは，5,500万円に消費税を含むか明らかではありませんが，いずれにしても，記載された契約金額は，5,500万円です。そのため，**A**では，6万円[3]の印紙を貼付する必要があります。**→ 1章2.5(2)印紙税額の計算方法**

1　那覇地判平成12年4月25日金融・商事判例1095号44頁
2　消費税率の引上げに伴う特例として，2021年3月31日まで，「消費税の円滑かつ適正な転嫁の確保のための消費税の転嫁を阻害する行為の是正等に関する特別措置法」10条により，「税抜」と明示する等，「税込価格と誤認されないための措置」を講ずれば，一般消費者向けでも，税抜価格で表示できます。
3　2014年4月1日～2018年3月31日に締結された建設工事（建設業法2Ⅰ）の請負契約については，3万円に軽減されます。**→ 1章2.5(2)印紙税額の計算方法**

286 第2章　契約類型別の税務のポイント

B　外税で消費税額も記載されている場合

　税抜価格と消費税額が区分して記載されていて，その取引で課される消費税額が明らかな場合，消費税額は，印紙税法における契約金額には含めません。契約条項 **B** には，税抜価格5,000万円と消費税額500万円が区分して記載されていますので，契約金額は5,000万円となり，2万円[4]の印紙を貼付することになります。➡ 1章2.5(2)印紙税額の計算方法

C　内税で消費税額も記載されている場合

　契約条項 **C** も，消費税額500万円が区分して記載されていますので，**B** と同様に，契約金額は5,000万円となり，2万円[4]の印紙を貼付することになります。
➡ 1章2.5(2)印紙税額の計算方法

D　内税・外税の金額が併記されている場合

　契約条項 **D** には，消費税額は，直接的には記載されていませんが，税抜価格5,000万円と税込価格5,500万円が併記されており，消費税額500万円を容易に計算することができます。このような場合には，消費税額が区分して記載されている場合と同様に，消費税額は，印紙税法における契約金額には含めません。そのため，**D** の契約金額は5,000万円となり，2万円[4]の印紙を貼付することになります。➡ 1章2.5(2)印紙税額の計算方法

E　内税で消費税額率が記載されている場合

　契約条項 **E** には，税込価格と消費税率が記載されていますが，印紙税の取扱いにおいては，消費税額が必ずしも明らかでないと考えられ，契約金額は5,500万円となります。そのため，6万円[5]の印紙を貼付する必要があります。
➡ 1章2.5(2)印紙税額の計算方法

F　内税で消費税額が記載されていない場合

　契約条項 **F** には，税込価格のみが記載されており，消費税額は明らかであり

4　前掲注3と同様に，1万円に軽減されます。
5　前掲注3

ませんので，契約金額は5,500万円となり，６万円[6]の印紙を貼付する必要があります。 ➡ １章2.5(２)印紙税額の計算方法

---

6 前掲注３

8.3 課税事項と不課税事項を含む契約書 [印紙税]

POINT
◆ 譲渡契約の対象物件に，印紙税の対象となるものとそうでないものが混在する場合，代金の内訳を書いておかないと，印紙税が余分に必要になる可能性があります。

設例 機械を売却する際に，関連する特許も一緒に譲渡します。機械・特許の代金内訳が，A 記載されているケース，B 記載されていないケースを想定します。

A 第○条（譲渡）
　1．甲（売主）は，乙（買主）に対し，別紙記載の機械及び関連する特許を譲渡し，買主は，これを譲り受ける。
　2．前項の譲渡の代金は，**6,000万円（機械5,950万円，特許50万円）** とする。

B 第○条（譲渡）
　1．甲（売主）は，乙（買主）に対し，別紙記載の機械及び関連する特許を譲渡し，買主は，これを譲り受ける。
　2．前項の譲渡の代金は，**6,000万円** とする。

法務の視点

A と B の違いは，代金の内訳が記載されているかどうかです。法的には，代金の内訳が記載されていなくても，契約の効力に変わりはありません。もちろん，別の条項で，「機械の代金はいつまで，特許の代金はいつまで」と支払期限が明細ごとに別々に定められていれば，代金の内訳を明記する必要があります。このような例外的なケースでもない限り，通常は，代金の内訳が，契約に不可欠な要素となることはありません。契約としては，代金については，最低

限，合計額，支払方法（一括払か分割払か，支払期日，決済手段等）が明確になっていれば足ります。

なお，金銭を対価とする「有償での譲渡」の法的な性質は，一般的には，「売買」です。ただし，知的財産権の場合には「売買」ではなく「譲渡」という用語が用いられることが多いため，この設例では，機械の部分も含めて「譲渡」と記載しています。

▍ 税務の視点

譲渡に関する契約書では，その対象物件が，不動産，鉱業権，知的財産権（特許権，実用新案権，商標権，意匠権，回路配置利用権，育成者権，商号，著作権），船舶，航空機，事業，地上権，土地の賃借権で，契約金額が1万円以上である場合には，印紙の貼付が必要です（印法別表一「課税物件表」1号）。

特許は，知的財産権に当たりますので，特許の譲渡契約書には，印紙を貼付する必要があります。一方，機械は，上記のどれにも当たりませんので，機械の譲渡契約書には，印紙を貼付する必要がありません。

A 代金の内訳がある場合

上記のとおり，この設例では，譲渡契約書のうち，特許に関する部分についてだけ，印紙の貼付が必要ということになります。

契約条項Aでは，印紙が必要な特許の譲渡について代金が50万円と明記されていますので，契約金額を50万円として，400円の印紙を貼付することになります。**→ 1章2.5（2）印紙税額の計算方法**

B 代金の内訳がない場合

一方，契約条項Bでは，代金の内訳が書いてありませんので，特許だけに関する契約金額を特定することができません。そのため，契約金額を6,000万円とすることになり，6万円の印紙の貼付が必要になります。**→ 1章2.5（2）印紙税額の計算方法**

このように，代金の内訳を書いたかどうかだけで，印紙税の額に，5万9,600円の差が生じてしまいます。例えば，取引のメインは，機械ですが，特許もオ

290　第 2 章　契約類型別の税務のポイント

マケでつけるといった場合には，特に注意が必要です。

　なお，印紙税を節約しようとするあまり，この設例で言えば特許の代金を本来よりも低く記載した場合には，適正価格による取引かどうかという観点から別の問題が生じますので，注意が必要です。**➡ 2 章1.3 時価より高額での譲渡，1.4 時価より低額での譲渡**

8.4 複数の課税事項を含む契約書 [印紙税]

POINT

◆ 2つ以上の課税事項を含む契約書は、いずれか1つの事項について課税されます。

◆ 各事項の契約金額の内訳が明記されていない場合、総額を基に課税されることとなるため、内訳を明記する必要があります。

設例 建設業者から建物を購入する際、あわせてリフォームを依頼し、総額1,500万円を建設業者に支払うとします。**A**契約上、総額のみが記載されたケース、**B**代金内訳の記載があり、建物代金の方が高いケース・**C**リフォーム代金の方が高いケースを想定します。

A	第〇条（契約金額） 契約金額は、1,500万円とする。
B	第〇条（契約金額） 契約金額は、1,500万円（建物代金1,000万、リフォーム代金500万円）とする。
C	第〇条（契約金額） 契約金額は、1,500万円（建物代金500万円、リフォーム代金1,000万円）とする。

法務の視点

契約条項**A**と**B**・**C**の違いは、代金の内訳が記載されているかどうかです。法的には、代金の内訳が記載されていなくても、契約の効力に変わりはありません。**➡ 2章8.3 課税事項と不課税事項を含む契約書**

税務の視点

印紙税の課税対象となる文書は、印法別表一「課税物件表」において定められています。契約書が、このうちの2つ以上の課税事項を含む場合、それぞれ該当する文書の印紙税の合計額の印紙を貼付する必要はなく、いずれか1つの課税文書として扱います（印法通則2）。

292　第 2 章　契約類型別の税務のポイント

　不動産譲渡契約書（1 号の 1 の文書）に該当すると同時に，請負契約書（2 号の文書）にも該当する場合には，次のとおり扱われます（印法通則 3 ロ，4 ロ）。

代金		文書の帰属
内訳なし		1 号の文書
内訳あり	不動産の代金≧請負代金	1 号の文書
	不動産の代金＜請負代金	2 号の文書

A　建物代金とリフォーム代金の内訳が区分されていない場合

　契約条項Aでは，契約金額の総額は表示されているものの，建物の売買（不動産の譲渡）契約の代金とリフォーム（請負契約）の代金の内訳が不明です。このような契約書は，1 号の 1 の文書として扱われ，記載された契約金額は，総額の1,500万円となります（印基通24Ⅲ）。そのため，2 万円[1]の印紙を貼付する必要があります。➡ 1 章2.5(2)印紙税額の計算方法

B　建物代金≧リフォーム代金の場合

　契約条項Bでは，建物代金1,000万円，リフォーム代金500万円という内訳が明示されており，建物代金の方がリフォーム代金より高くなっています。このような契約書は，1 号の 1 の文書（不動産の譲渡契約）として扱われ，記載された契約金額は，1 号の 1 の文書に該当する部分である建物代金の1,000万円となります（印基通24Ⅱ）。そのため，1 万円[2]の印紙を貼付することになります。➡ 1 章2.5(2)印紙税額の計算方法

C　建物代金＜リフォーム代金の場合

　契約条項Cでは，建物代金500万円とリフォーム代金1,000万円という内訳が

1　この場合，2014年 4 月 1 日から2018年 3 月31日までに作成された不動産譲渡契約書については，1 万円に軽減されています。➡ 1 章2.5(2)印紙税額の計算方法
2　この場合，Aの場合と同様に，5,000円に軽減されています。➡ 1 章2.5(2)印紙税額の計算方法

8.4 複数の課税事項を含む契約書　　**293**

明示されていますが，B とは逆に，リフォーム代金の方が高くなっています。このような契約書は，2号の文書（請負契約書）として扱われ，記載された契約金額は，2号の文書に該当する部分であるリフォーム代金の1,000万円となります（印基通24Ⅱ）。そのため，1万円[3]の印紙を貼付することになります。

➡ **1章2.5(2)印紙税額の計算方法**

　なお，売買契約と請負契約を一体の混合契約と評価できる場合の取扱いについては，➡ **2章1.2 売買と請負の混合契約**。

3　この場合，2014年 4 月 1 日から2018年 3 月31日までに作成された建設工事（建設業法 2 Ⅰ）の請負契約書については，5,000円に軽減されています。➡ **1章2.5(2)印紙税額の計算方法**

294 第2章 契約類型別の税務のポイント

8.5 他の文書を引用する契約書の契約金額 ［印紙税］

POINT
◆ 見積書，基本契約書等の他の文書を引用して契約書を作成する場合，①その契約書の種類，②引用する文書が課税対象かによって，印紙税の取扱いが異なります。

設例 甲（注文者）は，加工業者である乙（請負人）に対し，製品α2,000個の加工を発注します。その代金は，予め取り交わした書面に記載された単価（1万円）によるものとします。契約上，単価について，**A**見積書を引用するケース，**B**基本契約書を引用するケースを想定します。

> **A** 第○条（加工委託）
> 1．甲（注文者）は，乙（請負人）に対し，乙の○年○月○日付**見積書**（No. ○○○）に基づき，製品α2,000個の加工を委託し，乙は，これを受託する。
> 2．加工代金は，前項の見積書記載の単価による。
>
> **B** 第○条（加工委託）
> 1．甲（注文者）は，乙（請負人）に対し，甲乙間の○年○月○日付**基本契約書**に基づき，製品α2,000個の加工を委託し，乙は，これを受託する。
> 2．加工代金は，前項の基本契約書第○条記載の単価による。

法務の視点

　単価について，見積書を引用しても，基本契約書を引用しても，それらの文書に単価が問題なく記載されている限り，基本的に法的な違いはありません。

　ただし，基本契約書は，当事者双方が署名または記名・押印するものであるのに対し，見積書は，一方の当事者から他方の当事者に（上記の設問では乙→甲）一方通行で提出されるものです。そのため，後々，見積書の記載内容に疑義が生じないように，契約書の別紙として見積書を添付したり，契約条項**A**のように見積書の日付や番号で確実に特定した上で，その見積書を保管したりしておくべきでしょう。

8.5 他の文書を引用する契約書の契約金額 **295**

■ 税務の視点

　印紙税額（貼付する印紙の額）は，契約書に記載されている契約金額等によって決まります。請負契約書等の印紙の貼付が必要な契約書において，その契約書自体に契約金額の記載がなく，見積書，基本契約書といった他の文書を引用して契約金額を定めている場合は，以下のとおり扱われます。

A 不課税文書を引用している場合

　Aは，請負契約書であり，印法別表一「課税物件表」2号の文書に該当します。一方，この契約書で引用している単価を定めた見積書自体は，契約の成立を証明する文書ではないため，印紙税の課税対象とはなりません。このような場合，請負契約書自体に契約金額の記載がなくても，不課税文書である見積書を参照すれば，契約金額を計算・確定できるため，契約金額2,000万円の記載がある契約書として扱われます（印法通則4ホ(2)）。その結果，2万円の印紙を貼付する必要があります。**➡ 1章2.5(2)印紙税額の計算方法**

　　単価1万円×数量2,000個＝契約金額2,000万円

B 課税文書を引用している場合

　Bも，**A**と同様に，請負契約書であり，印法別表一「課税物件表」2号の文書に該当し，基本契約書を参照すれば契約金額を計算・確定できます。しかし，基本契約書は，複数の請負の取引に共通して適用される単価を定めていますので，7号の「継続的取引の基本となる契約書」に該当します（印令26①）。このように，課税対象の文書である基本契約書（7号の文書）を引用している場合には，基本契約書を参照して契約金額を計算・確定できたとしても，契約金額の記載がないものとして扱われます。その結果，200円の印紙を貼付することになります（印法通則4ホ(2)括弧書）。**➡ 1章2.5(2)印紙税額の計算方法**

　なお，1号に該当する次の文書についても，上記と同様の取扱いになります。
(1) 不動産，鉱業権，知的財産権，船舶，航空機，事業の譲渡契約書
(2) 地上権，土地の賃借権の設定契約書，譲渡契約書
(3) 消費貸借契約書
(4) 運送契約書

8.5
共
通

296　第2章　契約類型別の税務のポイント

　一方，1号，2号，17号の文書以外の契約書等の文書については，他の文書の引用に関係なく，その文書のみで記載された契約金額を判定します。

8.6 契約書の原本とコピー **297**

8.6 契約書の原本とコピー ［印紙税］

POINT

◆ 契約書原本を各当事者用に２通作成せず，１通をコピーとすれば，印紙税を
節約することができます。

設例 甲と乙は，印紙税の課税対象となる契約書（不動産等の売買契約書，
請負契約書，消費貸借契約書等）を締結することに合意し，契約書を作成し
ます。記名・押印するのが，**A**原本２通のケース，**B**原本・写し各１通の
ケース，**C**原本１通のケースを想定します。

A	本契約締結の証として本書**２通**を作成し，甲乙**記名押印**の上，それぞれ１通を保有する。
B	本契約締結の証として本書の**正本１通及び写し各１通**を作成し，甲乙**記名押印**の上，甲が正本を，乙が写しを保有する。
C	本契約締結の証として本書**１通**を作成して，甲乙**記名押印**の上，甲が保有し，乙がその**写し**を保有する。

法務の視点

　民法上，契約は，口頭等での合意でも成立しますが，その内容を確認するた
めに契約書が作成されます。後々，契約の成否や内容が争いになった場合には，
契約書が証拠として役立ちます。

　署名または記名・押印後の契約書のコピーも，証拠として使うことはできま
す。特に，そのコピーの偽造が疑われていないような場合には，結果的にコ
ピーのみで十分なケースもあり得ます。ただし，コピーは，原本に比べて，相
対的に偽造等が容易であることから，偽造等の疑いがある場合には，証拠とし
ての価値は劣ります。

　そのため，法的な観点からは，契約書原本を保有しておくのが無難であると
言えます。下記のように，契約書原本を複数作成しないことにより，印紙税の
節約が可能ですが，契約内容の重要性や性質，相手方との（将来も含めた）関
係等を考慮して，コピーで十分か判断する必要があります。

8.6
共
通

298　第2章　契約類型別の税務のポイント

▌ 税務の視点

　印紙税法上の「契約書」とは，契約当事者間において，契約（またはその予約）の成立，更改，内容の変更・補充の事実を証明する目的で作成される文書のことをいいます（印基通12）。

Ａ 記名・押印した契約書原本を2通作成する場合

　契約書は，契約当事者が合意した内容を証明するために作成されますので，各当事者が1通ずつ保有するのが一般的です。印紙税は，契約の成立を証明する目的で作成された「文書」を課税対象としますので，1つの契約について2通以上の文書が作成された場合，契約の成立を証明する目的で作成されたものである限り，全ての文書が印紙税の課税対象となります。

　Ａでは，契約の成立を証明するために，契約書原本が2通作成されていますので，2通とも印紙を貼付する必要があります。

　なお，契約書は，当事者が共同で作成した文書ですので，当事者が連帯して納税義務を負います（印法3Ⅱ）。当事者間においては，特段の合意がない限り，双方が半額ずつ負担するのが原則です（民法558，559）。

Ｂ 記名・押印した契約書の原本・写しを作成する場合

　契約書を2通作成する場合，そのうち1通を「正本」・「原本」等とし，もう1通を「副本」・「謄本」・「写し」等と表示することがあります。このように，「写し」等と表示された文書であっても，次のような形態のものは，契約の成立を証明する目的で作成されたことが文書上明らかであるため，印紙税の課税対象になります（印基通19）。

（1）契約当事者の双方，または，文書の保有者でない相手方当事者の署名または記名・押印があるもの

（2）契約当事者の双方，または，文書の保有者でない相手方当事者が，「正本等と相違ないこと」，「正本等の写し，副本，謄本等であること」を正本等との割印等により，証明するもの

　Ｂでは，甲と乙が契約書の正本1通・写し1通の計2通を作成し，甲乙がそれぞれ記名・押印して，1通ずつ保有します。正本，写しのいずれも，甲乙の

記名・押印があり，契約の成立を証明する目的で作成された文書であるため，課税対象となり，正本・写しの両方に印紙を貼付しなければなりません。

　なお，乙が保有する写しに，乙だけの押印しかない場合は，契約の相手方当事者に対して，契約成立の証明とはならないため，印紙の貼付は不要です。

　また，公正証書で印紙税の対象となる契約を締結する場合，公証人が保管する公正証書の「原本」には，印紙の貼付が必要ですが，契約当事者に交付される「正本」には，印紙の貼付は不要です（印基通22）。

C　記名押印した契約書原本１通とそのコピーを作成する場合

　Cでは，甲と乙が記名・押印した契約書を１通のみ作成し，甲がその原本を保有し，乙が複写機等で作成したコピーを保有します。乙が保有するコピーに，署名，記名・押印がない場合，単なる写しに過ぎず，「契約成立を証明するために作成された文書」には該当しないため，印紙の貼付は必要ありません。

巻末資料

第2章では，契約類型別に，税務のポイントを見てきました。ここでは，さらに細かい契約類型の分類や税法上の論点を起点として，第2章の関連部分にアクセスできる一覧表とチェックリスト，用語集を用意しました。

1 税目別のテーマと契約類型の対応表

税目	テーマ		共通事項	不動産売買	動産売買	建設工事請負・システム開発	サービス提供・業務委託	代理店契約	事業再編
法人税	高額取引			1.3	1.3	2.6	2.6	2.6	1.3
	低額取引			1.4	1.4	2.6	2.6	2.6	1.4
	契約スキーム		1.8, 1.9	1.8, 1.9, 3.2, 3.3, 4.4	1.8, 1.9, 3.2		2.10		3.1, 3.2, 3.3, 4.5
	費用・収益の計上時期				1.5	2.7, 2.8	2.7, 2.10	1.5, 1.6	
	資産計上・取得価額					7.2			3.1
	譲渡損益			1.3, 1.4, 3.2	1.3, 1.4, 3.2				
	減価償却			4.4					
	繰延資産								
	資産・負債調整勘定								3.1, 3.3, 4.5
	寄附金			3.3				2.9	3.6
	修繕費と資本的支出					2.11			
	資本取引								
	圧縮記帳			7.5	7.5				
	グループ法人税制								3.2
源泉所得税	給与・報酬・使用料					2.4, 2.5, 6.2	2.4, 2.5, 6.2	2.4	3.4
消費税	契約スキーム			1.7	1.7				
	税込・税抜		8.2						
	課税対象の金額								3.2
	非課税	土地		1.1					
	非課税	住宅							
	非課税	有価証券							
	不課税	給与					2.4		
	不課税	損害賠償金	7.4		7.4	7.4	2.10, 7.4		
	不課税	国外取引			2.12	2.12	2.12	2.12	
	不課税	資本取引							
	不課税	その他							
	免税（輸出）						2.12		
印紙税	契約スキーム								
	契約金額		8.1, 8.2, 8.5	1.3, 1.4, 3.2	1.3, 1.4	2.6	2.1, 2.6, 8.5	2.6	3.2
	課税・不課税		8.3	2.2, 8.3	8.3	2.2, 2.3, 2.4, 2.5, 8.3	2.2, 2.3, 2.4, 2.5, 8.3	2.4, 8.3	
	複数の課税事項		8.4	8.4	1.2	8.4	1.2, 8.4		
	契約書原本・写し		8.6						
登録免許税・不動産取得税・固定資産税・都市計画税				4.4					

※表中の数字は，2章の関連項目です。

株式譲渡	賃貸借	金銭消費貸借	知的財産権	交換	贈与	グループ間取引	役員・従業員との契約	国際取引	和解
	2.6		2.6, 6.3	1.3	1.11	1.3, 2.6	1.3	6.3	
	2.6, 4.3	5.4, 5.5	2.6, 6.3	1.4	1.11	1.4, 2.6, 5.4, 5.5	1.4	6.3	
3.1	4.4, 4.5, 4.6								
	4.6, 7.1	5.3					3.6		7.1
3.5	4.6								7.2, 7.3
3.4						3.2			
	4.6								
	4.5		6.1						
		5.4, 5.5			2.9	5.4			7.2, 7.3
3.4									
				1.10					7.5
						3.2			
	6.2	6.2	6.2, 7.6				2.4, 2.5	6.2, 7.6	
	4.6								
					1.11				7.3
	4.2, 4.3								
	4.1								
3.1									
							2.4		
	7.4		7.4						7.4, 7.5
	2.12		2.12	2.12	2.12			2.12	
			6.2					6.2	
		5.2							
	2.6, 4.3	5.1, 5.2	2.6	1.10	1.11				7.3
	4.3, 8.3		2.2, 8.3	8.3	8.3		2.4, 2.5		
		8.4							

2 契約類型別のチェックリスト

No.	チェック項目	2章 関連項目
各契約類型の共通事項		
1	取引価格は時価と乖離していないか？ ⇒乖離すると通常と異なる税務処理のリスク	1.3, 1.4, 2.6, 5.4
2	他に選択可能な契約スキームはないか？ ⇒税務処理に影響する可能性	1.7, 4.4
3	契約書の内容は，実態に即しているか？ ⇒実態に即した税務処理への修正，重加算税等のリスク	1.8, 1.9
4	契約金額の変更契約において変更する差額は明確か？ ⇒差額が不明な場合は変更後の総額で印紙税額を決定	8.1
5	消費税別の金額は明らかか？ ⇒印紙税額，税率変更時の対応に影響	8.2
6	印紙税の対象／対象外の契約金額は別記されているか？ ⇒内訳が不明な場合は総額を基に印紙税額を決定	8.3
7	印紙税の対象が複数ある場合，金額は別記されているか？ ⇒別記されていれば高い方の金額を基に印紙税額を決定	8.4
8	契約金額について見積書，基本契約等を引用しているか？ ⇒引用した文書の課税／不課税により印紙税額に影響	8.5
9	契約書の原本は何通作成するか？ ⇒押印等のない写しには印紙は不要	8.6
不動産売買契約		
10	土地・建物の代金の内訳は記載されているか？ ⇒建物代金のみが消費税の課税対象	1.1
11	借地権付き建物の譲渡で，借地権の対価も考慮したか？ ⇒借地権の無償譲渡の場合は寄附金を計上	3.3
12	圧縮記帳の適用要件を満たすか？ ⇒法人税の課税タイミングを遅らせられる可能性	7.5

13	固定資産税，登録免許税，不動産取得税を考慮したか？ ⇒分担が不明確になるリスク	4.4
動産売買契約		
14	売買と請負両方の要素がある場合，印紙額は適切か？ ⇒当事者の意思で売買契約書か請負契約書か判断	1.2
15	圧縮記帳の適用要件を満たすか？ ⇒法人税の課税タイミングを遅らせられる可能性	7.5
交換契約		
16	圧縮記帳の適用要件を満たすか？ ⇒法人税の課税タイミングを遅らせられる可能性	1.10
負担付贈与契約		
17	贈与物件の時価と負担額はどちらが大きいか？ ⇒時価より高額・低額な譲渡と同様に税務処理	1.11, 1.3, 1.4
18	消費税額は考慮しているか？ ⇒土地の譲渡等，非課税の場合を除き，課税対象	1.11
代理店契約		
19	委託販売か卸売か？ ⇒収益・費用の計上時期に影響	1.5
20	リベートの算定基準を明記するか？ ⇒収益・費用の計上時期に影響	1.6
21	広告用物品の提供は，無償・廉価か？ ⇒専ら広告宣伝用でない場合は受贈益を計上	2.9
22	メーカー等が提供される景品は一般消費者向けか？ ⇒事業者向け景品の費用は交際費に該当する可能性	2.9
サービス提供契約・業務委託契約		
23	継続的契約の場合，印紙額は適切か？ ⇒更新後を除く契約期間中の総額等で算定	2.1
24	成果物の作成等，仕事完成の義務があるか？ ⇒義務があれば請負契約として印紙が必要	2.3

25	業務実施者は，誰の指揮命令下にあるか？ ⇒実態が請負等か雇用かで消費税の有無，源泉徴収の要否に影響	2.4, 2.5
26	検収方法は，明確か？ ⇒収益の計上時期に影響	2.7
27	中途解約の場合に違約金等は発生するか？ ⇒スキームにより計上時期や消費税の有無に影響	2.10

建設工事・ソフトウェア開発等の請負契約

28	注文書に，請書等の交付について記載されているか？ ⇒記載がないと印紙が必要	2.2
29	代金の確定方法は明確か？ ⇒代金未確定でも業務が完了すれば収益計上	2.8
30	既存資産の改修の場合，資産の価値を向上させるか？ ⇒損金算入の時期に影響	2.11

事業再編

31	事業譲渡か株式譲渡か？ ⇒益金・損金算入等の処理，消費税の有無に影響	3.1
32	資産譲渡か事業譲渡か現物出資か？ ⇒消費税額，印紙税額に影響	3.2
33	事業譲渡において「のれん」を考慮するか？ ⇒5年間にわたって処理	3.3, 4.5
34	取得する株式は，自己株式か第三者の株式か？ ⇒自己株式は，みなし配当分を譲渡額から控除して処理	3.4
35	条件不成立の場合，代金変更か違約金か？ ⇒違約金の場合は益金算入	3.5
36	事業譲渡後の賞与はいずれの会社での労働の対価か？ ⇒自社での労働の対価でない場合は寄附金の可能性	3.6

賃貸借契約

37	用途は明記されているか？ ⇒住宅用建物の賃貸借は消費税が非課税	4.1

38	駐車場の場合，更地か駐車場設備か住宅に付随するか？ ⇒土地・設備の形態により消費税の有無に影響	4.2
39	地代は相当な額か，無償返還の届出は必要か？ ⇒権利金の贈与が認定される可能性	4.3
40	保証金は償却されるか，償却はどのような条件か？ ⇒収益・費用の計上時期，印紙税額に影響	4.3
41	元の賃借人からの居抜きの場合，どのような契約形態か？ ⇒支払う金銭の性質により費用化の時期に影響	4.5
42	ファイナンス・リースかオペレーティング・リースか？ ⇒資産計上の有無，消費税の納税時期等に影響	4.6

消費貸借契約

43	債務承認弁済契約で原契約は明記されているか？ ⇒印紙税額に影響	5.1
44	準消費貸借契約か債務承認弁済契約か？ ⇒印紙税額に影響	5.2
45	利子の支払期日は1年以内の期間ごとか？ ⇒収益の計上時期に影響	5.3

グループ会社間取引

46	取引価格は独立当事者間の価格と乖離していないか？ ⇒寄附金の損金算入制限，受贈益の発生の可能性	1.3, 1.4, 2.6, 5.4, 5.5
47	グループ法人税制の適用はあるか？税制適格となるか？ ⇒益金・損金の算入額・時期に影響	3.2

ライセンス契約

48	契約期間は5年未満か？ ⇒権利金等の費用の計上時期に影響	6.2

国際取引

49	サービス提供地は，日本か海外か？ ⇒消費税の有無に影響	2.12

50	外国法人は，日本に拠点があるか？ ⇒消費税の有無，源泉徴収の要否に影響	2.12, 6.1
51	外国法人は，租税条約を締結している国・地域の企業か？ ⇒源泉徴収の要否に影響	6.1
52	外国企業への和解金の実質は何か？ ⇒源泉徴収の要否に影響	7.6
53	取引価格は独立当事者間の価格と乖離していないか？ ⇒寄附金の損金算入制限の可能性	6.3
和解契約		
54	解決金の一部が一定の要件の下に免除されるか？ ⇒費用の計上時期に影響	7.1
55	瑕疵等に基づく損害賠償か単純な債務免除か？ ⇒寄附金の損金算入制限，債務免除益の発生の可能性	7.2
56	代物弁済の目的物の時価と債務額に乖離はないか？ ⇒寄附金の損金算入制限，債務免除益の発生の可能性	7.3
57	損害賠償金が実質的に資産譲渡・役務提供等の対価か？ ⇒消費税の有無に影響	7.4

3 用語集・索引

あ

圧縮記帳 ···················· 93, 270
補助金・損害賠償金・保険金で資産を取
得する場合等，一定の要件を満たす場合
に，課税を繰り延べられる制度。

い

異議申立 ······················ 44, 45
一括償却 ·························· 28
一般管理費 ···················· 23, **26**
移転価格税制 ······················ 246
グループ会社間で国際取引を行う際，独
立した当事者間の取引条件と乖離がある
場合，その乖離を調整して所得計算をす
る税制。
違約金 ················ 141, 177, 267
印紙税 ···················· 5, **17**, 35
一定の契約書等の文書を課税対象とする
国税。税額分の収入印紙を文書に貼る納
税方法が一般的。

う

内税 ···························· 284
売上計算書 ························ 77
売上原価 ···················· 23, **26**
売上割戻し ························ 80
取引量や取引額等に応じて，売上金の一
部をリベートとして取引先に返却する処
理。

え

営業権 ···················· 154, 169
益金 ···················· 6, **23**, 25

法人税の課税対象となる所得を計算する
際に算入される収益等。
延滞税 ···························· 40
税金を期限までに納付しない場合に，そ
の遅延した期間に応じて課される税金。

お

オペレーティング・リース ··········· 212

か

解決金 ················ 250, 255, 267, **280**
開発費 ···························· 29
解約 ···················· 137, 269
過誤納金還付請求訴訟 ················ 45
加算税 ···························· 40
税務申告をしない場合，申告内容に誤り
があった場合等に，一種の制裁として課
される税金。
貸倒損失 ························ 258
債務者の財政悪化等により，金銭債務を
回収できなくなったことによる損失。一
定の場合に，損金算入が認められる。
過少申告加算税 ················ **40**, 91
課税売上高 ························ 15
消費税の課税対象となる売上高（免税の
取引分を含む。）の総額。
課税売上割合 ···················· 15, **34**
消費税の課税対象（免税の取引分を含
む。）と非課税の売上の総額のうち，課
税対象の売上高の割合。
課税仕入 ························ 15
課税所得 ························ 11
課税標準 ···················· 6, 11, 21
税額の算定において課税対象となる数
量・金額等。
課税物件表 ························ 17

過怠税 ……………………………… 20

株式譲渡 …………………………… 153

簡易課税制度 ……………………… 15
基準期間の消費税の課税売上高が5,000万円以下の中小事業者が，業種ごとの一定の仕入率を用いて簡易的に消費税額を算定する特例。

間接税 ……………………………… 4
納税義務者と実質的な税金の負担者が異なり，商品の販売価格等に転嫁される税金。

完全支配関係 ……………………… 160

き

企業会計原則 …………………… 6, 76

寄託契約 …………………………… 188

寄附金 …… **30**, 64, 71, 92, 118, 122, 168, 197, 226, 231, 247, 257
文字通り現金を寄附した場合の他，実際に現金の支出がなくても資産の贈与や無償で経済的利益を供与した場合に，計上される費用。法人税においては，損金算入が制限される。

給与 ……………………… 11, 13, 114, 118

給与所得 …………………………… 11

給与負担金 ………………………… 118

業務委託 ……………………… 115, 126

く

繰越欠損金 ……………………… 6, 24
過去の事業年度の赤字を翌年度以降の黒字と相殺するために繰り越したもの。

繰延資産 ………… 26, **28**, 133, 209, 236
支出の効果が1年以上に及ぶため，1年以上の期間で償却される費用。

繰延税金資産 ……………………… 29

グループ法人税制 ………………… 160
100％の出資関係にある親子会社・兄弟会社を擬似的に1つの法人とみなして処理する税制。

け

景品 ………………………………… 131

経済的利益の供与 ………………… 30

契約自由の原則 ‥ **61**, 68, 88, 91, 120, 230

契約上の地位の移転 ……………… 84

減価償却 …………………………… 27
長期にわたって事業に使用する資産について，その取得のために支出した金額を複数年度にわたって費用として計上する処理。

減価償却資産 ………………… 27, 203
減価償却の対象となる資産。

減価償却費 ………………………… 26

研究開発費 ………………………… 29

現金主義 …………………………… 24

検収 ………………………………… 125

源泉所得税 …………… **12**, 66, 74, 240
従業員に支払う給与等，源泉徴収の対象となる所得税。

源泉徴収 ………… **13**, 113, 118, 240, 280
一定の給与・報酬・使用料等について，支払先の納税者が負担する所得税額を，支払元が支払額から予め控除し，納税者に代わって納税する仕組み。

現物出資 …………………………… 158
会社等に対し，現金以外の財産で出資すること。

権利確定主義 ……………………… 25
売上となる債権が確定した時点で，益金に算入するという考え方。

権利金 ……………………………… 191

こ

公益法人等 ………………………… 8

交換契約 …………………………… 93

恒久的施設 ………………………… 240
外国法人が，日本国内に設置する事務所，

代理人等。恒久的施設がない場合，原則として，源泉徴収の対象となる。

交際費等 ……………… 7, 65, 73, 122, 135
法人が得意先，仕入先等に対する接待，供応，慰安，贈答等のために支出する交際費，接待費，機密費等。資本金や支出内容に応じて，損金算入が制限される。

公示価額 …………………………… 56
工事完成基準 ……………………… 25, **129**
工事進行基準 ……………………… 25, **129**
公正証書 …………………………… **219**, 299
更正処分 …………………………… 39
税務調査等により，申告内容に誤りがあることが発覚し，税額が不足する場合や還付額が過大な場合に，税務当局が税額・還付額を修正する処分。

更正の請求 ………………………… 38
納税者が，誤って納税者に不利になる税額・還付額を申告していた場合に，納税者が税務当局に是正を求める手続。

国外関連者 ………………………… 247
国外関連取引 ……………………… 247
国外取引 …………………………… 151
告示 ………………………………… **46**, 49
国税 ………………………………… 4
国に納める税金。なお，地方公共団体に納める税金は，地方税。

国税局 ……………………………… 37
国税庁 ……………………………… 37
国税不服審判所 …………………… 37, **44**
国税に関する審査請求について，審査し，裁決を行う行政機関。

国内源泉所得 ……………… 13, 240, 280
外国法人が国内で得た所得のうち，源泉徴収の対象となる所得。

国内所得 …………………………… 240
国内取引 …………………………… 150
国家賠償請求訴訟 ………………… 45
固定資産 …………………………… 27
固定資産課税台帳 ………………… 22, 44

固定資産税 ………………… 5, **21**, 35, 206
不動産や償却資産の所有者に対して，課される地方税。

固定資産税評価額 ………………… 56
固定資産評価審査委員会 ………… 37, **44**
雇用契約 …………………………… 111
混合契約 …………………………… 103, 108

さ

裁決 ………………………… 44, **48**, 49
国税不服審判所が，国税に関する審査請求に対して行う判断。訴訟で言えば「判決」に相当するもの。

再調査の請求 ……………………… 43
行政機関が国税に関して納税者に対して行った処分に不服がある場合に，同一の行政機関に対して，再度，調査を求める手続。

債務確定主義 ……………………… 26
費用について，原則として，債務が確定した時点で，損金に算入するという考え方。

債務承認弁済契約 ………………… 217, 220
債務免除 …………………………… 254

し

仕入控除税額 ……………………… 15
仕入税額控除 ……………………… 15
消費税の計算において，課税対象の売上に対する消費税額から，課税対象の仕入に対する消費税額を控除すること。なお，その控除する金額が「仕入控除税額」。

仕入割戻し ………………………… 80
取引量や取引額等に応じて，仕入額の一部をリベートとして減額する処理。

時価 …………………………… 62, 70, 121
敷金 ………………………………… 193
敷引き ……………………………… 193

事業譲渡 ………… 153, 158, 169, 180, 208
特定の事業のために組織化され有機的一体として機能する資産，取引関係や雇用関係の全部または一部を譲渡する取引。

事業所得 ………………………………… 11

事業税 …………………………………… 4, 5
事業者に対して課される地方税。法人税の計算において，事業税は，原則として，申告を行った年度の損金に算入できる。

試験研究費 ……………………………… 29

自己株式 ……………………………… 171

資産調整勘定 ………………… 153, 169
合併・事業譲渡等の事業再編の対価が，取得した資産・負債の時価総額を上回る場合に，差額を一定期間で償却する処理を行うための科目。

市町村民税 ……………………………… 4

質疑応答事例 ………………………… 50

質問検査権 ……………………………… 39

使途秘匿金 ……………………………… 7

使途不明金→費途不明金

資本金等 …………………………… 23, 172

資本的支出 …………………………… 145
固定資産の改良等，その価値を高めるための支出で，損金には算入せず，固定資産の取得価額に含める処理がされる。

資本等取引 ……………………………… 23
新株発行，減資等の資本金の増減，利益・剰余金の分配，残余財産の分配等で，益金・損金として扱われない取引。

借地権 ……………………………… 168

収益 …………………………………… 6, 24

重加算税 …………………………… 40, 91

修正申告 ……………………………… 39
申告内容に誤りがあった場合に，納税者自身がこれを修正する手続。

修繕費 ……………………………… 143

収入 ……………………………………… 10

受贈益 ……………………………… 30
贈与や経済的利益の供与を受けた場合に計上される収益。

出向 …………………………………… 115

取得価額 ……………………………… 27
固定資産を取得した際に，その資産の帳簿価額となる金額で，購入代金等の他，その資産を事業に使用するために直接必要な費用の金額を含む。

準委任契約 ………………… 108, 111, 126

準消費貸借契約 …………………… 220

少額減価償却資産 ………………… 28, 216

償却資産税 ……………………………… 21

譲渡所得 …………………………… 11, 66, 72

譲渡損益 …………………………… 33, 94

消費税 …………………………… 5, 14, 34
国内で事業者が行う資産の譲渡・貸与，役務提供や一定の輸入取引に対して課される国税。厳密には，地方税である地方消費税とは別の税金だが，一般的には両者を含めて「消費税」と呼ぶことも多い。

賞与 …………………………………… 180

省令 …………………………………… 46

条例 …………………………………… 46

除却損 ……………………………… 204
減価償却による費用化が終わらないうちに，資産を廃棄等した場合に，計上する損失。その時点で残存する帳簿価額を計上する。

職権探知主義 …………………… 44, 45

所得 …………………………………… 6, 10
法人税や所得税等の課税対象となる利益。

所得控除 ……………………………… 11
所得税等の所得を計算する際に，所得から控除できるもので，基礎控除，社会保険料控除等がある。

所得税 …………………………… 5, 10, 35
原則として，個人の所得に対して課される国税。源泉所得税については，法人も対象となる。

所有権移転リース・所有権移転外リース
……………………………………… 214
税務上のリース取引のうち，リース終了時に実質的に所有権がユーザーに移転す

巻末資料3 **313**

る取引と移転しない取引。減価償却の償
却方法に差がある。

申告納税方式 ……………………… **4, 38**
納税者が税額を計算して申告し，その税
額を納付する方式。

審査請求 ………………………… **43, 44**
処分を行った行政機関より上級の行政機
関に対して行う不服申立。国税について
は，国税不服審判所に対して申し立てる。

せ

税額控除 ………………………………… **8**
課税標準に税率を掛ける等して算出した
税額から，控除できるもの。

製作物供給契約 ……………………… **58**

税制適格 ……………………………… **164**
税制の特例適用対象となるための一定の
要件を満たすこと。合併・現物出資・株
式交換・株式移転等の組織再編では，承
継する資産を時価とするか帳簿価額とす
るかといった違いが生じる。

税法 …………………………………… **46**

税務署 ………………………………… **37**

税務申告 ……………………………… **38**
法人税，所得税，消費税等について，納
税者が自ら税額を計算し，税務当局に申
告する手続の総称。

税務訴訟 ……………………………… **44**
税務当局の処分に不服があり，納税者が
国・地方公共団体に対して提起する訴訟。

税務調査 ……………………………… **38, 39**
税務申告の内容が事実に即しているか等
を確認するために，税務当局が納税者の
事業所等で行う調査。

税務当局 ……………………………… **37**
税金の賦課・徴収を担当する行政機関の
総称。国税局，税務署等を指す。

政令 …………………………………… **46**

そ

総額表示 ……………………………… **285**

相続税 …………………………………… **5**

相当の地代 …………………………… **196**

贈与 …………………………………… **30**

贈与税 ………………………………… **5, 67, 74**
個人間の財産の贈与に対して課される税
金。例外的に持ち分の定めのない法人等
に課される場合もある。

租税回避 ……………………………… **2, 55**
課税を免れたり，税額を減らしたりする
ために，事実を曲解して，通常ではない
法形式をとる行為。

租税条約 ……………………………… **243**
国際的に活動する企業等に対する二重課
税の防止等の目的のために締結される条
約。

租税法 ………………………………… **46**

租税法律主義 ………………………… **46**
租税の賦課・徴収は，国会が定めた法律
を根拠とする必要があるという考え方。

外税 …………………………………… **284**

損益通算 ……………………………… **11**

損益取引 ……………………………… **23**
資本等取引に対する概念で，益金・損金
の額に影響を与える取引。

損害賠償 ……………………………… **267, 278**

損金 …………………………………… **6, 23, 26**
法人税の課税対象となる所得を計算する
際に算入される売上原価・費用・損失。

損失 …………………………………… **23, 26**

損失繰越控除 ………………………… **11**

た

第二次納税義務 ……………………… **69, 170**

代物弁済 ……………………………… **259**

耐用年数 ……………………………… **28**
減価償却により費用化する期間の年数。

資産の種類等ごとに,「減価償却資産の耐用年数等に関する省令」の別表（耐用年数表）で定められている。

立退料 ……………………………… 208

タックスアンサー …………………… 50

棚卸資産 …………………………… 81
販売等のために保有する商品，製品，半製品，原材料等の資産。

担税力 ……………………………… 35
税金を負担する能力。

ち

地方交付税 ………………………… 4

地方消費税 …………………… 5, 15
国内で事業者が行う資産の譲渡・貸与，役務提供や一定の輸入取引に対して課される地方税。

地方譲与税 ………………………… 4

地方税 ……………………………… 4
地方税法等の法律や条例に基づき，地方公共団体に納める税金。

地方法人税 ………………………… 4

地方法人特別税 …………………… 4

帳簿価額 …………………… 27, 32

直接税 ……………………………… 4
納税義務者と実質的な税金の負担者が一致することを予定する税金。

つ

通達 ……………………… 46, 50
行政内部の法令解釈・運用に関する指針。本来，国民を直接拘束しないが，実務上は，法令に準ずる基準として用いられる。

て

定額法・定率法 …………………… 28
減価償却費の計算方法で，毎年度，一定

の金額，または，残存簿価に一定の割合を乗じた額を償却する方法。

転貸借 …………………… 184, 208

と

当事者主義 ………………………… 45

同族会社 …………………………… 231
3人以下の株主で，その会社の株式の議決権の50％超を保有する会社。不当に税負担を減少させる行為・計算が，税務当局に否認される等，特別な規定が適用される。

登録免許税 …………………… 5, 206
不動産の登記等の際に，課される国税。

独立企業間価格 …………………… 247
移転価格税制において，独立した企業間で取引が行われた場合に成立すると認められる価格。

都市計画税 …………………… 5, 206
都市計画区域の不動産の所有者に対して，条例により課される地方税。

都道府県民税 ……………………… 4

取消訴訟 …………………………… 45

トリプルパンチ課税 ……………… 66

の

のれん ……………… 154, 163, **169**, 209
合併・事業譲渡等の事業再編の対価が，取得した資産・負債の時価総額を上回る場合の超過額で，取引関係・ブランド力等の収益力。

は

派遣 ……………………………… 115

発生主義 …………………………… 25
現金の収支に関係なく，経済的な事実が発生した時点で，収益・費用を計上する

考え方。

犯則調査 ……………………………… 41
行政機関が犯罪の摘発のために行う調査
で，任意の調査に止まらず，臨検，捜索，
差押え等が認められている。

販売費 ……………………………… 23, **26**

判例 ……………………………… **48**, 49

ひ

非課税 ………………… 14, **34**, 55, 184, 188
本来，課税の対象となる類型に該当する
が，政策的な配慮等により，課税しない
こととされること。

必要経費 ……………………………… 10

費途不明金 ……………………………… 7

費用 ……………………………… 6, 24

評価額 ……………………… 22, 44, 56

費用収益対応の原則 ……………… 26, 27
収益と費用を対応させて計上する考え方
で，一定期間中に発生した費用について，
「その期間の収益に対応する分」と「次
の期間以降の収益に対応する分」とに区
分する。

ふ

ファイナンス・リース ……………… 212

賦課課税方式 ……………………… 4, **38**
国・地方公共団体が税額を決定して納税
者に通知し，これに基づき納付する方式。

不課税 ……………………………… 34
本来的に課税の対象となる類型に該当し
ないこと。

負債調整勘定 ……………… 153, 169
合併・事業譲渡等の事業再編の対価が，
取得した資産・負債の時価総額を下回る
場合に，その差額を処理するための科目。

附帯税 ……………………………… 20, **40**
申告内容に誤りがあったり，納期限を徒

過したりした場合等に，一種の制裁とし
て課される延滞税，加算税の総称。

負担付贈与 ……………………………… 98

普通税 ……………………………… 4
目的税に対する概念で，特定の使途に限
定せず，一般的な財政のために賦課・徴
収される税金。

復興特別所得税 ……………………… 5, 12

不動産取得税 ……………………… 5, **206**
不動産を売買，贈与，交換，新築・増改
築等により取得した場合に課される地方
税。

不納付加算税 ……………………………… 41

不服申立前置主義 ……………………… 44

文書回答事例 ……………………………… 50

へ

別段の定め ……………………………… **7**, 23
法人税における益金・損金について，会
計上の収益・費用とは異なる扱いをする
規定。

変更契約 ……………………… 199, **281**

ほ

法人住民税 ……………………………… 4

法人所得税 ……………………………… 4

法人税 ……………………… 5, **6**, 36
法人の所得に対して課される国税。

法定外税 ……………………………… 4

法定耐用年数→耐用年数

法律 ……………………………… 46

法令 ……………………… **46**, 49

保証金 ……………………………… 191

み

みなし譲渡課税 ……………………… 72
個人が法人に対し，時価の1/2未満の価

格で資産を譲渡した場合，時価で譲渡があったものとして計算した譲渡所得に対して，所得税が課されること。

みなし贈与 ································ 67, 74
個人間で時価と著しく乖離した価格で取引が行われた場合に，時価と取引価格との差額について贈与があったものとして扱うこと。

みなし配当 ····························· 172
会社法上の配当には当たらなくても，経済的な実質が配当と同じであるため，税務上は，配当として扱うもの。

む

無効等確認訴訟 ·························· 45
無償返還の届出 ························ 197
無申告加算税 ··························· 41

め

免税 ···························· **34**, 150
本来，課税の対象となるが，外国法人との取引等について，納税が免除されるもの。

も

目的税 ··································· 4
特定の使途のために賦課・徴収される税金。

や

役員報酬 ························ 7, 65, 73

ゆ

輸入取引 ································ 14

り

リース期間定額法 ······················ 215
リース取引 ····························· 213
税務上は，いわゆるファイナンス・リースを指し，原則として，売買により資産を取得したものとみなして処理される。例外的に，賃貸借処理が認められるケースもある。

利子 ························· 222, 225
リベート ································ 79
取引量や取引額等に応じて，報奨金等の名目で，代金等の支払者に収益の一部を還元する手段。

流通税 ································· 17

れ

劣後特約 ······························ 230
債権に付けられる特約で，他の債権の弁済が終わってから弁済を受けることができる。

＜著者紹介＞

永井 徳人（弁護士・公認内部監査人・元総務省専門職）

2000年 東京大学法学部卒業後，2005年までNTTコミュニケーションズ（株）勤務。2006年 成蹊大学法科大学院（夜間コース）修了後，2007年 光和総合法律事務所入所。2009年より同大学院非常勤講師を兼任。2010年 東京国税局に対し税理士業務開始通知。2010〜2012年に総務省総合通信基盤局で任期付公務員として勤務後，光和総合法律事務所にパートナーとして復職。総務省では，電波法に基づく新制度について，法改正の他，税務面の調査等も担当し，国税庁との協議窓口を務めた。

鳥越 貞成（公認会計士・税理士）

1994年 慶應義塾大学法学部卒業。1994〜2000年 監査法人トーマツ勤務。その後，ベンチャー企業等の取締役，監査役を歴任。2006〜2008年（株）暮らしのデザイン（エディオン子会社）代表取締役。2008年 鳥越税務・会計事務所開設。地方自治体の監査業務，家庭裁判所の調停委員等も務める。

内海 隆行（税理士）

1996年 岡山大学法学部卒業，1998年 同大学院法学研究科修了（修士）。1998年〜2007年まで岡山県内の公認会計士事務所，税理士事務所に勤務。2007年 内海税理士事務所開設。2014年 くらしき中央税理士法人に組織変更し，現在に至る。租税訴訟学会会員。

＜監修者紹介＞

伊藤 信彦（弁護士・元国税不服審判所審判官）

1999年 立命館大学法学部卒業。2003年 光和総合法律事務所入所。2009年〜2011年に大阪国税不服審判所，2011〜2012年に東京国税不服審判所で，国税審判官として勤務。2012年 光和総合法律事務所復職。2013年から東京簡易裁判所司法委員を兼任。審査請求等の不服申立，税務訴訟等も手がける。租税訴訟学会会員。

契約書に活かす税務のポイント
比べて分かる　基本とスキーム選択・条文表現

| 2016年 4 月 1 日　第 1 版第 1 刷発行 |
| 2019年10月30日　第 1 版第 6 刷発行 |

著　者	永	井	徳	人
	鳥	越	貞	成
	内	海	隆	行
監修者	伊	藤	信	彦
発行者	山	本		継
発行所	㈱中　央　経　済　社
発売元	㈱中央経済グループ
	パ ブ リ ッ シ ン グ

〒101-0051　東京都千代田区神田神保町1-31-2
電話　03 (3293) 3371（編集代表）
　　　03 (3293) 3381（営業代表）
http://www.chuokeizai.co.jp/
印刷／文唱堂印刷㈱
製本／誠　製　本　㈱

© 2016
Printed in Japan

＊頁の「欠落」や「順序違い」などがありましたらお取り替えいた
しますので発売元までご送付ください。（送料小社負担）
ISBN978-4-502-17421-6　C3032

JCOPY〈出版者著作権管理機構委託出版物〉本書を無断で複写複製（コピー）することは，
著作権法上の例外を除き，禁じられています。本書をコピーされる場合は事前に出版者著
作権管理機構（JCOPY）の許諾を受けてください。
　JCOPY〈http://www.jcopy.or.jp　e メール：info@jcopy.or.jp〉

会社法・法務省令大改正を収録！

「会社法」法令集 第十一版

中央経済社 編　A5判・688頁　定価3,024円（税込）

- ◆新規収録改正の概要
- ◆重要条文ミニ解説
- ◆改正中間試案ミニ解説

付き

会社法制定以来初めての大改正となった、26年改正会社法と27年改正法務省令を織り込んだ待望の最新版。変更箇所が一目でわかるよう表示。

本書の特徴

◆会社法関連法規を完全収録
☞ 本書は、平成17年7月に公布された「会社法」から同18年2月に公布された3本の法務省令等、会社法に関連するすべての重要な法令を完全収録したものです。

◆好評の「ミニ解説」さらに充実！
☞ 重要条文のポイントを簡潔にまとめたミニ解説。平成26年改正会社法と平成27年改正法務省令を踏まえ大幅な加筆と見直しを行い、ますます充実！

◆引用条文の見出しを表示
☞ 会社法条文中、引用されている条文番号の下に、その条文の見出し（ない場合は適宜工夫）を色刷りで明記。条文の相互関係がすぐにわかり、理解を助けます。

◆政省令探しは簡単！条文中に番号を明記
☞ 法律条文の該当箇所に、政省令（略称＝目次参照）の条文番号を色刷りで表記。意外に手間取る政省令探しもこれでラクラク。

◆改正箇所が一目瞭然！
☞ 平成26年改正会社法、平成27年改正法務省令による条文の変更箇所に色付けをし、どの条文がどう変わったのか、追加や削除された条文は何かなどが一目でわかる！

中央経済社